RAU

Viktor Kortschnoi

Ein Leben für das Schach

Mit einer ausführlichen Partiensammlung

Deutscher Text bearbeitet von:
Dirk Visser
Dr. Werner Lauterbach

Walter Rau Verlag, Düsseldorf

Einbandentwurf: Arnfried Haupt
Foto: Sven Simon
Satz: Werbeservice M. Gluth, Kelkheim
Druck: Drukkerij van Spijk, Venlo/Holland
ISBN 3-7919-0170-2

Inhalt

KORCNOJ
SPASKI
8
7
6
5
4
3
2
1
a b c d e f g h
0 8
0 8
KORČNOJ
SPASKI

Namensverzeichnis

Kinderjahre

In einer der malerischen Gassen von Palma de Mallorca begegnete ich einmal jemandem, der ausgezeichnet russisch sprach mit einem vornehm-aristokratischen Akzent. Wir machten uns miteinander bekannt, und ich erfuhr schon bald, daß sich sein Stammbaum bis ins sechzehnte Jahrhundert zurückverfolgen ließe; Andrej Staritski, der einen Aufstand gegen Iwan den Schrecklichen entfacht hatte, betrachtete er als einen seiner Vorfahren. Solch ein Mensch ist beneidenswert. Durch seine Vorfahren gewinnt man an Selbstvertrauen, entwickelt innerlichen Stolz, und die Verantwortung gegenüber den Ahnen zwingt zum vertieften Studium der menschlichen Kultur.

In unserer Zeit, dem zwanzigsten Jahrhundert, wo Kriege und Revolutionen miteinander abwechseln, gibt es nur wenige, die sich eines alten Stammbaumes rühmen können. Was mich betrifft, so kann ich erst recht nicht mitreden; ich kenne nicht einen meiner Großväter. Einer von ihnen, so hörte ich, war ein Edelmann von ukrainisch-polnischer Herkunft. Der andere hat sein Leben in einem Judenkaff in der Nähe von Kiew zugebracht . . . Ich besaß nur eine polnische Großmutter, bei der ich die ersten zehn Jahre meines Lebens verbrachte.

Ich wurde 1931, zur Zeit des ersten Stalinschen „Fünfjahresplanes“ geboren. Meine Eltern waren arme Leute. Das war übrigens nichts Besonderes; das Regime legte es darauf an, jedes Huhn zu rupfen, das noch Federn hatte — natürlich mit dem Ziel, wahrhaftige Gleichheit für jedermann zu erreichen! — und ich muß gestehen, daß die Behörden mit ihren Bemühungen außerordentlichen Erfolg hatten, denn am Vorabend des Krieges war die Armut von Abermillionen Menschen Wirklichkeit.

Mein Leben verlief nicht reibungslos. Meine Mutter hatte einen launenhaften Charakter, und unsere Familie fiel bald auseinander. Mutter war sehr arm, und sie war nicht lange in der Lage, für meinen Lebensunterhalt zu sorgen und mich zu erziehen, so daß sie sich gezwungen sah, mich Vater und den Seinen zu überlassen. Sie war Pianistin und hatte das Konservatorium absolviert, aber ihre Armut war erschreckend: Obgleich zehn Jahre harter Arbeit hinter ihr lagen, war sie nicht imstande, sich ordentliche Möbel anzuschaffen. In ihrem

Zimmer gab es nur das Allernotwendigste: ein Bett, einen Stuhl, einen Schemel, einen Schrank und eine Spiegelscherbe. Ein Klavier mußte sie sich zeitlebens mieten. Wie oft habe ich später aus ihrem Munde vernommen, welche Tragik es für ihr Leben bedeutete, daß sie mich nicht mehr hatte versorgen können und genötigt war, mich abzugeben.

Ich kam zu den Angehörigen meines Vaters. Einstmals reiche polnische Adelige — hatte es das neue Regime geschafft, sie vor Gott und Stalin allen anderen gleichzumachen. Ich erinnere mich noch gut an das altmodische Mobiliar, die schönen Bücher und an die Gespräche, die sich nicht bloß darum drehten, wie die Familie im nächsten Monat zu verköstigen wäre ... Ich war übrigens katholisch getauft, und meine Großmutter sorgte dafür, daß ich den religiösen Pflichten nachkam.

Mein Vater unterrichtete russische Sprache und Literatur, aber er war außerdem Ingenieur, auf Kühltechnik spezialisiert, und arbeitete in einer Backwarenfabrik. Dort in der Fabrik lernte er die Frau kennen, die später seine Gattin und meine Stiefmutter wurde und die nach dem Tode meines Vaters weiterhin für mich sorgte, als wäre ich ihr leiblicher Sohn.

Mein Vater schenkte meiner Erziehung sehr viel Aufmerksamkeit, und obgleich bei uns zu Hause jede Kopeke gezählt werden mußte, weil keinerlei Ersparnisse vorhanden waren, glaubte er, sich einen Hauslehrer halten zu können, um mich in den ersten Schuljahren daheim in deutscher Sprache unterweisen zu lassen. Mit dem Schachspielen fing ich so um mein sechstes Lebensjahr herum an. Mein Vater war mein Lehrmeister, und ich spielte gerne mit ihm, seinem Bruder und allen Mitgliedern der Familie. Sie spürten meinen Spieldrang, und ich erinnere mich, wie mein Onkel zu mir sagte: „Wenn du nicht polnisch sprichst, spiele ich nicht mit dir!“ Aber ernsthaftes Interesse zeigte ich vorläufig noch nicht, und ich besaß noch kein einziges Schachbuch. Wir besuchten einige Wettkämpfe und schauten uns manchmal die Schachspalte unserer Kinderzeitschrift an und die Partie, die sich darin abgedruckt fand. Das war alles. Erst als der Krieg zu Ende ging, in meinen späteren Jugendjahren, zog das Schachspiel mich richtig in seinen Bann.

Im bedrohlichen Jahre 1941 wurde ich zehn Jahre alt. Die Regierung ließ die Leningrader Schulkinder zu einem weiter landeinwärts gelegenen Ort bringen, was mein Vater in die Wege leitete. Ich ging mit meinen Klassenkameraden „in die Evakuierung“, wie wir damals sagten. In dem Chaos, das zu Beginn des Krieges herrschte, war eine solche Reise ein großes Ereignis. Unsere Schule blieb dreihundert

Kilometer von Leningrad für kurze Zeit stecken. Als meine Mutter davon hörte, die sich ab und zu mit all ihren Mitteln um mich bemühte, erfaßte sie eine große Unruhe; und als dann noch die Nachricht eintraf, daß einige Transporte mit Schulkindern unterwegs bombardiert worden waren, eilte sie auf dem schnellsten Wege zu mir, um mich zu retten, und sie brachte mich zurück. Nachdem wir auf dem Heimweg bei der Bombardierung des Bahnhofes von Bologoje unsere Siebensachen eingebüßt hatten, gelangten wir auf die eine oder andere Weise nach Leningrad zurück, wo ich alle Kriegsjahre hindurch gelebt habe.

Zu Anfang des Krieges wurde ein Gutscheinsystem eingeführt. Die Rationen wurden von Monat zu Monat bescheidener, so daß sie das Niveau erreichten, auf dem ein menschenwürdiges Dasein nicht mehr möglich war. Und wären meine Verwandten nicht durch Hunger und Entbehrungen umgekommen, wäre ich wahrscheinlich selbst nicht am Leben geblieben . . .

Ich wohnte in einer riesenhaften Stadtwohnung mit dreizehn Zimmern, in denen elf Familien hausten. Meine ersten Schritte und später meine ersten Radfahrten machte ich in dem gewaltigen, fünfzig Meter langen Gang, der die Bewohner miteinander verband. Als der Krieg ausbrach, leerte sich die Wohnung. Einige zogen fort, und von den Zurückgebliebenen starb einer nach dem anderen an Unterernährung. Mein Vater und mein Onkel traten in die Armee ein. Sie erhielten ihre Ausbildung in der Stadt und besuchten uns dann und wann. Ich mußte mitansehen, wie sie vor meinen Augen vom Hunger aufgeschwemmt wurden. Man schickte meinen Vater Anfang November 1941 an die Front, und er ist, wie ich später vernahm, in einem der ersten Gefechte am Ufer des Ladogasees gefallen. Mein Onkel verschwand noch früher; was mit ihm geschehen ist, weiß ich nicht. Ein paar Monate darauf begrub ich meine Großmutter und ihren Bruder. Eine Nachbarsfrau und ich wickelten die Leichen in ein Tuch, legten sie auf einen Schlitten und zogen sie durch dic ganze Stadt zum Friedhof. Aber die Gutscheine der Verstorbenen behielten noch ihre Gültigkeit bis zum Ende des Monats und manchmal sogar noch den darauffolgenden Monat. — So kamen die Toten den Lebenden noch zu Hilfe!

Meine Stiefmutter unterstützte mich auch. Manchmal nahm sie mich mit in die Fabrik und steckte mir dort Kekse und Plätzchen zu, die bestimmt nicht aus gewöhnlichem Mehl gemacht waren, weiß Gott wovon, aber sie machten ziemlich satt. Nichtsdestoweniger landete ich 1942 im Krankenhaus mit der Diagnose „Dystrophie".

Die schwersten Tage der Blockade kamen im Winter 1941/42. Es war kalt, es gab nicht genug Holz, den Ofen zu heizen, die Wasserleitung arbeitete nicht, es fuhren keine Straßenbahnen, und von einem bestimmten Zeitpunkt an, etwa Januar/Februar, erschienen keine Zeitungen mehr. Der Leningrader Rundfunk war mit Unterbrechungen in Betrieb. Ich erinnere mich noch, wie ich mit zwei Eimern zur Newa ging, um Wasser zu holen. Ich kam zu einem bis an den Rand zugefrorenen Eisloch und lief danach mit zwei vollen Eimern die fast zwei Kilometer heimwärts. Ich ging einkaufen in den Geschäften, und meine Großmutter schickte mich manchmal zum Markt, um Brot gegen Holz für unser selbstgemachtes Öfchen einzutauschen. Als meine Großmutter gestorben war, zog ich endgültig zu meiner Stiefmutter. Im Herbst 1942 begann die Schule wieder, und im September ging ich in die fünfte Klasse. Ich lernte nicht sehr gut, es mangelte mir an Pünktlichkeit. Doch ich war ehrgeizig, und wenn ich mir ein bestimmtes Ziel gesteckt hatte, erreichte ich es auch.

Nur Schach spielen

Ende 1943 besserte sich die Kriegslage rund um Leningrad etwas. Die Belagerung näherte sich ihrem Ende. In den Schulen forderten Bekanntmachungen und Appelle dazu auf, sich für Lehrgänge im Pionierpalast zu melden.

Ein paar Erklärungen für den westlichen Leser: In der Sowjetunion besteht ein ausgebreitetes Netz von Jugendklubs, Stätten, wo sich die Schüler gemäß ihrer Begabung weiterentwickeln können, ungeachtet dessen, ob sie auf dem Gebiet des Sports, der Musik, der Kunst oder auf irgendeinem fachtechnischen Gebiet liegt. Diese Klubs sind eng mit den Schulen verbunden und unterstehen wie die Schulen dem Ministerium für Volksunterweisung. Der Besuch dieser HP (Häuser der Pioniere und Schüler) ist für die Kinder kostenlos. Die Höhe der Lehrergehälter liegt denn auch weit unter dem landesüblichen Durchschnitt. Der Unterricht ist ziemlich anspruchslos. Die besten Lehrer und Schüler finden sich in den zentralen Jugendklubs der Städte und Bezirke, sprich, in den „Pionierpalästen“. Zum Beispiel hat Leningrad 15 HP (pro Stadtviertel eines), und die ganze Stadt verfügt über nur einen Pionierpalast ... Dieses System ist der Stolz der Sowjetregierung. Die Idee an sich verdient es, näher untersucht zu werden. Meiner Ansicht nach ist ein derartiges System der kostenlosen Jugendunterweisung umso notwendiger, je ärmer ein Land und seine Bevölkerung ist, um nämlich den totalen Abstieg zu vermeiden.

Zusammen mit einem Freund, der Schach spielte, schloß ich mich dem Schachklub des Pionierpalastes an. Der Leiter des Klubs war zu dieser Zeit der Meisterkandidat Modelj, der früher einmal Trainer Botwinniks war. Als ein vielseitig gebildeter Mann mit Neigungen für Mathematik, Musik und Dichtkunst konnte er vortrefflich erzählen, und er machte uns gern zu Zuhörern von allerlei Geschichten aus der Welt des Schachs. Schachlektionen erhielten wir allerdings nahezu keine von ihm. Er zeigte uns höchstens gerne Probleme. Wir entwickelten uns selbständig, er teilte uns in Gruppen auf, und wir spielten Turniere.

Ich beschäftigte mich zugleich auch mit anderen Dingen. Ich bekam Klavierunterricht und beteiligte mich an einem Deklamierkreis. Vielleicht hatte ich musikalisches Talent, aber wir besaßen kein

Klavier, so daß ich nur in der Musikschule üben konnte. Nach einem Jahr gab ich meine musikalischen Ambitionen auf. Mit dem Vortragen von Gedichten beschäftigte ich mich noch etwas länger. Mein „r" klingt nicht ganz rein, und ich versuchte, diesen Mangel zu beheben, aber es gelang mir nicht. Schließlich hörte ich auch damit auf, obgleich ich noch jahrelang meine Liebe zum Gedicht und eine Schwäche für das Deklamieren bewahrt habe. Schach trat in den Mittelpunkt meines Interesses, und die anderen Beschäftigungen, die ich fallengelassen hatte, wurden zu meinen Hobbys. Ich muß zugeben, daß sich die Liebe zum Schachspiel nicht auf meinen Sohn übertragen hat, aber mein Interesse für Poesie und Musik hat er hundertprozentig übernommen.

In den Jahren 1944-1946 kam ich zu Meister Batujew in die Lehre. In den letzten Jahren kennt ihn die Welt mehr als den Mann, der sich der Zähmung von Tieren gewidmet hat. Unter seinem Dach leben Affen, Vögel und Schlangen, und er spricht ihre Sprache. Damals war er beim akademischen Orchester der Leningrader Philharmonie als Sänger engagiert, und er leitete den örtlichen Kinderschachklub. Einmal sah Batujew, wie ich versuchte, mit jemandem blind zu spielen. Er setzte mich mit dem Rücken zum Brett, nahm selbst dahinter Platz, wählte die weißen Steine, und wir begannen zu spielen. Ich erinnere mich noch daran, daß es eine Ungarische Partie war und daß ich zwanzig Züge lang durchhielt. Nach Ablauf der Partie sagte Batujew zu mir: „Gut gemacht, aus dir wird noch einmal ein Meister!" Zehn Jahre später kommen der Leser und ich noch auf dieses Gespräch zurück.

Nach Beendigung des Krieges kehrte V. G. Zak, der vor dem Kriege im Pionierpalast Lehrer gewesen war, von seinem Militärdienst zurück und nahm die Leitung der Schachabteilung im Pionierpalast in die Hand. Als einer der besten Spieler dort kam ich sogleich unter seine Fittiche. Von 1945 bis 1948 war Zak der einzige Schachlehrer im Palast, während es heute deren fünf sind. Es gab natürlich viele Interessenten, und wir kamen nicht oft zu Lektionen. Manchmal spielten wir freie Partien mit Zak, manchmal besprach er mit mir seine Analysen. Zak lud Meister und Großmeister ein, uns zu helfen. Bei den städtischen Jugendmeisterschaften spielten Meister mit. So traf ich 1946 zum ersten Male mit Meister Furman am Schachbrett zusammen. Die Großmeister Löwenfisch und Bondarewski hielten Vorlesungen. Das war interessant und lehrreich.

Zak besaß die Gabe, die Veranlagung für das Schachspiel selbst bei einem Kind zu entdecken, das von seiner Mutter zum Palast gebracht worden war und bis dahin noch keine Schachfigur angefaßt hatte. Unter seinen Schülern befanden sich viele wirklich Begabte. So erkannt Zak Spasskis Talent, und er hat es verstanden, ihn noch mehr für das Schachspiel zu interessieren. Er setzte es auch durch, daß Spasski und seine Familie materielle Unterstützung erhielten. Mit anderen Worten: Von seinem zehnten Lebensjahr an hat Spasski auf Staatskosten gelebt, so wie berühmte Sportler.

Ich habe einmal, viele Jahre später, als die Schüler unseres Lehrmeisters zusammenkamen, seinen sechzigsten Geburtstag zu feiern, in einer Rede bemerkt, daß Zak viele seiner Charakterzüge auf uns, seine Schüler, weitergegeben hat. Peinlich ehrlich, voller Prinzipien und voller Hingabe an seine geliebte Kunst, hat er durch seine Haltung gegenüber der gestellten Aufgabe, seine Haltung gegenüber uns und seinen Miterziehern, in uns eine korrekte, aristokratisch aufrichtige Haltung gegenüber dem Leben erweckt. Ich bin nicht ganz objektiv, aber ich bin geneigt zu glauben, daß ich persönlich sehr viel von ihm übernommen habe. Ich bin stolz auf die Charaktereigenschaften, und ich bin Zak sehr dankbar, daß er sie mir beigebracht hat.

Zak drang auch auf die Entwicklung einer sportlichen Moral bei den ihm Anvertrauten. Ich weiß noch, wie ich bei einem Ausscheidungskampf für die sowjetische Jugendmeisterschaft eine Partie verlor und ihm in einem weinerlichen Brief voller Selbstkasteiung davon schrieb. Sofort bekam ich eine aufmunternde Antwort, in der Zak mich von meiner Stärke überzeugte und mir deutlich machte, daß ich den Mut nicht zu verlieren brauchte. Hiernach faßte ich in der Tat neuen Mut und bewies zur Freude Zaks, daß ich in dem Turnier doch der stärkste Spieler war.

Den Weg von der Anfängerklasse zur ersten Klasse legte ich recht schnell zurück. Anfang 1945 gehörte ich schon zur ersten Kategorie. Aber mein Weg verlief nicht geradlinig und war gepflastert mit gelegentlichen Rückschlägen. Man sagt mir nach, daß ich in sportlicher Hinsicht viel einstecken kann. Solch ein Durchhaltevermögen baut man jedoch gerade dadurch auf, daß man die Hindernisse, die man als Sportsmann auf dem Wege vorfindet, überwindet. Wenn alles ohne Schwierigkeiten abläuft, alles glatt geht, dann wird es so jemandem, wenn die Bewährungsproben doch kommen, schlechter ergehen als dem, der abgehärtet ist. So ist es übrigens Spasski ergangen. Zuerst verwöhnte ihn das Schicksal, doch auf einmal kamen auch auf ihn die Rückschläge eingestürmt. Als ihm das widerfuhr, schien er völlig hilflos zu sein, und auf Grund dessen machte er einige verlorene Jahre durch, bis er in der Turnierarena seinen Charakter gefestigt hatte.

Während der Jugendmeisterschaft von Leningrad im Jahre 1946 erlebte ich meinen ersten großen Reinfall. Beim Start verlor ich drei Partien hintereinander. Das machte mir arg zu schaffen, ich ärgerte mich sehr und konnte meine Tränen kaum zurückhalten . . . Danach gewann ich die fünf übrigen Partien; den ersten Platz konnte ich freilich nicht mehr erreichen. Bei dieser Gelegenheit möchte ich von noch solch einem Mißgeschick berichten. Im Halbfinale zur Sowjetmeisterschaft 1950 erlitt ich sechs Niederlagen nacheinander, und aus den ersten neun Partien holte ich lediglich einen Punkt. Ich kämpfte, meine Mitspieler priesen mein schöpferisches Spiel und meinen Kampfgeist, Punkte kamen jedoch nicht zusammen! Zum Schluß revanchierte ich mich noch ein wenig, indem ich fünf aus sechs machte. Auch dieses Turnier hat viel zu meiner „Härte" beigetragen.

Aber kehren wir zurück zu meinen Jugendjahren. Ich durchlief die Schule, welche die Jugendmeister unseres Landes absolvieren müssen. 1946, als ich zum ersten Male an solch einem Turnier teilnahm, holte ich fünf aus fünfzehn. Sieger des Turniers mit dem glänzenden Resultat von vierzehn Punkten aus fünfzehn Partien wurde der Meisterkandidat Tigran Petrosjan. 1947 spielte ich das gleiche Turnier viel sicherer. Ich stritt mit J. Nei um den ersten Platz. In der letzten Runde rettete ich mich durch ein Remis mit meinem härtesten Konkurrenten und wurde, ohne auch nur eine Partie verloren zu haben, mit dem Resultat von 11½ aus 15 Sieger des Turniers.

1948 fand wieder eine Jugend-Einzelmeisterschaft statt, der diesmal Halbfinale vorausgingen. Zu Beginn der Halbfinale strauchelte ich, wonach ich wieder einen Brief an Zak schrieb. Natürlich gelangte ich ins Finale und teilte den ersten Platz mit Nei.

Im Jahre 1949 ging es um die Jugend-Mannschaftsmeisterschaft. Die Leningrader Mannschaft, die alle Wettkämpfe gewann, belegte mühelos den 1. Platz. Kein Wunder, der Mannschaft gehörten die heutigen Großmeister Kortschnoi, Spasski und Lutikow an! Am ersten Brett holte ich 5½ aus 6 und erhielt für dieses Ergebnis den Titel „Meisterkandidat".

Zur Zeit dieser Jugendturniere stellte ich auch meine Befähigung für Seniorenmeisterschaften unter Beweis, vor allem in den Ausscheidungsturnieren zur Meisterschaft von Leningrad. 1948 nahm ich zum ersten Male an solch einem Turnier teil, jedoch ohne besonderen Erfolg: Ich erreichte nicht einmal 50 Prozent. Im darauffolgenden

Jahr glückte mir aber die Qualifikation für das Finale der Stadtmeisterschaft, welches 1950 begann. Ich schnitt glänzend ab. Aus den Partien mit den fünf Meistern, die am Turnier teilnahmen, holte ich 4½ Punkte. Gegen Taimanow, der lange Jahre mein Rivale bleiben sollte, gewann ich sehr rasch. Trotzdem blieb ich im Endergebnis einen halben Punkt hinter ihm. Dieser zweite Platz war aber dennoch ein großer Erfolg für mich, mein erster in einem Seniorenturnier.

Universität - Meistertitel

Von Schachspielern wird gerne behauptet, daß sie eine Veranlagung für exakte Wissenschaften mitbringen, Da ist gewiß etwas Wahres dran. In meinem Leben bin ich mehrmals Vertretern der exakten Wissenschaften begegnet, vor allem Mathematikern. Sie zeigten sich immer interessiert am Schachspiel. Viele spielten selbst Schach — manchmal schwach, aber niemals ohne Talent. Die Vertrautheit mit den Gesetzen der Logik hinderte sie bereits daran, allzu schwache Züge auszuführen. In den Reihen der berühmten Schachspieler befinden sich viele mit einem Hang zu den exakten Wissenschaften, zum Beispiel Lasker, Euwe und Botwinnik.

Anderseits finden wir unter den Schachspielern auch manche Vertreter der Geisteswissenschaften, wie Aljechin, Tal u. a. Ein erstklassiger Schachspieler muß offensichtlich über einen vielseitigen Geist verfügen, in dem logisches Denkvermögen und schöpferische Phantasie vereint sind.

Die exakten Wissenschaften verlangen aber auch, daß man sich ihnen eingehend widmet, und man muß dafür viel Zeit aufwenden. Andere Wissenschaften sind nicht so verpflichtend. Man muß sie nicht unbedingt bis in alle Einzelheiten beherrschen. Eine Kenntnis ihrer allgemeinen Prinzipien ist vollauf genügend, während das Konkrete mehr in den Hintergrund tritt.

Was nun mich angeht, so beendete ich die Schule mit zehn Klassen im Jahre 1948. In Mathematik war ich in der Schule wohl gut, aber in Physik sah es für mich weniger rosig aus. Ich mußte einsehen, daß sich die Physik nicht allein mit der Logik bewältigen ließ, sondern daß sie auch gelernt sein wollte. So hatte ich schon damals außer für Schachspielen wenig Zeit zur Verfügung. (In jener Zeit konnte von Schach-Professionalismus nicht die Rede sein. Oder, besser gesagt: man durfte sich nicht Berufsschachspieler nennen. Man mußte eine abgeschlossene höhere Ausbildung vorweisen können! So kannte ich den Studenten der Luftfahrtschule Smyslow, den Fachmann für politische Ökonomie Geller, den Chemiker Awerbach.)

Ich stand nun vor der Aufgabe, mich für einen höheren Ausbildungsweg zu entscheiden. Die exakten Wissenschaften lehnte ich ab, da sie zu viel Mühe beanspruchten. Als ich in Gedanken die geisteswissenschaftlichen Fächer musterte, verfiel ich auf Geschichte. Von Kindheit an hatte ich eine Schwäche für Begebenheiten aus der Geschichte und las gerne Geschichtsbücher. Wie die meisten jungen Leute in der Sowjetunion, die einen Beruf aussuchen, kaum wissen, worauf sie sich da einlassen, so hatte ich keinen Schimmer davon, als ich Geschichte auserkor, das zu meiner Zeit, der Stalinära, ein unsinniges Fach war. Ein Fach, welches kaum den hohen Namen „Wissenschaft“ verdiente, und in dem man leicht Rot für Blau und Weiß für Schwarz durchgehen ließ.

Sechs Jahre brachte ich innerhalb der Mauern der Leningrader Universität zu. Während all dieser Jahre studierte ich an Stelle von Geschichte umfassend den Marxismus. Ich hatte einen Freund, der vorzüglich lernte. Nach zwei Jahren machte er einen Schlußstrich unter sein Studium, weil er dessen Nutzlosigkeit eingesehen hatte. Er wechselte, nachdem er zwei Jahre seines Lebens vergeudet hatte, zum Institut für Bergbaukunde über. Das zeugt von Willenskraft und einer außergewöhnlichen Geisteshaltung: rechtzeitig ein Stück von sich selbst aufgeben zu können, um den Körper weiter ganz am Leben zu erhalten.

Ich brachte nicht die Kraft auf, seinem Vorbild zu folgen. Zwei Jahre zu verlieren erschien mir unvorstellbar. Jahr um Jahr verstrich, ehe ich begriff, daß ich viel mehr verloren hatte, indem ich das Geschichtsstudium fortsetzte. Ich hatte einen ernsthaften Fehler begangen. Ich hätte besser Sprachen studieren sollen, denn Sprachkenntnisse hat ein Schachspieler unabhängig von seiner politischen Auffassung dringend nötig . . .

Mit Abscheu denke ich an die Jahre zurück, die ich innerhalb der Mauern der Universität vertan habe. In meiner Erinnerung sehe ich noch Treffen vor mir, Zusammenkünfte anläßlich des siebzigsten Geburtstages des Genossen Stalin, Komsomolzenversammlungen, öde und duckmäuserig, die allein dadurch zuweilen an Lebendigkeit gewannen, daß sogenannte „persönliche Fragen“ zur Sprache kamen; das heißt, man „beschäftigte“ sich mit einzelnen Studenten. Es war so, daß man sich um das Privatleben, ja selbst um die Gedanken der Studenten kümmerte. Ich erinnere mich noch, daß ich nicht sehr gut lernte. Besonders schwer fielen mir die sogenannten sozial-ökonomischen Fächer, dialektischer Materialismus, politische Ökonomie, was augenscheinlich eine Folge davon war, daß ein ausreichender logischer Zusammenhang zwischen diesen „Wissenschaften“ fehlte, und ein Bezug zur Wirklichkeit, zum Leben ringsum nicht zu erkennen war. Bei meinem Schlußexamen in diesem Institut bekam ich in diesen Fächern auch nur Dreier (bei einer Notenskala von 5 bis 1). Aber das war nicht so schlimm wie die mageren Noten während meiner Studienzeit. Studenten, die eine Drei bei einem Zwischenexamen bekommen, verlieren für ein Semester ihr Stipendium. Über die Frage der Wiederholung eines Examens, um eine gute Note und somit ein Stipendium zu bekommen, entschieden die Komsomolzen-Organisationen. So marschierte ich, als ich in meinem zweiten Jahr eine Drei bekommen hatte, zu dem zuständigen Komsomolzenbüro, zu meinen Mitstudenten, aber die sagten zu mir: „Warum sollten wir dich das Examen wiederholen lassen, du bist doch Schachspieler?“ Als ob nur echte Studenten Stipendien nötig hätten, und meine Studiererei zu nichts gedient hätte, geschweige denn mit einem Stipendium belohnt werden müßte. Aber vielleicht hatten sie recht. Für den Rest meines Lebens habe ich jedenfalls eine Lektion vom besonderen Aspekt der kameradschaftlichen Beziehungen in der Sowjetunion bekommen.

Ich beendete 1954 mein Studium, nachdem ich ein Jahr auf die Aushändigung meines Diploms hatte warten müssen. Ich brüste mich keineswegs, ein großer Geschichtskenner zu sein, so daß ich mich jetzt, 23 Jahre später, nicht einmal an den Inhalt, geschweige denn an den Titel meiner Abschlußarbeit erinnern kann. Ich glaube, daß er ungefähr „Die Volksfront und die KP von Frankreich am Vorabend des Zweiten Weltkrieges“ lautete.

Während meiner Studienzeit beschäftigte ich mit intensiv mit Schach. Zu Hause arbeitete ich viel, analysierte Großmeisterpartien und machte Anmerkungen zu meinen eigenen Partien. Auch spielte ich viel, so neunzig Partien pro Jahr. Ich nahm an den Ausscheidungskämpfen zur Meisterschaft der UdSSR teil, an den Meisterschaften von Leningrad, den Meisterschaften der Studentengenossenschaft „Wissenschaft“, an Studenten-Mannschaftskämpfen innerhalb der Universität und spielte dann und wann auf Einladung in ein paar Turnieren mit.

Anfang 1951 fand in Leningrad ein Massenturnier zum Gedenken an Tschigorin statt. In diesem Turnier gelang es mir zum ersten Mal, die Meisternorm zu erfüllen. Ich gewann ein paar nicht üble Partien, aber insgesamt befriedigte mein Spiel mich nicht sonderlich, nicht zuletzt deshalb, weil ich die Meisternorm auf nicht ganz redliche Weise erfüllte. In der letzten Runde mußte ich nämlich auf jeden Fall gewinnen, und ich spielte gegen einen erfahrenen Meister. Unsere Partie stand ganz offensichtlich auf Remis. Als junger Spieler hatte ich jedoch eine Reihe von Sympathisanten, unter denen sich einer der

Organisatoren dieses Turniers befand. Diese übten einen starken Druck auf meinen Gegner aus und drohten, ihm seinen Preis nicht zukommen zu lassen, wenn er nicht auf ihre Forderung eingehe. Mein Gegner war gegen diese Erpressung machtlos und verdarb die Partie. Ich muß zugeben, daß ich mich in dieser unschönen Angelegenheit auch nicht einwandfrei benommen hatte. Ich tat so, als wüßte ich von nichts, und lachte mir unterdessen ins Fäustchen. Nun hoffe ich über ausreichende Standfestigkeit zu verfügen, daß ich nicht mehr auf solche Sympathisanten angewiesen bin und daß dieser „Zirkus" der Vergangenheit angehört.

Den Meistertitel erhielt ich damals auch noch nicht. In der Landesqualifikationskommission begutachtete man zu dieser Zeit die Qualität der Partien von jedem, der für den hohen Titel in Frage kam, und die bewußte Partie hat die Mitglieder der Kommission wahrscheinlich ziemlich nachdenklich gestimmt. Wegen meines Erfolges in diesem Turnier wurde ich dennoch zum Halbfinale der vor der Tür stehenden 19. Landesmeisterschaft der UdSSR zugelassen, zu dem ich mich im Viertelfinale nicht hatte qualifizieren können. Im Halbfinale habe ich dann schließlich durch eigene Kraft der Meisternorm Genüge getan, aber leicht war das nicht. Gegen Ende des Turniers mußte ich so ziemlich alle Partien gewinnen, und tatsächlich schaffte ich es! In der letzten Runde hätte mir ein Remis zur Meisternorm genügt, aber im Falle eines Sieges hätte ich das Finale der Landesmeisterschaft erreicht. Eine verlockende Alternative! Aber mein Gegner hieß Smyslow, schon damals der zweitstärkste Spieler der Welt. Er hatte das Turnier mit Leichtigkeit gespielt und stand auf dem ersten Platz. Wie man sich erzählte, hatte er keine Lust, an diesem Abend zu spielen. In der Erwartung eines schnellen Remis hatte er schon Karten fürs Theater gekauft, und seine Frau wartete bereits auf ihn. Aber es kam anders. Ich war nun einmal voller Streitlust, und so verdarb ich Smyslow den Abend gründlich. Nach fünf Stunden Spielzeit wurde unsere Partie in unklarer Stellung abgebrochen. Zusammen mit Tolusch analysierte ich die ganze Nacht hindurch, und schließlich glückte es mir mit viel Mühe, die Partie zu retten.

Wenn ich an Tolusch denke, kann ich nicht umhin, von einem weiteren Vorfall zu berichten. Eines Tages, Anfang 1950, teilte mir der Direktor des Leningrader Schachklubs mit, daß mir einer der besten Meister des Landes, Tolusch, seine Trainerhilfe anbot. „Binnen zwei Jahren werde ich aus ihm einen Meister machen", hatte Tolusch gesagt. „Ich komme auch ohne ihn zurecht", erwiderte ich damals dem Direktor. Ein Meister bin ich in der Tat geworden, aber später habe ich mich gefragt, warum ich mich geweigert hatte. Spasski hat Toluschs Hilfe nicht ausgeschlagen. Innerhalb weniger Jahre konnte jeder sehen, wie seine taktischen Fähigkeiten wuchsen. Tolusch war ein bemerkenswerter Meister des Angriffs, und er hat seine Gabe auf Spasski übertragen und ihn auf ein höheres Niveau gebracht. Man sagt, daß Tolusch, als Spasski 1953 in einem Trainingsturnier spielte, ihm gedroht habe, Spasski solle ihm nicht unter die Augen kommen, wenn er in der Partie nicht etwas geopfert habe. Spasski hat dieses Gerücht zwar von sich gewiesen, aber ich glaube es dennoch: Es paßt zum Stil Toluschs voll und ganz, einen solchen Druck auf die Persönlichkeit auszuüben, und es ist auch für die Entwicklung des Schachtalentes Spasski von heilsamer Wirkung gewesen.

Es kommt mir so vor, als ob mein taktisches Talent dem Talent besserer Angriffsspieler nicht nachsteht, aber ich habe es nicht geschafft, es selbständig in dem Maße zu entwickeln, wie ich es gerne gewollt hätte. Taktischen Instinkt, das Vermögen, Material zu opfern, um eine Initiative zu erreichen, das ist eine Qualität, die ich an Angriffsspielern sehr schätze, insbesondere an Spasski ...

So wurde ich einer der fünfzig Schachmeister des Landes, und mein Meisteremblem trug die Nummer 3901. Es ist eigenartig, daß es in der Sowjetunion fünfundzwanzig Jahre später vierzig Großmeister und mehr als fünfhundert Meister gibt. Wenn man sich darüber im klaren ist, daß es auch damals schon Leute gab, die nicht schlecht spielten, dann liegt unwiderlegbar eine Inflation des Meistertitels und auch des höchsten Titels auf der Hand.

In jener Zeit war ich ein schwächlich aussehender junger Mann und machte nicht den Eindruck eines Sportlers, aber ich trug bereits die Insignien eines Meisters auf der Brust. Der Leningrader Spieler Noach sagte einmal zu mir: „Schachspielen erfordert viel physische und psychische Kraft. Du mußt stark sein, um gut schachspielen zu können. Ich rate dir, morgens Haferflocken zu essen!“. Und das tat ich dann auch. Meiner Stiefmutter war das auch recht. Sie machte mein Essen für den ganzen Tag fertig, ging selbst ihrer Arbeit nach und kehrte nicht vor dem Abend zurück. Oft machte sie eine Pfanne mit Brei für mich zurecht. Das war kein sehr abwechslungsreiches Essen, dafür aber reich an Kalorien. Ich gewöhnte mich an den Brei, und während zehn Jahren nahm ich zu an Gewicht und augenscheinlich an physischer Kraft.

Leider habe ich nicht die Exaktheit jener Menschen, die versuchen, nichts von dem, was sie einmal getan haben, zu verlieren, die ihre Partien auf zwei Blättern notieren, um eine Kopie zu behalten und sie als Grundlage für ihre weitere Vervollkommnung zu benutzen. Meine Partien aus jener Zeit sind größtenteils unveröffentlicht geblieben. Ich spielte damals völlig anders als heute — schärfer als Browne oder Ljubojević. Ich hoffe, daß einige zufällig erhaltene Partien einen Eindruck von meinem damaligen Stil geben können.

Die ersten Partien auf höchster Ebene

1952, als ich in Minsk im Halbfinale zur UdSSR-Meisterschaft spielte, erreichte ich zur Überraschung vieler und auch meiner selbst das Finale. Über die Erfolge junger Schachspieler wird eine Menge geschrieben. Das Erstaunen auslösende Phänomen eines aufgehenden Sterns und dessen Beweihräucherung benachteiligt die etwas älteren Spieler und ruft die Begeisterung seiner Anhänger hervor. So ging es auch in Minsk zu. Ich rettete und gewann eine Reihe hoffnungsloser Stellungen. Schließlich teilte ich den zweiten Platz vor Flohr, Awerbach, Cholmow und vielen anderen Spielern.

Während ich mich auf die Meisterschaft vorbereitete, war ich gezwungen, mein Eröffnungsrepertoire zu überdenken. Ich spielte damals ausschließlich 1. e4, und mit Schwarz Sizilianisch und verschiedene Varianten Holländisch. Meine Theoriekenntnisse waren zu dieser Zeit noch schwach entwickelt, und es gab auch da schon eine Reihe guter Schachspieler, so daß ich mehr als einmal „auseinandergenommen" wurde. Wenn ich zum Beispiel daran denke, wie ich etwa von Ufimzew im Viertelfinale zur UdSSR-Meisterschaft drangsaliert wurde, läuft es mir heute noch kalt den Rücken hinunter.

Ich betrachtete mein Eröffnungsrepertoire also zu Recht als nicht ausreichend. Zur Vorbereitung auf die Landesmeisterschaft begann ich, eine neue Eröffnung zu studieren, die Grünfeld-Verteidigung. Aus der Schachliteratur, die ich zur Verfügung hatte (so etwas wie den Schachinformator hatte man damals noch nicht) entnahm ich hundert Partien, die mit der Grünfeld-Verteidigung gespielt worden waren, und analysierte sie. In mir wuchs das Gefühl, daß ich in jeder beliebigen Variante dieser Eröffnung jedem Weißspieler gewachsen sei. Bondarewski sprach einmal einen interessanten Gedanken aus: „Wenn ein Schachspieler bestrebt ist, seine Eröffnungen zu verändern, dann ist das ein Zeichen von Entwicklung!". Die Grünfeld-Verteidigung ist mein treuer Kampfgefährte geworden; von 1952 an hat sie mir unzählige Jahre zuverlässige Dienste geleistet. Man kann sagen, daß ich viel daran gearbeitet habe, diese Eröffnung standfest in jedem möglichen Wettkampf aufs Brett zu bringen. Ich habe ihr viele neue Ideen hinzugefügt, und es ist mir gelungen, dieser Eröffnung neuen Atem einzuhauchen, nachdem sie eine Zeitlang ihre Anziehungskraft verloren hatte.

Die Meisterschaft der UdSSR ist für einen Neuling ein schwerer Brocken. Die Besetzung des Turniers war stark, aber ich konnte den sechsten Platz einnehmen vor Smyslow, Bronstein, Keres, Suetin und Simagin. Mein Spiel zeichnete sich durch ein beneidenswertes Durchsetzungsvermögen aus, und ich spielte das Endspiel ziemlich subtil. In der Eröffnung war ich recht schwach, aber vor allem im Mittelspiel war ich hilflos. Dieser Mangel ist auch heute noch bei mir festzustellen, obgleich ich während der letzten sechzehn Jahre bemerkenswerte Erfolge auf diesem Gebiet zu verbuchen habe. Wenn es mir gelang, aus der Eröffnung unmittelbar ins Endspiel überzugehen, dann konnte ich gegen wen auch immer gewinnen. So erging es mir insbesondere in meiner Partie gegen Smyslow in der ersten Runde. Ich gewann das Endspiel gegen den großen Smyslow und hatte zugleich bewiesen, daß ich nicht zufällig in dieses Turnier geraten war.

In diesem Turnier habe ich viele denkwürdige Partien gespielt. Die Partie mit Bronstein zum Beispiel. Bis zu dieser Zeit hatte ich 1. e4 gespielt, und auf die Antwort 1. . . . e5 Italienisch oder Evansgambit. Furchtsam spielte ich gegen ihn den vorsichtigen Zug 4. d3; wir spielten sieben Züge nach der Theorie, aber dann wartete Bronstein mit einer Neuerung auf. Ich merkte bald, daß ich mit Weiß(!) in Schwierigkeiten kam, und habe die Partie dann auch verloren. Seitdem spiele ich nicht mehr Italienisch und eröffne nicht mehr ausschließlich mit 1. e4.

Nach einigen Runden mußte ich gegen Weltmeister Botwinnik spielen. Ich begann mit 1. c4 und geriet in eine geschlossene Stellung, in der mich Botwinnik mit jedem Zug weiter einschnürte. Manche Züge meines großen Widersachers vermochte ich wohl zu erraten, andere nicht, aber der Sinn seiner Züge blieb mir vollkommen unbegreiflich. Es hat sechs bis acht Jahre gedauert, bis ich mir die Lektion, welche mir Botwinnik im Positionsspiel erteilt hatte, zu eigen gemacht habe. Er hatte mich nach allen Regeln der Kunst — wobei ich die Regeln damals noch nicht kannte — überspielt. Als die Partie jedoch in die Zeitnotphase geriet, wurde Botwinnik nervös. Er hätte eine Qualität gewinnen können, aber er hatte vor irgend etwas Angst. Er ließ eine Gewinnmöglichkeit aus und noch eine, und die Partie wurde abgebrochen in einer Position, von der viele meinten, daß meine Chancen besser wären. Ich stand tatsächlich nicht mehr so schlecht und hatte Gegenchancen, welche die Botwinniks aufwogen, und wir einigten uns ohne weiteres Spiel auf Remis. Botwinnik erkundigte sich nach meinen Analysen und lobte sie wegen ihres Gehaltes.

Denkwürdig ist auch meine Partie mit Keres. Wenn er zum ersten Male mit einem jungen aufkommenden Talent spielte, behandelte Keres die Partie immer mit besonderer Sorgfalt. So geschah es auch in dieser Partie. Keres nutzte mein ungenaues Eröffnungsspiel aus, entfaltete unter Figurenopfer eine kräftige Initiative und gewann bereits im vierundzwanzigsten Zug. Seitdem hatte ich großen Respekt, sogar Angst vor ihm. Keres wurde für alle Zeiten mein schwerster Gegner. Eine eigenartige psychologische Einzelheit: Ungefähr zwanzig Jahre später, als ich mich in einer schwierigen Situation befand, am Vorabend meines Matches mit Karpow, war Keres einer der wenigen Großmeister, der mir seine Hilfe anbot. Ich war gezwungen abzulehnen — seine Autorität war zu groß für mich, er erdrückte mich . . .

Ich erinnere mich an eine Begebenheit während des Turniers. In der ersten Hälfte war ich eine der dominierenden Figuren. Der schon etwas ältere Meister Kan hatte ermutigende Worte für mich: „Oh, Sie stehen auf dem zweiten Platz!" „Ich komme noch auf den ersten!", antwortete ich. Kan begann zu lachen: „Bescheidenheit ist ein Schmuck der Tugend!", schloß er. Selbstsicher, wie ich war, brauchte ich kein Training! In einem Artikel schrieb Kan einige Zeit nach dem Turnier über das Talent der Jüngeren, über mich im besonderen. Er erwähnte sowohl meine mäßige physische Vorbereitung als auch meine sehr triftigen Zeitnotprobleme.

Es war zu früh, um stolz zu sein, aber nach meinem Erfolg in der Meisterschaft schien mir, daß ich gegen jeden gewinnen könnte. Aber es kam anders. Ich hatte viel gesehen während der Landesmeisterschaft, viele Lektionen erhalten, aber sie mir noch nicht so recht zu Herzen genommen. Und ich hatte viel Kraft verbraucht. In den folgenden anderthalb Jahren spielte ich ungleichmäßig. In der Leningrader Meisterschaft holte ich allerdings noch den zweiten Platz hinter Furman, und bei der Meisterschaft der Studentengenossenschaft „Wissenschaft" zeigte ich ziemlich hohe Klasse, indem ich 14 aus 16 holte. Im gleichen Sommer, 1953, begegnete ich während Mannschaftskämpfen zum ersten Male Tal. Ein psychologisches Schachrätsel: Wenn zwei Spieler gleicher Stärke an einem Turnier teilnehmen, sind ihre Resultate gleichwertig, aber wenn sie gegeneinander spielen, behält einer über den anderen fortwährend die Oberhand. Vor einiger Zeit habe ich folgendes Schema gezeichnet: Tal gewinnt gegen Portisch, Portisch gegen Keres, Keres gegen mich, ich gegen Tal, Tal gegen Portisch, und so fort. Das Score zwischen Tal und mir lautet 13:2 zu meinen Gunsten bei ungefähr 25 Remisen.

Wie kommt das? Warum hat Tal selbst in seinen besten Jahren, als er auf dem Wege zum Weltmeistertitel war und jeden auf die unerhörteste Weise vom Brett fegte, nicht gegen mich spielen können? Wie im Fall Keres suche ich die Lösung des Rätsels in unserer ersten Partie. So war ich damals schon ein erfahrener Meister und er gerade Meisterkandidat. Ich war 22, er 16. Ich hatte einen Bauern mehr, er war wieder im Begriff, etwas zu opfern, und da bot er mir Remis an. Zugegeben, es standen Läufer ungleicher Farbe auf dem Brett, aber es gab auch andere, schwere Figuren. Die Selbstsicherheit des Jungen übertraf offenbar noch die meine!

Es war nicht leicht zu gewinnen, aber im vierundneunzigsten Zuge habe ich ihn doch kleingekriegt. Das galt für die Partie und analog für das ganze Leben. Von diesem Moment an spielte er gegen mich wie ein schon vorher Verurteilter. Ich kann prahlen: Tal hat gegen mich selbst die Französische Abtauschvariante gespielt! Aber was soll's: In unseren Partien spielte die Farbe keine besondere Rolle — mit Weiß schien Tal noch verwundbarer.

Auf dem Weg zum Großmeister

Im Leben eines jungen Schachspielers, der sein Universitätsstudium abgeschlossen hat, stellt sich zuweilen ein schwieriger Moment ein. Er steht vor der Wahl, ob er einen Beruf wählen soll, bei dem er seine Fachkenntnisse anwenden kann, oder sich weiter dem widmen soll, was bis vor kurzem sein liebstes Hobby war. Als ich vor dem Ende meines Studiums stand, errang ich eine Reihe großer Erfolge. Ich zog die Aufmerksamkeit der Leiter des Sportkomitees der UdSSR und der Schachföderation auf mich und wurde zum berufsmäßigen Sportler ernannt, „auf eine Börse gesetzt“, wie man in der Sowjetunion zu sagen pflegt.

Sich einen Amateurschachspieler vorzustellen, also jemanden, der in einer Fabrik, einer Schule oder an einem Institut arbeitet und der jedes Jahr für drei oder vier Monate und manchmal auch ein halbes Jahr abwesend ist, um an Wettkämpfen teilzunehmen, fällt schwer. Wer kann einen solchen Angestellten gebrauchen? Im Gegensatz zu anderen internationalen Sportföderationen zieht die FIDE keine Grenze zwischen Berufsspielern und Amateuren.

Was die materielle Basis des berufsmäßigen Schachspielens betrifft, so ist nur in der Sowjetunion in den ersten Jahren nach dem Krieg ein amtliches System der Unterstützung für Sportler eingeführt worden, auf Grund dessen ein Sportler nach Gutdünken über seine Zeit verfügen kann, um sich in seinem geliebten Fach zu vervollkommnen. Die Form dieses Systems ist eigenartig. Die Höhe der Zuwendungen wurde etwa um 1949 festgelegt. Einstmals handelte es sich um vernünftige Beträge, aber die Inflation hat inzwischen ihr Werk getan. Bemerkenswert ist, daß die Höhe der Beträge vom Leistungsniveau des Sportlers abhängt, und wenn jemand keine guten Leistungen mehr erbringt, betrachtet man ihn als jemanden ohne Perspektiven, und seine Zuwendungen werden minimal. In der Zeit, in der er seinen Sport ausübt, hat er sich natürlich den Weg zu einem anderen Beruf verbaut, um so mehr da Nebenbeschäftigungen im Prinzip verboten sind. Botwinnik bildet eine seltene Ausnahme. Seine höhere Ausbildung ist schon nichts mehr wert, aber das ist eine andere Geschichte. Das Leben ist hart . . .

Mit dem Zu- und Aberkennen von Zuwendungen beschäftigen sich geheime Abteilungen der Sportorganisation: Es gibt kein Berufsspielertum! Die Sportler kommen einmal im Monat zu den Organisationen, unterzeichnen eine Anwesenheitsliste, bezahlen ihre Beiträge für die Fachverbände und die Partei, und dann verschwinden sie wieder für einen ganzen Monat. Ungewöhnliche unkontrollierte Einkünfte! Die Sportler erhalten zwischen 60 und 300 Rubel pro Monat. Der monatliche Landeslohndurchschnitt liegt bei 150 Rubel. Nach offiziellem Kurs entspricht 1 Dollar 75 Kopeken; also bekommt man für 300 Rubel 400 Dollar. Aber auf dem Schwarzmarkt gibt man für 1 Dollar mindestens 5 Rubel. Die Sowjetbehörden rechnen ungefähr mit dem gleichen Kurs. Für Bürger, die einmal ins Ausland kommen und mit ihrer von dort mitgebrachten Valuta in der Sowjetunion etwas kaufen wollen, gibt der Staat spezielle Wertpapiere heraus, sogenannte „Zertifikate“, die man in dafür eingerichteten Geschäften gegen Ware umtauschen kann. Die Preise in den Geschäften sind etwas niedriger als in den Geschäften für Normalbürger, in denen man mit gewöhnlichem Papiergeld zahlen muß. Wie man sieht, bekommen die Sportler nicht so arg viel Geld. Bei allem „Staatsprofessionalismus“ der sowjetischen Spieler sind sie doch, gemessen an dem Geld, das sie bekommen, viel eher Amateure!

Doch lassen sich die Erfolge der sowjetischen Schachspieler in erster Linie auf dieses amtliche Unterstützungssystem zurückführen, und das Gewähren von „Börsen“ an Schachspieler hat nahezu eine entscheidende Rolle in ihrem Vorwärtskommen gespielt. Anfang 1954 beteiligte ich mich wieder an der Meisterschaft der UdSSR. Ich spielte gut, gewann viele schöne Partien und kämpfte verbissen um den ersten Platz. Meine Kräfte reichten jedoch nicht über die ganze Distanz des Turniers, und ich verlor schließlich gegen die schwächsten Teilnehmer einige Partien. Awerbach zog an mir vorbei, und ich mußte den zweiten Platz mit Taimanow teilen. Zum ersten Mal spielte ich in der nationalen Arena gegen Petrosjan. Wir hatten bereits einmal auf einem Schulturnier die Klingen miteinander gekreuzt. Damals bewegte er sich außerhalb jeder Konkurrenz, aber nun war ich ihm voraus. In dieser Zeit begann mein Wetteifern mit Petrosjan, ein Wetteifern, das bald in Krieg umschlagen sollte.

Nach der Meisterschaft begab ich mich zum ersten Mal in meinem Leben zu einem internationalen Turnier, und zwar nach Bukarest. Es nahmen hauptsächlich Meister teil, aber es gab ja damals auch nur wenige Großmeister auf der Welt. Es waren starke Spieler dabei wie Furman, Neschmetdinow, Cholmow und Pachman.

Der Kampf um den ersten Platz wurde zwischen Neschmetdinow und mir ausgetragen. Als begabter Meister des Angriffs, der er war, spielte Neschmetdinow gewöhnlich ungleichmäßig, aber in diesem Turnier war sein Spiel von Niveau. In der ersten Runde gewann ich gegen ihn wie durch ein Wunder, trotz des materiellen Rückstandes einer Qualität und eines Bauern. Wir legten in den nächsten Runden ein rasendes Tempo vor, und vor der Schlußrunde hatten wir beide 12½ aus 16. Am folgenden Tage machte ich schnell remis mit O'Kelly, während Neschmetdinow gegen Furman unterlag. Ich hatte das Turnier gewonnen.

Mittlerweile stand die Mannschaftsweltmeisterschaft der Studenten vor der Tür. Die Mannschaft der Sowjetunion war zu dieser Zeit sehr schwach. In ihr spielten insgesamt zwei (nationale) Halbgroßmeister mit — Moisejew und ich, der Rest bestand aus Meistern. Es fällt nicht schwer zu begreifen, daß wir es nicht leicht hatten gegen einzelne Mannschaften, die so ziemlich die gesamte nationale Spitze darstellten. So retteten wir nur mit knapper Not den Wettkampf gegen Bulgarien (ich verlor gegen Minev), und wir unterlagen der Tschechoslowakei. Das tschechische Team mit Dr. Filip an der Spitze wurde dann auch Turniersieger.

Im folgenden Jahr spielte ich bei der Landesmeisterschaft mäßig, so daß sie mich nicht in die Studentenmannschaft aufnahmen. Statt dessen beschloß man, die Mannschaft mit Spasski, Preisträger in der Landesmeisterschaft, zu verstärken und auch mit Taimanow, obgleich er schon lange kein Student mehr war. Auf diese Weise hatten die russischen Studenten 1955 in Lyon keine Probleme. Noch stärker zeigte sich die Studentenmannschaft 1956 in Uppsala. Man stelle sich vor: ich selbst, beinahe Großmeister, die Halbgroßmeister Tal und Polugajewski und die Meister Lutikow, Wasjukow und Antoschin. Die Studenten feierten Feste, taten sich am Wein gütlich und gingen nachts aus, während wir ernsthaft spielten; (von einem Verstoß gegen das Regime konnte keine Rede sein.) Es ist nicht verwunderlich, daß wir die jugoslawische Mannschaft leicht ausschalteten, obgleich in ihr doch zwei Großmeister spielten. Tal und ich gewannen gegen Ivkov bzw. Matanović. Jugoslawien war unser einziger Rivale, danach war alles klar.

Die Wettkämpfe schlossen mit einer Tournee unserer Mannschaft durch Schweden und Norwegen ab. Nach heutigen Begriffen waren die Honorare unbedeutend. Ich erinnere mich noch daran, daß wir in einem schwedischen Klub auftraten. Kotow, der Leiter unseres Teams, erhielt 150 Kronen, ich 100 und Tal 50. Der zukünftige

Weltmeister hatte für 10 Dollar eine Vorstellung gegeben! Weiter habe ich nicht mehr an Studentenwettkämpfen teilgenommen. Aber in der Sowjetunion ist man bei der Zusammenstellung für die Studentenauswahl noch genau so seriös wie früher. Zwei oder drei Großmeister sind regelmäßig dabei.

Die Landesmeisterschaft von 1955 galt gleichzeitig als Zonenturnier. Es ist begreiflich, daß die besten Spieler daran teilnahmen. Selbst der Weltmeister spielte außer Konkurrenz mit. Man erwartete Erfolge von mir, da ich mich ja schon in den vergangenen Jahren ausgezeichnet hatte. Den Erwartungen wußte ich jedoch nicht zu entsprechen. Ich kann nicht sagen, daß ich Pech gehabt hätte: Es gelang mir, Partien mit einem materiellen Rückstand wie gegen Keres und Awerbach noch aus dem Feuer zu reißen. Ich kämpfte in jeder Partie, aber ohne Erfolg. Meinen ersten und zugleich einzigen Sieg errang ich in der dreizehnten Runde. Ich zermarterte mein Hirn bei der Suche nach den Ursachen für diesen Fehlschlag. Man schalt mich aus und beschuldigte mich der Selbstüberschätzung, daß ich mich nicht an die richtige Lebensweise hielte und dem Trunk ergeben sei. Dies war nicht ganz unbegründet. In der Jugend neigt man dazu, sich nicht so streng an eine gute Lebensweise zu halten wie in reiferen Jahren. Es erschien ein Artikel in der Schachpresse aus der Feder Bronsteins, des einzigen Spielers von Format, der dieser 22. Meisterschaft als Beobachter beiwohnte. Es ist nützlich, seine wohlwollende Kritik zu zitieren: „ . . . die Leningrader müssen einem der begabtesten Sowjetschachspieler unter die Arme greifen, V. Kortschnoi, damit er die Krisis, die er durchmacht, überwindet. Schon während der 21. Meisterschaft zeigten sich bei ihm Symptome, die auf eine Unterschätzung seiner Gegner hinwiesen, und das Verlangen, sich aus jeder beliebigen Situation zu retten, ohne ausreichende und greifbare objektive Bedingungen vorweisen zu können. Nun hat er durch eine starke Konkurrenz den Glauben an sich verloren, aber dazu hat er absolut keinen Grund.“

Dank sei Bronstein, er ist der einzige, der mich damals unterstützt hat. Ich hatte allerlei durchzumachen. Ich hörte zum ersten Mal in meinem Leben auf zu rauchen, um die Qualität meines Spiels zu verbessern. Zuerst ging ich in Kur in ein Sanatorium in Sotschi. Ich stürzte mich auf die Schachtheorie. Nach zwei Monaten kamen die Meisterschaften von Leningrad. Ich stellte dort einen meiner ersten Rekorde auf: 17 aus 19, drei Punkte mehr als die Nummer 2, Tolusch, und fünf mehr als der dritte Preisträger, Furman. Nach vier Runden hatte ich 2½ aus 4, darauf gewann ich elf Partien hintereinander.

Die Leningrader Schachschule ist immer als ziemlich stark angesehen worden. Es ist kein Zufall, daß die Leningrader, welche den Moskauern in qualitativer Hinsicht nachstehen, in Wettkämpfen an vierzig Brettern mit den Moskauern immer tapfer gefochten haben und öfter siegten als ihre berühmten Gegner. Indem ich die Leningrader Meisterschaft mit einem solchen Ergebnis an mich riß, reihte ich mich auch unter die besten Spieler des Landes ein. Ich wurde der Sowjetmannschaft zugeteilt, die bei der Europäischen Mannschaftsmeisterschaft spielen sollte, und wurde am Ende des Jahres zum Turnier nach Hastings geschickt.

Der westliche Leser kann sich kaum vorstellen, wieviel es für jemanden aus der Sowjetunion bedeutet, ins Ausland reisen zu dürfen. Der Eiserne Vorhang ist Wirklichkeit. Die Sowjetführer sind nicht daran interessiert, ihrem Volk die westliche Welt zu zeigen; auf diese Weise halten sie die Illusion aufrecht, die Sowjetunion sei das einzige Land der Welt, in dem es sich zu leben lohne. Der Sowjetmensch, der etwas von der Welt sehen möchte, findet verschiedenartige Hindernisse vor. Zum Beispiel die Antragsformulare, auf denen eine Sammlung von Fragen vorkommt, mit denen das Maß an Gesinnungstreue des Antragstellers festgestellt wird. Diese Antragsformulare werden dann von einer Anzahl Instanzen kontrolliert: in erster Linie durch die Parteiversammlung (ungeachtet dessen, ob der Antragsteller Parteimitglied ist), dann durch allerlei Kommissionen (von Bezirksebene über Stadtebene bis Landesebene), die alle Stück für Stück die Zustimmung zur Reise geben müssen. Der einfache Mann hat dann noch finanzielle Leistungen zu erbringen in Gestalt hoher Reisekosten und sehr teurer Reisepässe. Auch gibt es die persönliche Begleitung des Sowjetbürgers für die Zeit seines Aufenthaltes in einem anderen Land, so daß sich möglichst wenige Kontakte mit der einheimischen Bevölkerung ergeben können. Er soll lieber von den historischen Sehenswürdigkeiten Kenntnis nehmen und nicht vom täglichen Leben in dem betreffenden Land. Hinzu kommt noch, daß ein einfacher Sowjetbürger nur wenig Geld mitnehmen darf (die Ausfuhr und das Wechseln von Sowjetrubeln zu welchem Kurs auch immer ist strengstens verboten!), daß er, wie sparsam er auch ist, mit seinem schmalen Geldbeutel nicht einmal dazu Lust verspürt, schöne Warenhäuser zu betreten. Jemand, der eine offizielle Reise ins Ausland unternimmt, genießt beträchtliche Vorteile gegenüber dem „Normalbürger“. Die Auswahl und Kontrollprozedur ist etwas weniger kompliziert, und zu guter Letzt betrifft es gewöhnlich doch einen „Spezialisten“, der schon etwas von der Welt gesehen hat. Aber das

Antragsformular bleibt dasselbe. Die Erledigung der Formalitäten nimmt beträchtlich mehr als einen Monat in Anspruch. Die persönliche Begleitung wird weniger streng gehandhabt, ebenso die finanziellen Extraleistungen. Aber niemand darf Geld mitnehmen. Das ist wichtig! Man setzt ohnehin voraus, daß der Spezialist mit einem Preis oder Honorar in dem Land, in das er reist, rechnen kann.

Angesichts der niedrigen Besoldung in der Sowjetunion und der Unmöglichkeit, dort Produkte von hoher Qualität zu kaufen (der Warenaustausch mit westlichen Ländern ist durchaus ungenügend), bedeutet jede Reise in den Westen einen reellen finanziellen Auftrieb für die Familie. Und man kann sich Dinge kaufen, die einen aus dem trüben Milieu ringsum herausheben.

Eine Reise ins Ausland ist also ein Ereignis von außerordentlicher Bedeutung. Und wenn ein großer Spezialist, der nominiert worden ist für eine Auslandsreise, auf einmal zu Hause bleibt, so bedeutet dies, daß etwas im Gange ist. Es gibt ja keine dringenden Gründe dafür, daß er nicht ins Ausland sollte. Doch man hat ihn plötzlich von der Liste gestrichen. Das bedeutet, daß er nicht mehr ins Ausland darf: ein „jevyjezdnoj" ist entstanden. Gründe hierfür werden natürlich nicht angegeben, aber früher oder später treten sie doch zutage. Eine Reihe von Möglichkeiten: 1. ein Familienmitglied lebt im Ausland (Cholmow — er durfte niemals ein Turnier in einem kapitalistischen Land spielen); 2. unmoralisches Verhalten, z. B. mehrere Ehen (Tal — von 1968-1972); 3. unvorsichtige politische Äußerungen (Spasski — nach dem Match gegen Fischer); 4. Verweis wegen schlechten Verhaltens im Ausland (Kortschnoi — in der Zeit zwischen 1962 und 1965), aber ich eile den Geschehnissen voraus . . .

Wir spielten in Lodz gegen eine Mannschaft aus Polen um die europäische Meisterschaft. Ich erinnere mich an eine Episode, die für mich weniger angenehm war. Wir gewannen diesen Wettkampf mit einem sehr hohen Ergebnis, ungefähr 17:3. Das saß! Am ersten Tag hatte ich Doda besiegt, und als ich am zweiten Tag des Turniers gegen Branicki spielte, hatte ich von Beginn an Vorteil. Wir kamen jedoch beide in Zeitnot, und dann fielen bei uns die Blättchen fast gleichzeitig. Wir wußten nicht, wieviele Züge gemacht waren, ein paarmal hatten wir die Züge wiederholt. Im Falle von vier Wiederholungen wäre die Partie remis, wären es weniger gewesen, dann hätte mein Gegner die Zeit überschritten. Unser Mannschaftsleiter Abramow, ein vernünftiger Diplomat, empfahl mir, die Partie remis zu geben. Aber ich war eigensinnig, ohne ausreichende Gründe zu haben. Politische Feinheiten kamen mir als jungem Menschen nicht in den Sinn. Es war zufällig so, daß wir nicht nur im Schach stärker waren, sondern auch ein mächtiger Staat. Darum hatten wir, das heißt ich, das Recht, jeden Streit zu unseren Gunsten zu entscheiden. Ich schäme mich, wenn ich an diesen Vorfall denke. Übrigens — neunzehn Jahre später machte Tal von seinem Recht des Stärkeren Gebrauch: In einer unklaren Situation, als er bereits aufgegeben hatte, drückte er eine Berichtigung der Entscheidung des Schiedsrichterkollegiums über den Ablauf der Partie durch. Und das war in Polen, gegen einen polnischen Spieler . . .

Gegen die Jahreswende 1955/56 begaben wir uns zu dritt nach Hastings. Taimanow und ich hatten einen Coach mitbekommen, Saizew. Seine Hauptaufgabe war, auf uns achtzugeben. Ich gebe zu, daß es hätte schlechter kommen können; Saizew ist schließlich Diplomat in den USA gewesen und hat, als er im US-Bundesstaat Virginia Schach spielte, dort die Norm eines amerikanischen Meisters erfüllt.

Das Turnier verlief für mich ohne besondere Schwierigkeiten. Ich gewann ein paar gute Partien, unter anderem gegen Ivkov, damals schon ein gefeierter Großmeister. Meine entscheidende Partie mit meinen Hauptrivalen Olafsson spielte ich remis, und zusammen mit ihn teilte ich den ersten Platz. Taimanow kam nicht über den vierten Platz hinaus, ohne einen Preis zu erhalten. Es ist bemerkenswert, wie bescheiden die Preise damals waren. In einem Turnier mit 12 Teilnehmern gab es drei Preise — von 60, 40 und 20 Pfund Sterling!

Ich erinnere mich noch an eine Episode aus meiner Partie gegen Taimanow. Er kniff ein wenig vor mir, und weil ich Weiß hatte, versuchte er mich zu überreden, die Partie vorzufabrizieren. Das gelang sehr gut. Und später, in seinem Buch „Denkwürdige Begegnungen" war er außer sich vor Entzücken. Wie gut hatten wir doch gespielt! Dabei wurde in Wirklichkeit die ganze Partie zu Hause entworfen . . .

Direkt nach Hastings war die nationale Meisterschaft an der Reihe. Ich spielte lustlos und machte viele Remisen. Ich erinnere mich noch, wie ich mein schwerstes Endspiel gegen Tolusch spielte. Mit zwei Springern mußte ich gegen einen Turm und zwei Bauern meines Gegners auf beiden Flügeln kämpfen. Unter ungeheurem Krafteinsatz gelang es mir, die Bauern zu blockieren und remis zu machen. Im Foyer kam mir mein alter Lehrmeister Batujew entgegen. „Wie gut hast du das gespielt!" sagte er, „du wirst bestimmt einmal ein Großmeister!"

In der Schlußphase schaffte ich es noch, mich etwas nach vorne zu arbeiten durch ein Score von 4½ aus 5. In der vorletzten Runde schlug ich Spasski, damals schon Kandidat. Ich wandte eine ziemlich neue Kampfmethode gegen Königsindisch an, eine Methode, die später populär geworden ist.

Übrigens ist es auffällig, daß ich mit Spasski immer Schwierigkeiten hatte, wenn ich ihm in der ersten Hälfte eines Turniers begegnete. Wenn uns das Los in der zweiten Hälfte zusammenbrachte (und dann meistens in der vorletzten Runde), dann bekam er es schwer zu spüren. Da er jeden Wettkampf mit großem Einsatz spielt, verfügt Spasski am Ende eines schweren Turniers offenbar nicht mehr über ausreichende Kräfte.

Schließlich wurde ich Vierter, einen halben Punkt hinter dem Trio Taimanow, Awerbach und Spasski auf dem geteilten ersten Platz. Den Titel Großmeister erhielt man damals laut Reglement, wenn man zweimal in drei Jahren einen dritten Platz belegt hatte. Außer dem geteilten zweiten und dritten Platz 1954 und meinem vierten Platz jetzt gab es da auch noch meine Siege in Bukarest und Hastings, und für all diese Erfolge belohnte man mich mit dem nationalen Großmeistertitel. Auf dem FIDE-Kongreß am Ende des Jahres 1956 empfing ich auch den internationalen Titel.

Das Wohl und Wehe eines Großmeisters

Im Sommer des Jahres 1956 begaben sich die sowjetischen Schachspieler zum ersten Male nach Jugoslawien. Das war einer der ersten Kontakte zu einem Land, das sich, obwohl Osteuropa zugehörig, eine eigenständige Politik erlaubte. Wir waren eher da als die Diplomaten; diese bemühten sich noch, die offiziellen Beziehungen zu normalisieren. Die jugoslawischen Spieler sahen uns zum ersten Mal, und sie konnten noch nichts von der schrecklichen Stärke der sowjetischen Berufsspieler ahnen!

Bei unserer Ankunft auf dem Flughafen interviewte man uns, und mir wurde die Frage gestellt, wer von uns am besten spiele. Ich nannte einfach mich! So etwas ist das Vorrecht der Jugend! In Wirklichkeit waren die Jugoslawen schon damals theoretisch außerordentlich geschult, und wir hatten kein leichtes Spiel mit ihnen. Ich erlitt eine vernichtende Niederlage gegen Durasević und gewann zwei kritische Partien, eine allerdings gegen den starken Dr. Trifunović, die andere, mit Fehlern gespickte Partie gegen Milić.

Von Jugoslawien ging es in die Ukraine. Dort, in Poltawa, fand das Burewestnik- (Sturmvogel-) Turnier statt. Zusammen mit Kotow teilte ich den ersten Platz mit 12 aus 16. Nach den Bestimmungen hatte ich mit ihm einen Zweikampf auf 6 Partien zu spielen, der auf heimischem Boden, in Permj-Molotow, ausgetragen wurde. Ich bin prinzipiell gegen die Einteilung von Schachspielern in Turnier- und Wettkampfspieler, wie sie seinerzeit von Bronstein vorgenommen worden ist. Es gibt gute und schlechte Schachspieler, jede andere Unterscheidung ist künstlich. Das habe ich in meinem ersten Zweikampf bewiesen: Ich brauchte nicht mehr als vier Partien zu spielen, dann stand es 3½:½.

1957 war das Jahr, in dem Tal seine kometenhafte Laufbahn antrat. Zuvor schon, im Halbfinale der Landesmeisterschaft in Tiflis, war er beinahe zu den Preisträgern vorgestoßen (und in welcher Gesellschaft: Petrosjan, Polugajewski, Kortschnoi, Krogius und andere Berühmtheiten), und im Finale der Landesmeisterschaft begann er mit vier Siegen. Da kommt mir die Partie in den Sinn, die ich mit ihm in der fünften Runde spielte. Ich hatte Bronstein um Rat gefragt, wie und was ich spielen solle. Er hatte geantwortet: „Sie können ziehen, was sie wollen, aber in dieser Partie ruht eine Verantwortung allen anderen Teilnehmern dieses Turniers gegenüber auf ihren Schultern. Sie haben nicht das Recht, zu verlieren.". Ich hatte die schwarzen Steine; die Partie endete mit einem Remis. Nebenbei bemerkt: Gerade in dieser Partie fiel mir die ziemlich schablonenhafte Weise auf, in der Tal seine Angriffe führte. Tal gewann übrigens das Turnier, und den Meister kritisiert man nicht!

Elf Jahre später gab ich meine Meinung in der Presse wieder, wobei ich entgegen der überwältigenden Mehrheit auf das schablonenhafte in Tals Spiel hinwies. In seinem 1976 erschienenen Buch erwähnt Tal diesen Vorfall. Nicht ohne Stolz weist er darauf hin, daß Weltmeister Petrosjan selbst ihn damals verteidigt hat. In der Tat ist in der Zeitschrift „64" ein scharfer, anonymer Artikel zu Tals Gunsten erschienen. Es wäre interessant zu erfahren, wie es Tal gelungen ist, hinter den Namen des anonymen Schreibers zu kommen!

In der Landesmeisterschaft von 1957 spielte ich farblos und schaffte nicht mehr als einen geteilten siebten Platz mit Petrosjan. Doch verlief das Jahr, insgesamt gesehen, nicht ungünstig für mich. Ich verbuchte recht viele Erfolge und sammelte Erfahrungen für zukünftige ernsthafte Kraftproben.

Bei der Meisterschaft von Leningrad teilte ich den ersten Platz mit Furman. Dieses Turnier hatte ich ausgesucht, um zu experimentieren. Weil ich danach strebte, mein Repertoire abwechslungsreicher zu gestalten, spielte ich nur 1. e2-e4. Anschließend habe ich erfolgreich am Länderkampf gegen Jugoslawien teilgenommen. Nach persönlichen Resultaten belegte ich den ersten Platz, womit ich mich für meine Vorstellung bei der vorigen Begegnung mit den Jugoslawen rehabilitierte und meine prahlerische Aussage von damals einigermaßen rechtfertigte. Es muß dabei gesagt werden, daß die Jugoslawen zum ersten Male in der Sowjetunion waren. Sie klagten darüber, daß „die Nächte in Leningrad weiß, die Tage hingegen schwarz" wären. Tatsächlich konnten sie sich überhaupt nicht an die Behandlung in unserem Land gewöhnen, dessen Niveau auch jetzt noch ein Stück unter dem liegt, welches man in Europa und Amerika gewöhnt ist. Die private Gastfreundschaft der Schachspieler konnte die offizielle Behandlung nicht vergessen machen. Man vermag zu begreifen, daß die vor den Kopf gestoßenen Jugoslawen den Wettkampf mit einem großen Punktunterschied verloren.

Danach kam ich an die Reihe, bei der Europäischen Mannschaftsmeisterschaft für das Team der UdSSR zu spielen. Allerdings mußte ich mit dem achten Brett vorliebnehmen, wo ich 5½ aus 6 holte; das war das beste Resultat aller Teilnehmer.

Gegen Ende des Jahres spielte ich wieder im Halbfinale der nationalen Meisterschaft in Swerdlowsk. Ohne große Mühe belegte ich darin den ersten Platz, wobei ich der Reihe nach meine schärfsten Konkurrenten Awerbach, Gurgenidse, Simagin und Lutikow ausschaltete. Begreiflicherweise sah man mich nun als einen der Hauptfavoriten des bevorstehenden Turniers um die Landesmeisterschaft an, das zugleich für das Interzonenturnier qualifizierte.

Die Situation komplizierte sich für mich jedoch auf unglückliche Weise. Während des Turniers erkrankte ich und landete sogar im Krankenhaus. Den größten Teil dieser Meisterschaft mußte ich zwischen Krankenhaus und Turniersaal pendelnd spielen. Ich bekam im Krankenhaus nichts Vernünftiges zu essen, und es war mir nicht möglich, mich auf meine Partien vorzubereiten. Kein Wunder, daß meine Ausbeute an Punkten arg mager war. Mein einziger Trost war, daß ich gegen Tal gewann, der wieder Meister der UdSSR wurde. In der Spanischen Auseinandersetzung gelang es mir mit Schwarz, einem heftigen Angriff Tals zu widerstehen. Die Partie nahm bereits einen Remischarakter an, aber Tal, in leichte Zeitnot geraten, führte eine Kombination aus, wobei er seine Dame opferte. Danach kostete es mich wenig Anstrengung, ihn unschädlich zu machen.

Anfang 1958 fand ein für mein Leben bedeutendes Ereignis statt: ich trat in den Ehestand. Meine Frau hatte ich am Schwarzen Meer kennengelernt, wo ich Urlaub machte und mich auf das Halbfinale in Swerdlowsk vorbereitete. Sie kam in Tiflis zur Welt, wo auch alle ihre Angehörigen lebten. Sie selbst wohnte damals in Moskau. Nach unserer Hochzeit habe ich sie rasch nach Leningrad mitgenommen. Sie war jedoch verrückt auf Moskau und hat mir wiederholt vorgeschlagen, dorthin zu ziehen, und auch meine Freunde rieten mir dazu. Warum? Moskau ist nun einmal die Hauptstadt! In Moskau lebt es sich viel leichter! Aber ich blieb meiner Geburtsstadt, in der ich aufgewachsen war, treu. Und auf all die Ratschläge antwortete ich, daß sie, die Ratgeber, noch nie Paris oder New York gesehen hätten und daß es dort wahrscheinlich noch viel schöner wäre! Warum also seine Kräfte verzetteln? Damals wußte ich nicht, daß ich nicht so konsequent bleiben sollte! Doch darüber später.

Das erste Turnier als frischgebackener Ehemann spielte ich in Sotschi. Es war die Meisterschaft der RSFSR (Russische Republik), die Neschmetdinow, einer der stärksten Sowjetmeister dort, gewann.

Er wird aus dem einen oder anderen Grunde selten ins Ausland geschickt und hat daher noch nicht die Großmeisterwürde erwerben können. Ich teilte in diesem Turnier den zweiten bis vierten Platz mit Furman und Polugajewski, nachdem ich meine Partie mit Polugajewski verloren hatte. Es war ein Sizilianer, und ich hatte Weiß. Ich halte Sizilianisch überhaupt für eine für Schwarz schwere Eröffnung, aber Polugajweski ist ein Virtuose des verwickelten Sizilianischen Kampfes. Im Bestreben, ihn für seine „dubiose Eröffnungsvorliebe" zu betrafen, wählte ich 1. e4, und wurde wie unzählige andere Großmeister zuvor selbst bestraft.

Der darauf folgende Länderkampf UdSSR — Jugoslawien fällt mir ein. In Zagreb, am dritten Brett, spielte ich vier Partien mit Ivkov, einem Partner, mit dem ich mich während zweier Jahrzehnte wiederholt geschlagen habe. Nach der Stellung zu urteilen, stand ich in den Partien nicht schlecht, aber ich holte nicht mehr als zwei Punkte. Sehr zufrieden war ich nicht über mein Resultat, und ich schob die Schuld auf meine schlechte Kondition. In Wirklichkeit, so muß ich bekennen, ist Ivkov ein sehr starker Spieler mit einem einzigartigen Vermögen, eine Stellung zu beurteilen. Die Partien, die ich in zwanzig Jahren mit ihm gespielt habe, haben die Entwicklung meines Schachstils nützlich beeinflußt.

Ende des Jahres fand das immer wieder anstrengende Halbfinale zur Landesmeisterschaft statt, in dem ich mit Mühe den zweiten und dritten Platz mit Geller hinter dem Sieger Cholmow teilen konnte.

Anfang 1959 fand dann in Tiflis die Meisterschaft selbst statt. Ich spielte nicht sehr glücklich, aber nach dem Willen des Schicksals beeinflußte ich doch den Kampf um den ersten Platz. Das Turnier stand im Zeichen des Duells zwischen Tal, der zu diesem Zeitpunkt seine Höchstform zu erreichen im Begriff war, und Petrosjan. In der vorletzten Runde mußte ich gegen Tal antreten und in der letzten gegen Petrosjan. Rund um das Turnier herrschte eine gewaltige Aufregung. Die Georgier waren für Tal, die Armenier für Petrosjan. Am Abend vor meiner Partie mit Tal besuchte mich eine Gruppe Armenier und bat mich, Tal eines auf die Finger zu geben. Dazu hätten sie mich gar nicht aufzufordern brauchen. Ich fühlte ziemlich gut Tals schwache und starke Punkte und wußte, wie ich mich auf ihn vorbereiten mußte. In einer Sizilianischen Partie mit Schwarz hatte ich schnell ein bequemes Spiel, und beim Abbruch hatte ich einen Bauern gewonnen. Meine Stellung war noch nicht so günstig, daß es ganz um Tal geschehen war, aber da mischte sich ein am Ausgang der Partie Interessierter ein — Petrosjan selbst! Er bot mir seine Hilfe bei der Analyse an. Ich, der ich unerfahren war in den Manipulationen hinter den Kulissen, fand (und finde) dergleichen Hilfe nicht sehr angebracht, aber in diesem Moment hatte ich nur Augen und Gedanken für meine Partie, und darum stimmte ich zu. Zusammen fanden wir den Gewinnweg, und am folgenden Tage ebnete ich Petrosjan den Weg zum Turniersieg.

Damit war meine Mission in diesem Turnier jedoch noch nicht abgeschlossen. Die Georgier belagerten mich nun und forderten mich auf, jetzt auch gegen Petrosjan zu gewinnen. Ich spielte mit Weiß gegen ihn. Aber ich muß sagen, daß ich mich in all den Jahren nicht an seine Spielweise habe gewöhnen können. Und „auf Bestellung“ gegen ihn zu gewinnen, dazu wird wohl kaum jemand imstande sein. Ich machte einen Versuch. Es ergab sich ein interessantes taktisches Scharmützel, aber meine Position fiel rasch auseinander, und es wurde klar, daß von einem Sieg nicht die Rede sein konnte. „Ein schlauer Armenier wiegt zehn Juden auf“, sagte man damals in Tiflis; Petrosjan wurde Meister.

Im März nahm ich am Wettkampf Leningrad — Budapest in Ungarn teil. Schachtechnisch gesehen schien dieser Kampf für mich nicht von besonderem Interesse zu sein. Ich spielte mit Barcza und gewann 2½:1½. Ich erinnere mich an meine Diskussion mit dem Teamleiter, Bondarewski. Am Tage vor dem Wettkampf schlugen die Ungarn vor, vier Runden zu spielen. Bondarewski hielt fest an zwei Runden. Die Frage wurde auf einer Mannschaftsversammlung besprochen. Ich sagte, daß wir, da wir stärker wären, auf den Vorschlag unserer Gegner eingehen sollten. Bondarewskis Verhaltensweise war auch leicht zu verstehen: Zwischen den Zeilen stand nämlich, daß die Ungarn unsere Vorschläge anzunehmen hätten, weil wir politisch am längeren Hebel saßen! Trotz meiner Jugend genoß ich unter den Mitgliedern der Leningrader Mannschaft großes Ansehen, und mein Antrag wurde angenommen. Der weitere Verlauf des Matches bewies auf unerwartete Weise, daß ich recht hatte. Am ersten Tage wurde unser Team vernichtend geschlagen! Am zweiten Tage konnten wir uns so recht und schlecht revanchieren, und eben am dritten und vierten Tag bekamen wir das Übergewicht im Spielstand.

Auch später mußte ich mich mit Bondarewski oft auseinandersetzen und seinem Pro-Sowjetstandpunkt meinen rein logischen entgegenstellen, und das schien jedesmal wieder aus dem einen oder anderen Grund das weiseste zu sein.

Der erste große Erfolg

Der Beginn des Jahres 1959 verhieß noch keine umwerfenden qualitativen Veränderungen meines Spiels. Beim Wettkampf mit den Ungarn hatte ich doch ziemlich farblos gespielt, und bei der Vereinsmeisterschaft der UdSSR unter dem Namen „Spartakiade der Völker der UdSSR“ zeichnete ich mich auch nicht besonders aus. In der zweiten Jahreshälfte trat ich energischer auf. Im September gewann ich ein kleines Turnier in Polen, in Krakau. Noch besser erging es mir bei dem darauf folgenden (und für mich letzten) Halbfinale zur Landesmeisterschaft in Tscheljabinsk. Ich erlitt keine Niederlage, gewann eine Serie ausgezeichneter Partien und wurde Erster ohne Konkurrenz. Mein Spiel im Halbfinale war ein unumstößlicher Beweis meiner guten Form am Vorabend der nun folgenden Landesmeisterschaft.

Das Finale wurde in Leningrad ausgetragen. Meine Lebensumstände waren in dieser Zeit nicht zum Weitererzählen geeignet: Ich wohnte mit meiner Frau und unserem kleinen Kind in zwei Stübchen einer Stadtwohnung. Ich bat um ein Hotelzimmer und habe dort fast während des ganzen Turniers gewohnt.

Wenig verheißungsvoll begann ich das Turnier mit einer Niederlage gegen Lutikow und einem Remis mit Taimanow. Danach folgte jedoch eine Reihe von Siegen; es ging, wie man so sagt, leicht von der Hand. Ich gewann jede beliebige Partie, aus verwickelten und einfachen, besseren und schlechteren Stellungen. Wenn ich mich zuweilen in meinen Kombinationen verrechnete, nutzten meine Gegner das nicht aus; so erging es mir z. B. gegen Nei. Ich rettete mich, mich grimmig verteidigend, aus schwierigen Positionen und gewann dann sogar noch (z. B. gegen Schamkowitsch). Außerdem gewann ich ein paar Partien in glänzender Manier, auf die ich heute noch stolz bin, gegen Polugajewski, Sacharow und Smyslow. Festentschlossen strebte ich dem Titel entgegen, und meine Rivalen Geller und Petrosjan schienen vor einer hoffnungslosen Aufgabe zu stehen.

Plötzlich ging es schief. Vier Runden vor Schluß faßte ich gegen Bagirow die falsche Figur an. Mein Widersacher hatte soeben einen Turm geschlagen, und ich dachte über meine Antwort nach. „Zuerst“, so ging es mir durch den Kopf, „nehme ich seinen Turm mit dem einen Läufer, und den folgenden Zug mache ich mit dem anderen Läufer“. Meine beiden Läufer standen nebeneinander, und — ich ergriff den falschen Läufer, dessen Zug zu nichts führte. Ohne meinen Zug auszuführen, verließ ich den Saal und ließ Tausende von Anhängern zurück, die meine Partie aufmerksam verfolgt hatten.

Wie kann man so etwas erklären? Ich weiß noch, daß es ein nervöser Tag war. Unser Kind war krank, und ich half meiner Frau, es zu versorgen. Auch weiß ich noch, daß ich wütend vor Ärger wurde als ich sah, wie zwei gute Freunde — Geller und Gufeld — eine zu Hause vorfabrizierte Partie herunterspielten: Gufeld warf die Partie in Gewinnstellung einfach weg . . .

Damit kann man etwas erklären, aber nicht entschuldigen. Ich mußte noch drei Partien spielen: gegen Krogius, Geller und Suetin. Nach dem schrecklichen Schlag, den ich mir selbst beigebracht hatte, und nach einer schlaflosen Nacht war ich aggresiver denn je gestimmt. In einem verzweifelten Kampf, der fast mit einem Verlust für mich geendet hätte, besiegte ich Krogius. Am Vorabend meiner Partie mit Geller lag dieser einen halben Punkt vor mir. Ich hatte Schwarz und legte die Partie sehr scharf an. Mein Gegner stand besser, war aber nur auf Remis aus, und ich nützte sein unsicheres Spiel aus, errang den Sieg. Das ist eine der denkwürdigsten Partien in meinem Leben. Es kommt nicht von ungefähr, daß ich die Partie für das Buch „Schach mit Großmeistern“ kommentierte.

Eingangs der letzten Runde lag ich also wieder mit einem halben Punkt vorn. Petrosjan sollte mit Weiß gegen Krogius spielen, Geller mit Schwarz gegen Bronstein. Bald nach Beginn der Runde stellte ich fest, daß ich die Partie schlecht aufgebaut hatte und bot darum meinem Gegner Suetin Remis an. Er lehnte ab und beriet sich vor meinen Augen mit Geller und Petrosjan. Wie sich später herausstellte, hatte Petrosjan ihm geraten, das Remisangebot anzunehmen, doch Geller hatte gesagt: „Spiel nur, du bekommst ihn schon in die Knie!“. Im Laufe der Partie, in der wir, aber vor allem ich, in Zeitnot gerieten, zeigte sich mir das Schicksal günstig gesonnen. Ich gewann einen Bauern und in der zweiten Sitzung die Partie. Damit war ich zum ersten Mal Meister der UdSSR. Geller und Petrosjan, die beide gleichfalls gewonnen hatten, lagen mit einem halben Punkt hinter mir.

Es gingen vierzehn Jahre ins Land. Da ich auf gutem Fuß mit Großmeister Bronstein stand, lud ich ihn zu einer Trainingszusammenkunft von einer Woche ein, um mich auf das Match mit Karpow vorzubereiten. Während eines freundschaftlichen Gesprächs gab er sich seinen Erinnerungen hin. „Wissen Sie noch, wie ich an diesem Februartag im Jahre 1960 Geller einen vollen Punkt schenkte? Warum? In dieser Runde sah ich auf einmal, wie gewissenlos und grob Krogius gegen Petrosjan verlor. Ich wollte nicht, daß Petrosjan alleine Landesmeister wurde. Obgleich ich eine glänzende Stellung hatte, brachte ich ein inkorrektes Figurenopfer und mußte mich bald geschlagen geben." „Aber was war mit mir?" rief ich aus. „Sie standen doch schlecht. Aber ich wollte nicht, daß Petrosjan alleine Meister wird", sagte Bronstein nochmals.

Nach diesem Dialog begreifen Sie sicher, lieber Leser, daß es in der UdSSR einer Heldentat bedarf, wenn man auf ehrliche Weise Landesmeister im Schach werden will! Sie dürfen darin übrigens nichts Verwunderliches sehen. In der Berufsschachwelt der Sowjetunion schließen die höchsten Plätze ungeheure Privilegien in sich, und der Kampf um diese Plätze kann nicht nur mit sauberen schachtechnischen Mitteln geführt werden. „Die Suppe ist den Kohl wert!" Petrosjan hat das dann auch eher und besser begriffen als wir.

Meine sportliche Heldentat wurde sehr hoch bewertet. Ich wurde in die erste Reihe der Großmeister des Landes aufgenommen. Neue Schachhorizonte taten sich vor mir auf. Ich will hier noch mitteilen, daß ich kurz nach der Meisterschaft auf Initiative der Sportorganisationen eine Zweizimmerwohnung zugewiesen bekam. Bis zu dieser Zeit hatte ich 20 qm zur Verfügung gehabt in einem Haus, das mehrere Familien bewohnten, die gemeinschaftlich die Küche, die Toilette und das Badezimmer benutzten. Aber nun erhielt ich 27 qm in einem eigenen Haus. Die Norm für die Wohnfläche beträgt für die Sowjetbürger, wenn sie von einer schlechteren Wohnung in eine bessere ziehen, 9 qm pro Person. Also entsprachen die 27 qm in meinem Fall genau den Vorschriften. Aber nicht jeder kann ohne weiteres umziehen; das dürfen nur Familien, die dessen dringend bedürfen. So wird in Leningrad das Umziehen nur Familien, die weniger als 4 qm pro Person zur Verfügung haben, gestattet. Wäre ich nicht Meister geworden, hätte ich auf die Verbesserung meiner Lebensbedingungen lange, lange warten müssen!

Im Mai spielte ich in einem internationalen Turnier in Moskau mit. Das Turnier dauerte nicht lange genug, als daß ich hätte warm werden können. Mit 8 Punkten aus 11 Partien landete ich als Dritter mit einem halben Punkt Rückstand hinter Smyslow und Cholmow. Im Sommer 1960 schickte man mich dann zum internationalen Turnier von Buenos Aires. In diesem Turnier zu Ehren des

150jährigen Bestehens der Republik Argentiniens spielten 16 Großmeister. Reshewsky trumpfte hier mächtig auf; er übernahm direkt die Führung und lag schon bald vor seinen Konkurrenten. Gegen Ende wurde sein Tempo jedoch geringer, und ich schaffte es noch, ihn einzuholen. Auch meine erste Begegnung mit Fischer ist mir gegenwärtig. Er hatte ein leichtes positionelles Übergewicht, und außerdem war ich ein wenig in Zeitnot. Fischer erkannte wahrscheinlich, daß ich in diesem Turnier der einzige Spieler war, der Reshewsky noch hätte einholen können, und er wollte mich nicht schlagen.

Nach dem Turnier unternahmen einige Großmeister eine Tournee durch die Provinzen Argentiniens, wobei sie in zwei kleinen Turnieren spielten. In Santa Fé gewann Taimanow vor Szabó, Gligorić und mir. In Cordoba siegte ich mit einem halben Punkt Vorsprung vor Taimanow. Ende des Jahres 1960 spielte ich zum ersten Male in der Sowjetmannschaft auf der Schach-Olympiade. Ich saß am 4. Brett und schnitt toll ab, da ich keine einzige Partie verlor. Dazu bedurfte es eines kleinen Wunders. Ich schaffte es, eine schon ins Endspiel übergegangene Stellung mit einer ganzen Figur weniger gegen einen philippinischen Spieler noch zu retten! In meiner Praxis sind solche Fälle übrigens nicht selten. Beim letzten IBM-Turnier (1976) z. B. gelang es mir, gegen Faragó remis zu machen, gleichfalls mit einer Figur weniger. Und 1956 in Uppsala hatte ich das Glück, ein Endspiel gegen Alster mit einem Läufer weniger zu retten. Es liegt offenbar an meinem Optimismus. Wenn man an Wunder glaubt, kann man manchmal eines zustande bringen!

Gegen Ende des Jahres geschah noch etwas Interessantes. Etwa alle zwei Jahre wurden damals Wettkämpfe an 40 Brettern zwischen Moskau und Leningrad ausgetragen. 1958 hatte ich gegen Bronstein gespielt. Mit Weiß und mit Schwarz hatte eine Französische Partie auf dem Brett gestanden, und beide Partien rettete ich mit Mühe in den Remishafen. 1960 spielte ich gegen „Botwinnik selbst". Wegen seines ehrwürdigen Alters und der berühmten Unabhängigkeit seines Urteils nannten ihn schon damals die Schachspieler den „Patriarchen". Ich konnte ihn mit 1½:½ schlagen. Die Leningrader Mannschaft gewann den Wettkampf übrigens auch mit einem Punkt Unterschied: 40½:39½.

Botwinnik und Tal bereiteten sich in dieser Zeit auf ihr Revanchematch vor. Sie schätzten meine Ergebnisse im Jahre 1960 hoch ein. Beide luden mich durch einen Dritten ein, an ihren Vorbereitungen mitzuwirken. Ich blieb mir selbst treu und lehnte beide Einladungen ab. Vielleicht hatte ich unrecht; ich hätte ja das eine oder andere lernen können, vor allem von Botwinnik, im Sinne des „Austauschens von Erfahrungen". Manche Schachspieler haben in ihrer Rolle als Trainer sehr viel gelernt, was ihnen später sehr von Nutzen war. Aber nachdem ich nun einmal die Absicht hatte, um die Weltmeisterschaft zu ringen, war ich der Meinung, daß ich nicht dazu da war, für andere den Trainer zu spielen.

Zum ersten Male unter den Kandidaten

Zu Beginn des Jahres 1961 fand die UdSSR-Meisterschaft, zugleich ein Ausscheidungs-Turnier für die Weltmeisterschaft, statt. Das vorhergehende Jahr war ziemlich anstrengend für mich gewesen, und ich hatte mich nicht ausruhen können. Das passiert jungen Schachspielern oft. Sie vergessen, daß das Schachspiel viel Kraft kostet und daß es eines frischen Gehirns bedarf, um neue Ideen zu gewinnen. So erging es auch mir. Nachdem ich anfänglich einige Partien gewonnen hatte, spielte ich eine ganze Reihe von Remispartien und verlor unterdessen gegen Smyslow und Petrosjan. Es sah danach aus, als hätte ich gar keine Chance mehr, mich zu qualifizieren. In der zweiten Turnierhälfte schien es jedoch, als wäre ich zu neuen Kräften gekommen. Ich gewann eine Partie nach der anderen und kam der Spitzengruppe sehr nahe. Meine Rivalen waren Geller, Spasski, Stein und Polugajewski. In der vorletzten Runde brachte ich Spasski, wie schon mehrmals, eine Niederlage bei, und am letzten Tag gewann ich gegen Polugajewski. So errang ich den zweiten Platz mit einem halben Punkt Rückstand auf den Gewinner Petrosjan. Die Sensation des Turniers war der Erfolg des jungen Stein. Obgleich er zum ersten Mal an der Meisterschaft teilnahm, gelangte er unter die Preisträger. Er war ein sehr begabter Schachspieler, dem es gelang, sein Talent von seinem ersten Auftreten an zu demonstrieren, als hätte er geahnt, daß ihm nur eine kurze schachliche Laufbahn beschieden sein sollte.

Von den Wettkämpfen des Jahres 1961 ist mir nur die Mannschaftsmeisterschaft in Oberhausen in Erinnerung geblieben. Die sowjetische Mannschaft belegte mit Leichtigkeit den ersten Platz. Ich stritt mit Smyslow um das beste Einzelresultat, er am siebten Brett, ich am achten. Schließlich übertraf ich ihn um einen halben Punkt, indem ich acht Partien gewann und eine remisierte. Von den gewonnenen Partien kommt mir nur noch das Gefecht mit Bilek in den Sinn, das, wie es zwischen uns Gewohnheit ist, in heftiger beiderseitiger Zeitnot sein Ende fand.

An die Reise nach Oberhausen erinnere ich mich noch aus einem anderen Grunde gut. Nach unserer Ankunft in der Sowjetunion meldete der stellvertretende Leiter der Delegation, jemand vom KGB, daß ich mich schlecht verhalten und mir herausgenommen hätte, eine deutsche Frau zu einem Kinobesuch einzuladen. Diese „Sünde" hatte ich in der Tat begangen. Der Kinobesuch fand allerdings nicht statt. Auf jeden Fall hatte ich fortan einen Flecken auf der weißen Weste meiner Privatangelegenheiten.

Im Herbst 1961 nahm ich an einem internationalen Turnier in Budapest teil. Die ungarischen Schachspieler zeichnen sich in Europa durch ihre Klasse aus. Das Turnier war recht stark besetzt, zumal vier sowjetische Spieler teilnahmen. Beim Start erzielte ich 2½ Punkte aus 3 Partien, aber dann verlor ich gegen Dely, und wie! Ich wurde förmlich vom Brett gefegt. Das ist mir öfter widerfahren und passiert mir manchmal heute noch. Wenn ich Schwarz habe, muß ich häufig zu hyperaggressiven Systemen Zuflucht nehmen, um auf Gewinn spielen zu können. Das bringt große Risiken mit sich. Meine Ergebnisse mit den schwarzen Steinen können sich sehen lassen, aber manchmal werde ich eben für meine Eröffnungsexperimente bestraft.

Während des Turniers erlebte ich einen schwierigen Augenblick. Zuerst spielte ich mit Weiß gegen Dr. Filip. Nachdem ich unmotiviert auf Gewinn gespielt hatte, endete die Partie unentschieden. Besser gesagt: Dr. Filip, der besser stand, aber ein friedliebender Mensch ist, stimmte meinem Remisangebot zu. Welch ein großes Schachtalent muß man sein, um es mit einem so sanftmütigen Charakter wie Filip doch noch so weit zu bringen.

Danach spielte ich gegen Bronstein. Er entführte mich in eines seiner ausgeklügelten Eröffnungssysteme (enorm bewandert auf dem Gebiet der Eröffnungen, weiß er sie zudem noch psychologisch geschickt anzuwenden!), und es gelang mir nur mit knapper Not, mich daraus zu befreien und remis zu machen. Die folgende Partie brachte mir Bilek als Gegner. Dieser zeigt sich nicht immer von seiner streitlustigen Seite, aber gegen mich spielt er stets mit großem Elan. In einer spannenden, scharfen Auseinandersetzung hing plötzlich alles an einem seidenen Faden, auch das Fähnchen an der Uhr. Es ging aber alles gut, und ich brachte einen wichtigen Punkt nach Hause. Danach ging der Rest glatt über die Bühne. Schließlich belegte ich den ersten Platz mit zwei Punkten Vorsprung vor Bronstein und Dr. Filip.

In diesem Turnier erfüllte Simagin, ein interessanter Schachspieler und ein scharfsinniger, feiner Mensch, der leider viel zu früh von dieser Welt gegangen ist, die Großmeisternorm. Ich gewann meine Partie gegen ihn, und wohl auf recht überzeugende Weise. Es klingt verrückt, aber während der Partie ging er plötzlich zu Taimanow und sagte: „Mit welcher Bösartigkeit schaut er mich doch an, so, als hätte ich seine Familie bis in die sechste Generation hingemordet!?". Dazu muß ich sagen, daß ich auf schachlichem Gebiet keine Bösartigkeit kenne. Von den heutigen Schachspielern könnten da allein Karpow, Petrosjan und Fischer nicht mit mir einer Meinung sein . . .

Anfang 1962 begann in Stockholm das Interzonenturnier. In diesem Turnier demonstrierte der junge Fischer der Welt vielleicht zum ersten Male seine gigantische schachliche Stärke. Mit beneidenswerter Leichtigkeit zog er an allen vorbei, und drei Runden vor Schluß konnte er des ersten Platzes schon sicher sein. Ich spielte in diesem Turnier ganz manierlich, aber bis zur letzten Runde, ja bis zur letzten Minute war ungewiß, ob ich Erfolg haben sollte oder nicht. Mein Hauptrivale hieß nämlich Stein. Nach dem Reglement durften nicht mehr als drei sowjetische Spieler am Kandidatenturnier teilnehmen, obwohl bedeutend mehr Qualifikationsplätze vorhanden waren. Meine Partie mit Fischer ging mir noch lange im Kopf herum. Vielleich spielte Fischer damals noch eine Idee schwächer als einige Jahre später. In der Eröffnung hatte er Vorteil, aber er ließ mich entwischen. In leichter Zeitnot büßte ich dann meine Remischancen ein und verlor sogar noch. Diese Niederlage warf mich gehörig aus der Bahn. Am folgenden Tage schlug ich Fischer eine Wette vor: Ich behauptete, in der Stellung, die ich falsch behandelt hatte, eher besser gestanden zu haben. Fischer lächelte, aber er nahm die Diskussion mit mir nicht auf.

Als sich der letzte Turniertag näherte, war die Situation sehr gespannt. Stein und ich standen gleichauf. Ich mußte mit Schwarz gegen Yanofsky und Stein mit Weiß gegen Olafsson antreten. Ich gewann den Eindruck, daß niemand Geringerer als Fischer Yanofsky auf die Partie vorbereitet hätte! Zum einen unterhielt Fischer freundschaftliche Beziehungen zu ihm, anderseits, und das war offensichtlich ausschlaggebend, wollte Fischer mich damals nicht im Kandidatenturnier zum Gegner haben. Ich hatte in der Partie eine sehr schlechte Stellung, wußte mich aber in einem scharf gespielten Endspiel mit einem Minusbauern zu retten. Stein hingegen verdarb eine prima Stellung gegen Olafsson und verlor. So teilte ich den vierten Platz mit Dr. Filip und kam unter die Kandidaten.

Hätte ich geahnt, wie alles weitergeht, hätte ich wahrscheinlich Stein das zweifelhafte Vergnügen gegönnt, am Kandidatenturnier in Curaçao teilzunehmen! Auf Curaçao hat Petrosjan, wie nun wohl sattsam bekannt ist, jeden nach seiner Pfeife tanzen lassen. Er und sein Freund Geller hatten ausgemacht, alle Partien untereinander remis zu spielen. Auch Keres überredeten sie dazu, ihrer Koalition beizutreten. In dem langen, zwei Monate dauernden Turnier bei tropischen Verhältnissen war es sehr wichtig, die Spieldauer um acht Runden zu verkürzen. Das war ein großer Vorteil gegenüber den anderen Teilnehmern. Aber mir scheint, Keres machte damit einen Fehler. Er spielte zu dieser Zeit das stärkste Schach von allen. Ihm entstand kein Vorteil daraus, mit seinen Hauptkonkurrenten zu remisieren. Ein listigerer Mensch hätte, in Kenntnis der Absprache zwischen Geller und Petrosjan, danach getrachtet, ein anderes Bündnis zu schließen . . .

Ich begriff nicht direkt, was auf dem Turnier im Gange war. Ich weiß noch, daß ich nach dem zehnzügigen Remis, das Geller und Petrosjan in der zweiten Runde verabredeten, Geller fragte, wen er zu schlagen gedachte. „Dich!“, antwortete er unumwunden. Ich zuckte nur mit den Schultern. Damals war ich bereits stärker als er, plazierte mich überall vor ihm und hatte nicht die Absicht, gegen ihn zu verlieren.

Inzwischen zeigten sich bei den arglosen Teilnehmern des Turniers die ersten Erschöpfungserscheinungen. Dr. Filip kam von Runde zu Runde weniger zurecht, und Tal warf eine Nierenentzündung als Folge der schweren Erschöpfung aus dem Rennen. Nach dem ersten Durchgang stand ich selbst auf dem ersten Platz. Schon im zweiten Umgang machte sich bei mir die Erschöpfung bemerkbar. In einer Stellung mit großem Vorteil stellte ich gegen Fischer eine Figur ein. Auch die zwei Wochen währende Ruhepause unter den ungewohnten tropischen Bedingungen auf der Insel St. Maarten konnte die Lage nicht bessern. Im folgenden Turnus verlor ich nacheinander gegen alle drei Führenden. Das gab Fischer Anlaß, nach Ablauf des Turniers in der Presse zu verkünden, daß die Sowjetdelegation mich zu ihrem „Schlachtopfer“ ausersehen hätte. Das war allerdings nicht ernst gemeint. Von meinem Wesen her eigne ich mich nicht zum Schlachtopfer, um so weniger, als Petrosjan nicht Sieger des Turniers geworden wäre, hätte ich die drei Partien gewonnen!

Und so gewann Petrosjan das Turnier mit einem halben Punkt Vorsprung vor Geller und Keres. Von entscheidender Bedeutung im Kampf zwischen Keres und Petrosjan erwies sich die Auseinandersetzung von Keres mit Benkö im vierten und letzten Durchgang. Die Partie wurde mit einem sicheren Stellungsübergewicht für Benkö abgebrochen. Bis dahin hatte Benkö alle mit Keres gespielten Partien verloren, vier in Jugoslawien und drei auf Curaçao. Dasselbe wäre wahrscheinlich auch jetzt geschehen, wenn Petrosjan sich nicht eingemischt hätte. Solche Möglichkeiten läßt er sich nicht entgehen!

Durch Vermittlung seiner Frau veranstaltete man eine peinlich genaue nächtliche Analyse. Wie man es auch betrachtet, sowohl vom ethischen als auch vom politischen Standpunkt aus war es eine wunderliche Angelegenheit: Ein Sowjetgroßmeister half einem ungarischen Flüchtling, der noch nicht einmal amerikanischer Staatsbürger war, und das gegen einen Landsmann, mit dem er immer und vor allem in der Öffentlichkeit freundschaftlich umging!

Aber es ließ sich nichts mehr daran ändern: Benkö gewann die Partie, und Petrosjan wurde alleiniger Turniersieger. Seine Frau erzählte in Moskau stolz, wie sie ihrem Mann zur Weltmeisterschaft verholfen hätte. Er hatte allerdings noch einen Zweikampf mit Botwinnik vor sich, aber dieser war schon über die fünfzig. In der ersten Hälfte ermüdete Petrosjan Botwinnik mit Remisen, wonach er in der zweiten Hälfte in aller Ruhe seine Jugend geltend machen konnte.

Das Talent und die Verdienste Petrosjans sollen hier nicht geschmälert werden. Aufgestiegen aus den Tiefen des Lumpenproletariats, hat er das edle Spiel kennengelernt, sich vollkommen zu eigen gemacht und darin selbst seine Spuren hinterlassen. „Im Stile Petrosjans“ wurde zu einem Gattungsnamen. Viele Jahre schon reagieren die Schachmeister mit Geringschätzung und Angst auf Petrosjans unnachahmliche Spielweise. Und was die Amateure betrifft: seitdem Petrosjan den Schachthron bestiegen hatte, waren Tausende von ihnen genötigt, ihre Ansichten über den Reiz und den Adel des Schachspiels zu revidieren.

Als er 1963 den Zweikampf und damit die Weltmeisterschaft verloren hatte, äußerte Botwinnik die Meinung, daß Petrosjan eine seltene Ausnahme in der Schachwelt darstellt: er ist kein Schöpfergeist, sondern ein Zerstörer der bestehenden Werte. Botwinnik hatte recht. Ich muß hier noch hinzufügen, daß das nicht nur für das Schachspielen gilt. Man ist fast geneigt, Respekt zu zeigen vor dem teuflischen Willen und dem Erfindungsreichtum dieses Mannes.

Die ersten Schwierigkeiten — und Krankheiten

Auf Curaçao befand sich jemand in der Sowjetdelegation, der mit Schachspielen nichts zu tun hatte. Das war ein „Ziviloberst“, wie wir die hohen Mitarbeiter des KGB gewöhnlich nennen. Nach Rückkehr in die Sowjetunion schrieb er einen Bericht, worin er mein ungebührliches Benehmen auf Curaçao erwähnte. Meine größte Sünde, die er sich notiert hatte, war, daß ich mir ab und zu erlaubt hatte, im Casino zu spielen! So peu à peu wuchs mein Sündenregister zu einer handfesten Akte an. Es stellten sich Schwierigkeiten ein beim Erfüllen der Formalitäten für meine Reisen ins Ausland.

Ende 1962 fand die nächste nationale Meisterschaft statt. Die Zusammensetzung des Turniers war nicht sehr gleichmäßig und schwächer als gewöhnlich. Tal, Spasski, Taimanow und Stein waren meine stärksten Konkurrenten. Stein, Tal und Spasski wußte ich in unseren persönlichen Begegnungen auszuschalten, und obgleich ich gegen Ende des Turniers nachließ und nicht mehr als zwei aus fünf machte, belegte ich den ersten Platz.

An dieser Stelle möchte ich in Erinnerung rufen, wie die Sieger der Meisterschaft der UdSSR, die den meisten internationalen Turnieren an Stärke überlegen ist, belohnt werden. Es gab insgesamt drei Preise über 300, 200 und 100 Rubel! Die Preise wurden übrigens nicht bekanntgegeben; das Sportkomitee entschied im geheimen darüber, und wo keine Öffentlichkeit zugegen ist, ist auch keine Kontrolle möglich. Für meinen Sieg bei der Landesmeisterschaft von 1962 erhielt ich 225 Rubel! Dabei ist zu beachten, daß alle Beträge brutto ausgezahlt werden; alle Belastungen müssen noch davon abgezogen werden.

Der Ehrlichkeit wegen muß ich anmerken, daß das Problem Fischers und seines Statthalters in der Sowjetunion, Karpow, nicht ohne Folgen geblieben ist: Kürzlich hat der Ministerrat der UdSSR eine Verordnung unterzeichnet, wonach sich die Einsätze etwas erhöht haben. So betrug der erste Preis bei der Landesmeisterschaft 1975 vierhundert Rubel, und, soviel ich weiß, ist die Anzahl der Preise auch angestiegen.

Ich erwähnte bereits, daß ich, obwohl erneut Meister der UdSSR, Schwierigkeiten bekam, ins Ausland zu reisen. Außer den offiziellen

Organen warf offenbar jemand von den mächtigen Großmeistern mir Knüppel zwischen die Beine. Die Schachföderation hatte Keres und mich für das Piatigorsky-Turnier in Los Angeles ausersehen. Aber Petrosjan bestand darauf, statt meiner am Turnier teilzunehmen. Die Amerikaner hatten zwar drei Karten für drei Teilnehmer geschickt, aber das half nichts: Keres und Petrosjan reisten ohne mich ab.

Hiernach wurde meine Reise nach Kuba geplant. Alles wies darauf hin, daß auch sie hintertrieben würde. Ich hatte jedoch Glück: Zu dieser Zeit fand in Moskau ein Turnier für große Fabriken statt, das durch den Verband „Arbeit", dem ich schon lange als Mitglied angehörte, organisiert wurde. Eine große Gruppe schachliebender Fabrikarbeiter schrieb einen Brief an das Sportkomitee der UdSSR, in dem sie forderten, daß ich an Turnieren im Ausland teilnehmen könnte. Die „Stimme des Volkes", die öffentliche Meinung, spielt zuweilen in der Sowjetunion doch eine Rolle. Man schickte mich dann auch nach Havanna.

Das Turnier schien mich vor eine schwierige Aufgabe zu stellen. Wegen der überwiegend schwachen Besetzung war ich gezwungen, eine Partie nach der anderen zu gewinnen, um den ersten Platz zu erringen. Die tropische Hitze und die ungewöhnlichen Spielumstände erschöpften mich. In der zweiten Turnierhälfte verlor ich gegen einen meiner Konkurrenten, Geller. Danach geriet ich gegen Wade in eine hoffnungslose Situation. Ich hatte einen Turm weniger, und nur die heftige Zeitnot, in der ich mich befand, konnte die Tatsache einigermaßen erklären, daß ich nicht aufgab. Aber Wade begann, in einer verhältnismäßig einfachen Stellung zu korksen, und ließ sich seine Dame für einen Turm abschwindeln, worauf ich das Endspiel noch gewinnen konnte. Nach der Partie fragte ich meinen Gegner, warum er nicht einen von den verschiedenen einfachen Gewinnwegen, die er zur Verfügung hatte, gewählt hatte. „Gegen Sie", antwortete er, „wollte ich nicht auf die einfache Manier gewinnen!". Nachdem ich es noch geschafft hatte, mich aus einer heiklen Position gegen Letelier zu retten, erreichte ich den ersten Platz.

Ich habe jetzt wohl nur von denkwürdigen schwierigen Momenten erzählt, aber es waren auch gute Partien dabei. Mit einem vorübergehenden Damenopfer gewann ich gegen Robatsch. Ich besiegte Dr. Trifunović mit Schwarz, indem ich eine damals ungebräuchliche Entwicklungsmethode anwandte. Dr. Trifunović genoß einen großen Ruf als Remisspieler, der schwer in die Knie zu zwingen ist. Darum schickte ich nach dem Turnier meine Kommentare zu dieser Partie auch an eine jugoslawische Schachzeitung mit dem Titel: „Wie man gegen Trifunović gewinnt".

Mit 16 aus 21 hatte ich einen halben Punkt mehr als Geller, Pachman und Tal. Das Turnier war anstrengend gewesen; das ungewohnte tropische Klima, das übermäßige Rauchen von Zigarren ... Zwei Monate später wurde ich zum ersten Male in meinem Leben ernsthaft krank. Ich schien ein Magengeschwür zu haben. Mir stand überhaupt nicht mehr der Sinn nach Schachspielen, trotzdem wurde ich verpflichtet, an der Landesmeisterschaft teilzunehmen. Während des Turniers mußte ich Medikamente und Beruhigungsmittel einnehmen. Ich spielte nicht glänzend, aber doch besser, als ich zu hoffen gewagt hatte. Es gelang mir sogar, einige fein gespielte Partien gegen Polugajewski und Suetin zu gewinnen. Zwei Runden vor Schluß hatte ich noch gute Aussichten, in die Gruppe der Sieger zu kommen; dazu mußte ich weitere 1½ Punkte einheimsen. Aber zum ersten Mal in meinem Leben ging es im Finish schief; ich verlor beide Partien. Meine Krankheit machte sich doch bemerkbar.

Nach der Meisterschaft wurde ein spezielles Zonenturnier durchgeführt, welches für das Interzonenturnier qualifizierte. Die ersten sechs der Meisterschaft, sowie zwei auf Grund ihrer Gesamtresultate hervorragende Spieler, sollten daran teilnehmen. So wurde als Siebenter Smyslow ausersehen, der nicht am Titelturnier teilgenommen hatte — seinetwegen war dieses System auch ausgedacht worden — und als Achten nominierte die Föderation mich.

Buchstäblich wenige Tage vor dem Beginn des Turniers trug sich etwas Unerwartetes zu. Smyslow wandte sich an die Föderation mit dem Versuch, direkt für das Interzonenturnier zugelassen zu werden. Die Föderation wies sein Ansinnen ab. Darauf ging Smyslow zu seinen Freunden, welche Zugang zu Regierung und Parteileitung hatten. Als Folge wurde von oben eine Verordnung ausgefertigt, die vom Sportkomitee der UdSSR ohne weiteres übernommen wurde, und der Vorsitzende der Schachföderation (das war damals Rodionow) erhielt einen Verweis.

Aus dieser Geschichte kann der Leser einen Eindruck von dem Ausmaß der amtlichen Hierarchie bekommen, die die Sportleitung und namentlich die der Schachwelt beherrscht. Die Schachföderation der UdSSR, eine allgemeine Körperschaft mit ratgebender Stimme, wird also vom Sportkomitee der UdSSR geleitet!

Die Kontrolle der Aktivitäten des Sportkomitees geschieht durch die zuständigen Abteilungen des Zentralkomitees der Partei. Noch ein Treppchen höher, im Politbüro des Zentralkomitees der Partei, sitzt ein Mann, der den Sport „unter seiner Obhut" hat. Darunter fällt auch das Schach. Damals war das der heutige Minister für Kultur (aus dem Kreis der Götter nach unten in die Reihen der gewöhnlichen Sterblichen gestoßen!), Demitschew. Offenbar hatte er die Stimme Smyslows vernommen und im Handumdrehen die Sache zugunsten des launischen Großmeisters geregelt.

Die Empörung unter den Teilnehmern des Zonenturniers war grenzenlos. Sie beschlossen, einen Streik zu proklamieren und nicht zu spielen. Aber Spasski legte sein Veto gegen den Streik ein, wo doch angesichts der geringen Anzahl Teilnehmer Einigkeit am Platze gewesen wäre. Der junge Spasski stand damals unter dem starken Einfluß von Bondarewski. Infolge seiner Weigerung mitzumachen fiel das Komplott auseinander — jammerschade! Da nun die Schachliebhaber diese Geschichte kennen, fällt es ihnen gewiß nicht schwer zu erraten, wieso beim Interzonenturnier in Biel 1976 plötzlich Smyslow anstelle von Kusmin auf der Bildfläche erschienen ist . . .

Das Zonenturnier war sehr stark besetzt, und da ich mich bei der Landesmeisterschaft nicht hatte qualifizieren können, fühlte ich mich nicht als vollwertiger Teilnehmer. Um Erfolg in einem guten Turnier zu haben, muß man an seinen eigenen Stern glauben; das bringt Glück auf sportlichem Gebiet. Darum scheiterte ich! Zuerst verlor ich durch einen dummen Fehler gegen Cholmow, dann schlug mich Bronstein auf glänzende Weise. Stein folgte seinem Vorbild, und als der Vorhang schon fast gefallen war und mich allein ein Sieg über Spasski hätte aufkommen lassen, da (auch die Tatsache, daß es die vorletzte Runde war, half diesmal nicht) verlor ich auch gegen ihn. Insgesamt holte ich weniger als 50% der Punkte, und mich tröstete nur der Umstand, daß ich zwei Partien gegen Geller gewonnen hatte.

Im September 1964 beteiligte ich mich an einem großen Turnier in Belgrad. Mein Spiel war ungleichmäßig, und es reichte nur zu einem geteilten zweiten Platz mit Ivkov. Den ersten Platz belegte ohne sonderliche Anstrengung Spasski. Ich bin geneigt zu glauben, daß Spasski in den Jahren 1964-65 seinen sportlichen Höhepunkt erreichte. Nach seinem Spiel in Belgrad war sein Sieg in den Kandidatenwettkämpfen für mich keine Überraschung mehr.

Ende 1964 gab es wieder die nationale Meisterschaft. Sie wurde in Kiew ausgetragen, wo ich gewöhnlich ziemlich erfolgreich auftrat. Diesmal übertraf ich mich selbst und belegte mühelos den ersten

Platz, nachdem ich zuvor meine Hauptrivalen, Bronstein und Tal, ausgeschaltet hatte. Unter meinen elf Gewinnpartien sind die gegen Wasjukow, Sacharow und Lutikow z. B. sehr schön.

Zu diesem Zeitpunkt war mein Schachtalent vollkommen ausgereift. Um so bedauerlicher war es, daß ich das Turnier im Jahr zuvor und das darauf folgende Zonenturnier in einem Zustand der Depression gespielt hatte. Nachher habe ich wiederholt in meinen Interviews an diesen für mich so unglücklichen Zyklus erinnert. Ich glaube, daß ich gerade damals das Zeug dazu hatte, um die Weltmeisterschaft zu kämpfen.

Mein Schachstil hat in den zehn Jahren meines Großmeisterseins beträchtliche Veränderungen erfahren. Man schrieb über mich jedoch dasselbe wie vorher. 1960, als ich zum ersten Male Meister geworden war, interviewte mich der Journalist W. Wasiljew und schrieb danach einen Artikel „Ein Zug mit dem Läufer", der allgemeines Aufsehen erregte. Ich sagte Wasiljew damals, daß ich die Kunst der Verteidigung im Schachspiel sehr hoch wertete und darin eine Art Romantik sah. Meine eigenen Erfolge führte ich in erster Linie auf das Vermögen zurück, schwierige Stellungen zu meistern. Von dieser Zeit an zitierte man das immer wieder. Indessen ist selbst jemand gereifteren Alters in der Lage, seine Ansichten zu ändern. Im gegebenen Moment habe ich eingesehen, daß es für einen guten Schachspieler nicht genügt, die Kunst der Verteidigung zu beherrschen. Man darf sich nicht vom Willen des Gegners abhängig machen, sondern sollte danach trachten, ihm den eigenen aufzuzwingen. Ich begriff, daß ich drauf und dran war, meine psychologischen und schachtechnischen Fähigkeiten miteinander in Verbindung zu bringen und zu verschmelzen. Von meinen Kinderjahren an wußte ich nur, wie man sich auf dem Schachbrett verteidigt.

Ich habe mich umstellen müssen, und das ist mir in gewissem Sinne auch gelungen. Meine Erfolge in den sechziger Jahren und meine Entwicklung im Schach erkläre ich mir gerade aus der Tatsache, daß ich gelernt habe, um die Initiative zu ringen und sie an mich zu bringen. Bis zum heutigen Tage halte ich das nicht für meine stärkste Seite, aber einen Anflug von dem Streben nach Initiative habe ich doch ansehnlich weiterentwickeln können. Mein Spiel ist unstreitig vielseitiger geworden. 1965 wurde ich zusammen mit Spasski einer der vielseitigsten Großmeister der Welt genannt.

Bei der Meisterschaft in Kiew war mir bereits drei Runden vor Schluß der erste Platz sicher. Als die Schlußtabelle angefertigt werden konnte, lag ich drei Punkte vor dem zweiten Sieger Bronstein. Schon während des Turniers erhielt ich eine Einladung zum sogenannten „Weltturnier“ in Zagreb, und in einem Fernsehinterview unmittelbar nach Ende der Meisterschaft drückte ich meinen Wunsch aus, daran teilzunehmen. Aber die Leitung der sowjetischen Schachföderation teilte mir mit, daß ich bald, schon in zehn Tagen, nach Ungarn reisen sollte. Ein normaler Mensch kann sich leicht vorstellen, daß man ganz gut im Februar in Ungarn und im April in Jugoslawien hätte spielen können. Aber in der Sowjetunion hat ein durchschnittlicher Großmeister maximal zwei internationale Turniere pro Jahr, so daß es klar war, daß mir das jugoslawische Turnier im Falle einer Reise nach Ungarn entginge. Und ich wollte nach Jugoslawien, denn dort veranstaltete man ein starkes Turnier mit hohen Preisen. Da ich Meister der UdSSR war, war ich außergewöhnlich fest entschlossen und beharrte auf meinem Wunsch. Man lud mich zu einem Gespräch mit dem stellvertretenden Vorsitzenden des Sportkomitees der UdSSR ein. Dieses Gespräch ist mir unvergeßlich geblieben. Er sagte: „Sie wissen, daß die Sowjetpanzer 1956 Breschen in die Häuser von Budapest geschlagen haben. Sie sind dazu berufen, diese Breschen zu schließen, als wären sie nie gewesen, durch Ihre Person, Ihren kulturellen Beitrag!“ Das klang sehr einleuchtend und schön! Aber ich blieb starrköpfig und weigerte mich. Mein Verhalten wurde bei einer Versammlung der Schachföderation kritisiert. Ich erhielt einen Verweis, und man nahm mir zeitweilig die Möglichkeit, im Ausland zu spielen.

So ließ man mich damals nicht nach Jugoslawien reisen. Die Behörden erreichten tatsächlich, was sie wollten, indem sie mich im Sommer des Jahres nach Ungarn, nach Gyula zum Dr.-Asztalos-Gedenkturnier, schickten.

Ich setzte es durch, daß mich meine Frau begleitete. Gewöhnliche Sterbliche haben solche Möglichkeiten nicht, aber Schachspieler dürfen manchmal solche Reisen unternehmen. Bei dieser Gelegenheit fällt mir eine Geschichte ein, die mir einmal Rostropowitsch erzählte. Emil Gilels, der sich zu einer langen Tournee anschickte, reichte beim Minister für Kultur, Furtsewa, eine Bittschrift ein: „Da ich krank bin und Versorgung nötig habe, bitte ich Sie, mich zusammen mit meiner Frau ins Ausland zu entsenden“. Rostropowitsch, der ebenfalls im Begriff war, eine Auslandsreise anzutreten, reichte nun sein Gesuch ein, als er von Gilels’ Brief vernommen hatte: „Da ich vollkommen gesund bin, ersuche ich Sie, mich zusammen mit meiner Frau ins Ausland reisen zu lassen“.

Das Turnier in Gyula war nicht sehr stark besetzt; außerdem hatte ich das Glück auf meiner Seite und machte 14½ Punkte aus 15 Partien.

Im August 1965 fand ein internationales Turnier in Eriwan statt. Übrigens sind internationale Turniere in der Sowjetunion eine Seltenheit. Kleinere Schachnationen, wie Jugoslawien oder Spanien, organisieren sechs bis acht internationale Turniere pro Jahr, aber die mächtigste Schachnation bringt mit Mühe drei Turniere im Jahr zuwege. Bekanntlich dürfen bei internationalen Turnieren die Teilnehmer zur Hälfte heimische Spieler sein, die andere Hälfte muß aus dem Ausland kommen. Diese zweite Gruppe von Teilnehmern in die Sowjetunion zu locken, ist bestimmt kein leichtes Unterfangen. Man spielt stark in der Sowjetunion, und die Preise sind gering. Mit wenigen Ausnahmen werden die Preise in Landeswährung, d. h. in Rubel, ausgezahlt, und Rubel kann man ja nicht umtauschen. Wenn man dann noch bedenkt, daß das Personal in den öffentlichen Dienstleistungsbetrieben der UdSSR nicht gerade springt bei der Bedienung (mit anderen Worten: Der Service ist einfach schlecht), wird deutlich, daß die ausländischen Schachspieler in der Sowjetunion weder etwas verdienen können noch ein Vergnügen erleben.

Es ist nicht selten so, daß ein Spieler, der einmal bei einem Turnier in der Sowjetunion mitgewirkt hat, das kein zweites Mal tun will. Die Schachverbände Bulgariens, der Tschechoslowakei und Ungarns schicken auf Bitten der Sowjetföderation ihre Großmeister der Reihe nach in die UdSSR, als handle es sich um Arbeitsdienstpflicht. Und trotzdem fallen internationale Turniere oft unter den Tisch, weil keine ausländischen Teilnehmer kommen.

Es gibt übrigens auch Ausnahmen. Was man nämlich in der Tat in der UdSSR sehen kann, ist gutes Schach. Das kann man dort lernen. Und es gibt Menschen, die alle Unannehmlichkeiten auf sich nehmen und in die UdSSR kommen, wie zu einem Schachlehrgang. Einer dieser bemerkenswerten Menschen ist Robert Byrne. Und tatsächlich, sieht man sich seine Leistungskurve an, sieht man, daß ihm seine Teilnahme an den internationalen Turnieren in Moskau geholfen hat, seine gute Form wiederzufinden. Aber kehren wir nach Eriwan zurück.

Nach meinen Siegen in der Landesmeisterschaft und vor allem in Gyula sah man mich als Hauptfavoriten des Turniers an, wenngleich auch Weltmeister Petrosjan mit von der Partie war. Es lief wirklich in entsprechender Weise. Ich spielte mit leichter Hand und ungekünstelt und ließ ziemlich schnell meine Mitbewerber hinter mir. Der Weltmeister war schon lange nicht mehr der, der er 1962/63 gewesen war. Nach seiner Thronbesteigung hatte er das Schachspiel mehr oder weniger vernachlässigt und den Entschluß gefaßt, seine Ausbildung nachzuholen. Am Vorabend seines Wettkampfes gegen Botwinnik hatte er noch keinen Oberschul-Abschluß, aber Ende 1965 verteidigte er bereits seine Schrift zur Erlangung des Titels „Kandidat der Psychologie". Unsere Partie gegeneinander endete ohne besondere Verwicklungen mit Remis, und im Endergebnis lag ich mit zwei Punkten Vorsprung vor Petrosjan und Stein.

In diesem Jahr mußte ich noch einmal mit Petrosjan die Klingen kreuzen, und zwar beim Massenwettkampf Leningrad — Moskau. Ich gewann beide Partien. Für Petrosjan hatten die Partien einen positiven Effekt: Er begriff, wie ernsthaft er sich auf den kommenden Zweikampf mit Spasski vorzubereiten hatte. Aber auf mich war die Wirkung negativ. Mir kam es so vor, als ob ich mich bereits um Haupteslänge über alle anderen Spieler erhoben hätte und leicht überall Erster werden könnte und müßte. In Wirklichkeit war das natürlich nicht der Fall, und ich sollte mich davon schon bald überzeugen können. In der nun folgenden Landesmeisterschaft in Tallin erwarteten mich gehörige Unliebsamkeiten. Es begann damit, daß ich gegen Keres verlor. Ich hatte schon immer schweres Spiel mit ihm, und diese Partie, die er mit jugendlichem Schwung vortrug, ist vielleicht die beste von den vier Partien gewesen, die er gegen mich gewonnen hat. Mit der mir eigenen Leidenschaft versuchte ich, meine Niederlage wieder wettzumachen, aber gelegentliche Siege wechselten ab mit empfindlichen Niederlagen. Schließlich schaffte ich es nicht einmal, aus der Fünfzigprozentzone zu gelangen. Niedergeschlagen stimmte ich der Teilnahme an einem Trainigsturnier zu, das Petrosjan organisiert hatte, um sich auch praktisch auf den Zweikampf mit Spasski vorzubereiten. Auch in diesem Turnier spielte ich schwach und holte noch keine fünfzig Prozent. Nun, diese Turniere waren keine schlechte Lektion für mich. Sie zeigten mir, daß ich mich intensiver dem Schach zuwenden mußte.

Es wird schwieriger

Die zweite Hälfte des Jahres 1966 verlief günstiger für mich. Ein allerdings nicht so stark besetztes Turnier in Bukarest gewann ich mit 12½ aus 14; beim Länderkampf gegen Jugoslawien schnitt ich auch nicht übel ab und blieb in zwei interessanten Partien gegen Ivkov und Velimirović siegreich. Am Ende des Jahres siegte ich erneut mit einem halben Punkt Vorsprung vor Polugajewski in einem internationalen Turnier in Sotschi. Vor allem das Endspiel gegen Wladimirow, eines der eindrucksvollsten meiner Spielpraxis, ist mir noch in guter Erinnerung.

Auch bei der Mannschaftsmeisterschaft der UdSSR machte ich keine schlechte Figur. Ich saß für die Mannschaft von „Arbeit“ am zweiten Brett hinter Botwinnik. Das war der letzte Mannschaftskampf in der UdSSR, in dem Botwinnik seine bewundernswerte Beherrschung des Schachspiels demonstrierte. Wie sicherlich viele Schachliebhaber entsinne ich mich noch gut seiner schönen Siege gegen Smyslow und Keres. Ich selbst erzielte bei diesem Wettkampf 7½ aus 10 und blieb ungeschlagen.

Gegen Ende des Jahres nahm ich als Mitglied der sowjetischen Mannschaft an der Schach-Olympiade in Havanna teil. An dieser Stelle sei bemerkt, daß es kein Zufall ist, daß ich an den Olympiaden von 1962 und 1964 nicht teilnahm. In der Sowjetunion herrscht eine grimmige Konkurrenz bei der Aufstellung der Mannschaften für eine Olympiade. Das Sportkomitee zahlt für einen Sieg einen tüchtigen Betrag in Sowjetvaluta aus — 1 500 Rubel brutto, so daß es an Spieldurstigen nicht fehlt. Außerdem hatte ich ernsthafte Probleme mit der Geheimabteilung wegen meines Verhaltens im Ausland.

1965 trat ich der kommunistischen Partei bei. Ich hatte noch immer die naive Vorstellung, daß ich durch die Teilnahme an den Parteiarbeiten viel von dem, was mir nicht gefiel, verbessern könnte. Nicht ganz ohne Grund meinte ich zudem, daß dieser Schritt mir Auslandsreisen erleichtern würde.

In Havanna wetteiferte die Sowjetmannschaft mit den Schachspielern der USA, die von Fischer angeführt wurden. Bekanntlich hat Fischer aus religiösen Gründen Schwierigkeiten damit, freitags und samstags zu spielen, und die Amerikaner hatten versucht, ihm hierin entgegenzukommen, wenn wichtige Wettkämpfe auf diese Tage fallen sollten. Der Kampf mit den Sowjets fiel nun ausgerechnet auf einen dieser Tage, aber der Leiter der sowjetischen Mannschaft weigerte sich, irgendwelche Zugeständnisse zu machen. Es war klar, daß die Amerikaner ohne Fischer nicht antreten würden; der Kampf wurde jedoch zur gewohnten Zeit angesetzt. Die Amerikaner erschienen nicht, und es wurde eine Erklärung abgegeben, daß die UdSSR den Kampf mit 4:0 gewonnen hätte. Es bahnte sich ein Skandal an. Die amerikanischen Schachspieler hatten zum ersten Male seit vielen Jahren die kulturelle Isolation Kubas, die sich die Regierung der USA zum Ziel gesetzt hatte, durchbrochen. Und statt daß man sich dafür dankbar zeigte, ließ man sie, die Rivalen der Sowjetmannschaft, nicht unter normalen Umständen den Wettkampf gegeneinander austragen. Wir besprachen das Problem mehrere Male in unseren eigenen Reihen. Der Leiter unserer Mannschaft, Serow, gehorchte in allem Bondarewski, der, wie ich bereits erwähnte, sowieso nicht sehr flexibel war. Ich meldete mich zu Wort und sagte, daß wir Zugeständnisse machen müßten, aber ich fand bei niemandem Unterstützung. Wahre politische und gesellschaftliche Aktivität wird in der Sowjetunion wenig geschätzt, und das kam hier deutlich zum Vorschein. Tal, Stein, Polugajewski, Spasski und Petrosjan hielten den Mund. Schließlich wartete man auf Anweisungen aus Moskau, und der Kampf mit der Mannschaft der USA fand dann doch noch an einem von den Kubanern festgelegten Tag statt. Die Auseinandersetzung verlief spannend und endete mit einem knappen $2\frac{1}{2}$:$1\frac{1}{2}$-Sieg für uns. Spasski geriet am ersten Brett gegen Fischer in eine sehr schlechte Stellung, schaffte es aber, sich zu retten. Ich fürchte, daß Spasski aus der Partie nicht die richtigen Konsequenzen gezogen hat. Es war spürbar, daß Fischer im Begriff war, sich zu einer mächtigen Spielerpersönlichkeit zu entwickeln. Spasski dachte aber, daß er dank seiner Verteidigungskunst und seiner Fähigkeit, jeden beliebigen Spieler in ein scharfes, unternehmungslustiges Gefecht zu verwickeln, niemanden zu fürchten brauche.

Ich spielte bei der Olympiade in Havanna nicht schlecht und holte am fünften Brett das beste persönliche Resultat. Mannschaftskämpfe kosten in der Regel mehr Kraft als persönliche Auseinandersetzungen, auch wenn die Gegner vielleicht etwas schwächer sind. Die Mannschaftsversammlungen, das gemeinsame Analysieren, das strenge Reglement, welches keine besonderen Tage für Hängepartien vorsieht, die ungeordneten Mahlzeiten (wenn manchmal fünfhundert

Mann gleichzeitig essen möchten und stundenlang warten müssen), das alles ist außerordentlich anstrengend. Ich glaube übrigens, daß die Schach-Olympiade in der Form, wie sie in den letzten zwanzig Jahren durchgeführt wurde, überholt ist. Die FIDE hat recht, wenn sie versucht, neue Wege für die Mannschafts-Weltmeisterschaft zu finden.

Bald kündigte sich die nächste UdSSR-Meisterschaft, zugleich Zonenturnier für die Weltmeisterschaft, an. Zeit zum Ausruhen gab es nicht. In diesem Turnier machte ich, ein im großen und ganzen gesehen doch aktiver Spieler, nur äußerst selten einen vollen Punkt. Trotz heftiger Kämpfe beendete ich zehn Partien unentschieden, die übrigen vier gewann ich und teilte schließlich mit Gipslis und Taimanow den dritten bis fünften Platz. Dadurch wurde ein Dreikampf zwischen uns um die beiden Plätze im Interzonenturnier von Sousse erforderlich. Die Plätze fielen an Gipslis und mich.

Im Sommer 1967 veranstaltete man in Leningrad und Moskau aus Anlaß des fünfzigsten Jahrestages der Sowjetmacht internationale Turniere. In Moskau fand ein Repräsentativturnier mit tüchtigen Preisen statt — zum ersten Mal wurde in der Sowjetunion ein Preis von 2000 Rubel zur Verfügung gestellt. Es gingen Gerüchte um, daß Fischer angefragt habe, ob er (ohne Extrahonorar!) an dem Turnier teilnehmen könne, und daß man ihm die Teilnahme verweigert habe. Nun, es wäre wirklich eine Schande gewesen, hätte man einem Amerikaner die Chance gegeben, das Turnier zu gewinnen, das einem solchen festlichen Datum geweiht war!

Das Turnier in Leningrad war nicht so stark besetzt und auch nicht so hoch dotiert. Mir wurde die Ehre zuteil, in meiner Heimatstadt zu spielen. Ich zeigte mich von meiner starken Seite, gewann viele gute Partien. Eine davon, die gegen Udovcić, pries Keres, der Meister des Angriffs, in den höchsten Tönen. Mit zehn Siegen und sechs Remisen blieb ich einen Punkt vor der Nummer zwei, Cholmow.

Ende des Sommers wurde wieder ein Wettkampf UdSSR — Jugoslawien ausgetragen, diesmal in Form eines kleinen Turniers, wobei jeder nach einem Rollsystem gegen alle Ausländer antrat. Auch hier belegte ich ohne sonderliche Mühe den ersten Platz.

Bald sollte das Interzonenturnier in Tunesien beginnen. Von Zeit zu Zeit quälte mich mein Magengeschwür. Zwei Wochen vor Turnierbeginn bekam ich einen neuen Anfall, mußte zu Bett, hielt eine Diät ein, hörte auf zu rauchen und reiste geschwächt nach Tunesien. Mein Trainer war in den letzten Jahren Furman, aber er hatte sich kurz zuvor einer ernsten Magenoperation unterzogen, und ich rief Wasjukow zu Hilfe, einen fleißigen und hart arbeitenden Menschen. Er hatte aber ein ganz anderes Schach-Repertoire, und jeder von uns mußte während des Turniers hinzulernen, um sich dem anderen anzupassen. Mein Turnierstart war nicht von Glück begleitet, und als Folge davon begann ich, wieder zu rauchen. All diese Veränderungen hatten eine schlechte Auswirkung auf mein Spiel. Ich schleppte mich in der Fünfzigprozentzone hin. An der Spitze stand Fischer, der Reshewsky, Stein und viele andere Großmeister glanzvoll geschlagen hatte. Die Partie, die ich mit ihm austrug, endete nach einem interessanten Gefecht remis. Aber das war eine der letzten Partien, die Fischer in diesem Turnier spielte. Aus mir unbegreiflichen Gründen verließ er das Turnier — ein äußerst seltener Vorfall in der Schachpraxis; es sind sonst meistens Außenseiter, die einem Turnier den Rücken kehren. Was Fischer macht, so kommt es mir vor, stimmt zwar oft mit dem allgemeinen Interesse der Schachwelt überein. Aber Fischer war und ist nicht damit einverstanden, daß er ein Stückchen Eigentum der Schachwelt ist und daß er gegenüber der Schachwelt Verpflichtungen hat: er hat moralisch nicht das Recht, sein Talent zu verbergen . . .

In der Schlußphase spielte ich endlich auf. Mit der bekannten Portion Turnierglück gewann ich nacheinander gegen Portisch, Barczay, Bilek, Mjagmasuren und Cuellar. Als ich gegen Mjagmasuren spielte, erstaunte mich, wie vorbildlich er den Beginn der Partie behandelte, und plötzlich überfiel mich der Gedanke, daß ihn irgendjemand von den Sowjets auf diese Partie vorbereitet haben könnte! Das ist übrigens kein abwegiger Gedanke. Bei jedem Interzonenturnier sind viele sowjetische Trainer anwesend, und die haben nicht so viel „eigene" Beschäftigung. Mir war bekannt, daß Gufeld Mjagmasuren für seine Partie gegen Fischer präpariert hatte. Aber die Idee, daß die Sowjets auch kollektiv gegen mich kämpfen konnten, erschien mir widernatürlich, bis ich am Brett damit konfrontiert wurde . . .

Hinter dem Turniersieger Larsen teilte ich mit Geller und Gligorić den zweiten bis vierten Platz, was zur Qualifikation fürs Kandidatenmatch ausreichte.

Die Preisverteilung des Turniers ist mir in guter Erinnerung geblieben. Die Spieler aus den westlichen Staaten erhielten ihre Preise in Schweizer Franken, die Spieler aus den Ostblockländern bekamen

Schecks auf Tunesische Dinare, eine Währung, die praktisch nirgendwo auf der Welt umzutauschen ist. Die Enttäuschung war groß, aber die Veranstalter waren nicht zu erweichen. Ich muß gestehen, daß man uns in der Sowjetunion entgegengekommen ist und durch eine Ausnahmeregelung unsere Dinare in „Zertifikate" umtauschte — Wertpapiere, die innerhalb der Sowjetunion als umtauschbare Valuta gelten.

Ein bemerkenswertes Jahr

Anfang 1968 reiste ich in die Niederlande, um am Hochofenturnier in Wijk aan Zee teilzunehmen. Das war seit Jahren mein erstes Turnier in einem kapitalistischen Land. Solche Turniere sind besonders geschätzt, und nur die hervorragendsten Großmeister erhalten die Möglichkeit, in diesen Turnieren zu spielen, wo die Preise in konvertierbarer Währung ausgezahlt werden.

Ich mußte unter für mich ungewöhnlichen Umständen spielen, nämlich mit zwei Sitzungen pro Tag. Überhaupt habe ich viele Hängepartien, und hier brach ich gleich zu Beginn eine Partie mit Padevski ab, die beinahe 100 Züge dauerte. An jedem Tag saß ich rund neun Stunden am Brett, meine Vorbereitung für meine nächste Partie noch nicht mitgerechnet. Wo haben die Fachverbände in unserem aufgeklärten 20. Jahrhundert bloß ihre Augen? Eine Runde löste die andere ab, aber ich setzte immer noch ein und dieselbe Partie fort, inzwischen fast jede Partie gewinnend! Nach einer Woche kam mehr Klarheit in die Situation. Ich hatte 6 aus 6. Meine siebte Partie hatte ich gegen Tal auszutragen. Außerhalb des Schachs verkehrten wir freundschaftlich miteinander; im Turnier riß er keine Bäume aus. Ich hatte Mitleid mit ihm, mußte aber voll aufspielen, um so mehr, als alle Umstehenden erwarteten, daß die Partie schnell remis enden würde. Den ersten Teil der Partie spielte Tal mit großer Präzision, und er erhielt ungefähr gleiches Spiel. Danach beging er jedoch einen Fehler, und ich wußte die Stellung zu öffnen und die Partie zu gewinnen. Am nächsten Tag remisierte ich zum ersten Mal in diesem Turnier — mit Donner.

In der Reihe meiner 7 Siege befanden sich viele gute Partien. Zuvor, beim Interzonenturnier, hatte ich gegen die Jugoslawen schwach abgeschnitten und nicht mehr als einen Punkt aus vier Partien gegen sie geholt. Hier konnte ich mich revanchieren durch Siege über Ivkov, Matanović, Cirić und Karaklajić. Meine Partie gegen Matanović betrachte ich als eine der besten strategischen Leistungen meines Lebens. Ich ging in diesem Turnier auf einen ganz persönlichen Rekord aus: aus 11 Partien 10½ Punkte! In der zwölften Runde stellte ich jedoch in besserer Stellung gegen Portisch eine Figur ein. Danach hatte das Turnier seinen Reiz für mich verloren, und ich remisierte die restlichen drei Partien ohne Kampf. Auch so konnte ich mich sehen lassen: indem ich 12 aus 15 erzielte, hatte ich drei Punkte mehr als Tal, Portisch und Hort.

Ich begann mit den Vorbereitungen auf das Viertelfinale im Kandidatenwettkampf gegen Reshewsky. Bis dato hatte ich zwei Partien mit ihm gespielt, die beide unentschieden ausgingen. Meine Partie mit ihm in Buenos Aires 1960 kam mir in den Sinn. Auf Vorschlag von Reshewsky spielten wir Freitag morgens bis Sonnenuntergang, was unter den Bedingungen des argentinischen Winters besagte, bis zwei Uhr nachmittags. Im Verlauf der Partie hatte Reshewsky mich deutlich überspielt, und genau um zwei Uhr mußte er seinen Zug abgeben. Er hatte die Wahl zwischen zwei Möglichkeiten: die eine gewann einen Bauern, bot mir aber Remischancen. Der andere Zug brachte keinen materiellen Vorteil, beließ aber Schwarz alle Stellungsvorteile, was das stärkste war. Reshewsky wurde nervös und schaute fortwährend auf seine Uhr. Nach dreizehn Minuten gab er einen Zug ab, der sich aber nicht als der beste erwies. Auf diese Weise erreichte ich noch den Remishafen. Wie sich später herausstellte, war diese Partie entscheidend für den ersten Platz in diesem Turnier.

Bei meinen Vorbereitungen auf den Kampf mit Reshewsky ging ich von der Tatsache aus, daß ich mehr Spielpraxis besaß und die heutige Eröffnungstheorie besser kannte. Ich begriff, daß ich es mit einem feinen Positionsspieler zu tun bekam, dessen Kenntnisse der Feinheiten des Schachspiels die meinigen wahrscheinlich übertrafen. Ich mußte Reshewskys Angriffselan als Weißspieler zügeln. In dieser Zeit hatte ich in Furman einen ziemlich guten Trainer und bereitete mit ihm für Schwarz ein solides System vor, und danach legten wir uns einige interessante Ideen für Weiß zurecht. Wir trugen den Zweikampf im Mai 1968 in Amsterdam aus. Der Kampf wurde eigentlich in den ersten beiden Partien entschieden. In der ersten Partie glückte es Reshewsky mit Weiß, mich zu übertrumpfen und strategischen Vorteil zu erhalten. Er unterschätzte aber offenbar meine taktischen Qualitäten, spielte zu scharf und machte ein paar taktische Fehler, so daß ich mich retten konnte. Die zweite Partie eröffnete ich mit 1. e4, was ich selten tue. Die ersten 15 Züge Reshewskys waren mir bekannt, und für die Folge hatte ich eine interessante und damals neue Fortsetzung vorbereitet. Fünfzehn, ja sogar achtzehn Züge hatte ich in anderthalb Minuten hinter mir, aber Reshewsky verbrauchte währenddessen aus Gewohnheit, und weil er unzureichend eingespielt war, ungefähr eine Stunde Bedenkzeit. In der Partiepraxis ist ein großer Unterschied an verbrauchter Bedenkzeit unangenehm und wirkt sich negativ auf die Nerven desjenigen aus, der zeitlich schlechter dran ist. Reshewsky wurde in der Tat nervös, begann schneller zu spielen und ließ sich, kaum aus der Eröffnung heraus, einen Bauern abnehmen. Danach war die Sache nicht mehr schwer. In einem kurzen Zweikampf ist es äußerst unerfreulich, wenn der Gegner ein Übergewicht hat, um so mehr, da Reshewsky zwei psychologische Niederschläge hatte einstecken müssen. Die dritte Partie endete schnell remis. In der vierten Partie wandte ich eine neue Aufstellung an, dennoch erhielt Reshewsky gleiches Spiel. Angesichts drohender Zeitnot begann er, schneller zu spielen, beging dann in einer verhältnismäßig einfachen Stellung in einem gleichstehenden Endspiel einige Fehler und verlor. Die fünfte Partie, in der ich lange Zeit mit Schwierigkeiten zu kämpfen hatte, nahm ein friedliches Ende; die sechste Partie gewann ich wieder. Das war meine beste Partie in diesem Zweikampf.

Der Kampf war praktisch entschieden. Nach zwei weiteren Remispartien, in denen ich das bessere Spiel hatte, ergab sich der Endstand 5½:2½. Reshewsky, der niedergeschlagen wirkte, erschien nicht zu den Schlußfeierlichkeiten. Das ist begreiflich; für einen älteren Mann war es verletzend, ohne wirklichen Kampf verloren zu haben.

Nun stand mein Halbfinalmatch in Moskau gegen Tal vor der Tür. Die psychologische Situation vor dem Zweikampf war ziemlich sonderbar. Ich gewann ja fast jede Partie gegen Tal, selbst die Farbe spielte bei unseren Begegnungen keine Rolle! Mit war bewußt, daß Tal bei Turnieren gegen mich Risiken auf sich nahm beim Versuch, Gleichstand mit mir zu erzielen. Ich begriff aber auch, daß er in einem Zweikampf um vieles vorsichtiger wäre, denn das Ergebnis eines Wettkampfes in seiner Gesamtheit und nicht die einzelne Partie besaß hier den Vorrang. Ich tat, was in meinen Kräften stand, um mich in der kurzen Zeit theoretisch vorzubereiten, war aber, wie sich zeigen sollte, psychologisch nicht auf der Höhe zu einer ernsthaften Auseinandersetzung mit ihm. Zu Beginn des Matchs spielte Tal geschlossene Eröffnungen, in denen er sich nicht sonderlich auskennt. Andererseits bekommt das Spiel so einen etwas ruhigeren Charakter, und Tal wollte wahrscheinlich mit ein paar ruhigen Remisen beginnen, um sein Selbstvertrauen zu stärken. In der ersten Partie unterlief mir eine Unachtsamkeit, und ich geriet in ein schwieriges Bauernendspiel. Es ist erstaunlich, daß Tal die Partie nicht gewonnen hat! Nach einem schnellen Remis in der zweiten Partie fing mich Tal in der dritten in einer zu Hause vorbereiteten

Falle. Hundert Minuten(!) Nachdenkens verhalfen mir doch nicht zu einer guten Antwort. Die Partie wurde kritisch für mich, zumal ich schon seit der Eröffnung in Zeitnot war. Da jedoch geschah ein Wunder: Tal fand keine Gewinnfortsetzung, und es gelang mir, ein Turmendspiel mit einem Minusbauern aufs Brett zu bekommen. Auch das hätte ich eigentlich verlieren müssen, aber Tal hatte nicht genug Vertrauen in seine Endspieltechnik, um die Position zu gewinnen.

Wie ich vernahm, kam bald nach der dritten Partie Tals Leibarzt nach Moskau. Mit Tals Gesundheit steht es im allgemeinen nicht gerade zum besten, aber einen Leibarzt zu haben, das ist man in der Sowjetunion nicht gewöhnt. Zum Anfang der vierten Partie erschien Tal einige Minuten zu spät, und als er mich begrüßte, reichte er mir nicht die Hand, was ihm nicht ganz glücken wollte. Ich brachte das auf die eine oder andere Weise mit der Ankunft des Arztes in Verbindung. Die Partie begann. Ich brachte eine meiner zu Hause ausgeklügelten Varianten an. Tal wurde am Brett nicht mit ihr fertig, dachte außerdem über jeden Zug 25 bis 30 Minuten nach und kam rasch in Zeitnot. Seine Stellung war sehr schwierig, aber dann befiel mich wieder meine alte „Krankheit", und ich nahm bei der erstbesten Gelegenheit einen Bauern, wodurch ich fast schon den Vorteil einbüßte. Ein Remis lag in der Luft, aber Tal beging einen groben Fehler und verlor. In der folgenden Partie machte Tal den Versuch auszugleichen. Er zögerte jedoch zu lange, Druckspiel auf meine Stellung zu organisieren, wonach ich die Initiative an mich reißen konnte und schnell gewann.

Es schien nun, als wäre das Match zu Ende. Ich führte mit 3½:1½ Punkten und hatte in der nächsten Partie Weiß. Ich sagte mir, daß man Tal in jeder Partie unter Druck setzten müßte und könnte, geriet auch in Vorteil, aber in Zeitnot gab ich meinem Widersacher die Chance, durch ein Qualitätsopfer die Initiative zu ergreifen, und verlor.

Während des Wettkampfes hatte ich übrigens zwei Trainer: Furman und Osnos. Am Tag vor der sechsten Partie wurde Furman, der Mitglied des TsSKA (Zentraler Schachklub der Armee) war, unerwartet nach Leningrad zuruckgerufen, um an unbedeutenden Mannschaftskämpfen teilzunehmen.

Ich regte mich über den Vorfall auf, aber die wahren Gründe, warum man mich plötzlich schwächen wollte, konnte ich damals noch nicht begreifen. Das Verlieren der Partie, die Abreise meines wichtigsten Helfers, das alles drohte dem Zweikampf eine für mich unglückliche Wendung zu geben. Ich faßte den vielleicht unvernünftigen Entschluß, die restlichen Partien auf Remis anzulegen, einen Entschluß, der völlig zu meinem Zustand der Unkonzentriertheit in diesem Augenblick paßte. Und ich tat noch etwas anderes: Tals Arzt hielt sich dauernd im Spielsaal auf und wandte keinen Blick vom Brett, an dem wir spielten. Besser gesagt: Er belästigte mich nicht, behielt aber Tal fortwährend in den Augen. Ich hatte Tal deswegen im Verdacht, vor der Partie Drogen genommen zu haben. Vom Standpunkt des FIDE-Reglements ist daran nichts Verwerfliches. Tal half es wahrscheinlich, aber bekanntlich verringern Drogen die Willenskraft. Als Hilfe dagegen, so überlegte ich mir, übt der Arzt eine visuelle Beeinflussung auf Tal während der Partie aus und ermutigt ihn. Ich glaube, daß meine Hypothese wissenschaftlich untermauert werden kann. Ohne meine Überlegungen auszusprechen, schrieb ich einen Brief an das Schiedsrichterkollegium mit der Bitte, den Doktor, der ganz nahe beim Podium saß, in die hinterste Reihe zu setzen. Von seiten Tals und seiner Helfer war man über meine Aktion nicht sehr erfreut, aber das Schiedsrichterkollegium kam meinem Gesuch nach. Eigentlich ist das nichts Besonderes: Wettkämpfe um die Weltmeisterschaft mit Fischers Beteiligung verlaufen genauso . . .

In der 7. Partie wählte ich eine zweifelhafte Eröffnungsvariante und ging aus der Eröffnung direkt in ein schwieriges Endspiel über, in dem ich um das Remis kämpfen mußte. Einige Male mußte ich den einzig richtigen Zug finden, und schließlich gelang es mir, die Partie unentschieden zu halten. In der folgenden Partie hatte ich positionellen Vorteil, aber sie endete wieder remis. In der 9. Partie griff ich zu einer nicht sehr anspruchsvollen Eröffnungsvariante. Der geringe Vorteil, den ich erzielte, erwies sich als ungenügend zum Gewinn. Es blieb noch eine Partie übrig; ich hatte Weiß. Tal strebte natürlich Gewinn an und wählte daher eine scharfe Variante der Holländischen Verteidigung. Ich war nicht auf der Höhe. Im Bemühen, allen Komplikationen aus dem Wege zu gehen, strebte ich nach Vereinfachung der Stellung (wenn man gewohnt ist, auf Gewinn zu spielen, ist das Kämpfen um einen halben Punkt ein psychologisches Handikap). Um den 25. Zug herum stand ich schon auf Verlust. In beiderseitiger Zeitnot schien Tal nicht genügend Energie zu haben, oder besser gesagt, er opferte ohne ausreichenden Grund einen Bauern und gab mir eine kleine Rettungschance. In einer noch immer schwierigen Position gab ich einen, wie sich später herausstellte, für Tal unerwarteten Zug ab. Er bekräftigte allerdings später, daß ihm auch der beste Zug keine Gewinnmöglichkeit gegeben hätte. Beide verbrachten wir eine schlaflose Nacht über der Partieanalyse, und am anderen Tag setzten wir die Partie in gespannter und nervöser Atmosphäre fort. Meine Analyse erwies sich natürlich als tiefer, und nach drei Stunden Spiel einigten wir uns auf Remis.

Direkt nach dem Zweikampf gab ich der Zeitung „Schach in Moskau" ein Interview. Unzufrieden mit meinen schöpferischen Leistungen, ließ ich mich auch über meinen Widersacher wenig schmeichelhaft aus und nannte ihn einen „Klischeeschachspieler". Für eine derartige Einstufung hatte ich meine persönlichen Gründe, zumal mir die Schablonenhaftigkeit von Tals Angriffen schon 1957 aufgefallen war. Tal hatte und hat sehr viele Anhänger — Schachfreunde geraten in Verzückung durch seine kompromißlose Spielweise. Durch Tals Drang und Vermögen, etwas zu riskieren und selbst zu bluffen, werden viele für ihn eingenommen. Aber gleichzeitig ist Tals Spielführung unzureichend. Er geht oft von klischeeartigen Beurteilungen aus in seiner Spielführung und gebraucht Schablonen. Wirkliche Angriffsmeister sind nach meiner Meinung Aljechin, Keres und Spasski.

Nun, ich sollte bald die Gelegenheit erhalten, mich mit diesem Spasski zu messen. Spasski hatte inzwischen mit Leichtigkeit Wettkämpfe gegen Geller und Larsen gewonnen. Aber der Stil seiner Siege im Jahre 1968 war nicht so überzeugend und anders als 1965, als er Keres, Geller und Tal nacheinander zerschmetterte. 1968 vernachlässigte er, so schien es, mit Absicht seine Kenntnisse der modernen Eröffnungstheorie und stellte sich offenbar nicht die Aufgabe, seine Gegner vom Brett zu fegen, sondern wartete ab, bis sie sich selbst in den Abgrund stürzten.

Natürlich lag Spasskis entscheidende Stärke im Mittelspiel, worin er unschlagbar war, aber ich hatte das Gefühl, kraft meiner Spielauffassung, meiner Kenntnisse und meiner Technik, mit ihm auf einer Ebene kämpfen zu können. Ich bereitete mich mit Furman auf den Kampf vor, aber Furman, so stellte sich heraus, konnte nicht mit mir nach Kiew kommen, wo der Wettkampf ausgetragen werden sollte. Die Leitung des ZSKA ließ ihn nicht gehen. Ich konnte aber nicht begreifen, aus welcher Ecke der Wind wehte. Die Situation war sehr unglücklich, aber ich war machtlos. Ich ärgerte mich über Spasski, da ich die Sache für eine der Schlitzohrigkeiten seines Trainers Bondarewski hielt, aber weder Spasski noch Bondarewski hatten mit dieser Geschichte, wie später herauskam, etwas zu schaffen. Petrosjan hatte seine Hand im Spiel. Der Weltmeister, der 1966 Spasski besiegt hatte, fürchtete ihn nicht, aber er scheute einen Zweikampf mit mir! Um mich zu neutralisieren, hatte er durch seine armenischen Freunde und insbesondere durch den alten Marschall Bagramjan, Druck auf den TsSKA ausgeübt. Erst entzog man mir Furmans Unterstützung während des Matchs mit Tal, und dann wurde ihm untersagt, mich zum Finale zu begleiten. Nun gut, es gibt noch andere Möglichkeiten als Furman; bald spielte ich auch ohne ihn und sogar gegen ihn, aber in diesem Augenblick war es mir sehr unangenehm.

Ich begann meinen Zweikampf mit Spasski in einem seelischen Zustand der Bedrücktheit, und selbst mein Übergewicht in der theoretischen Vorbereitung konnte nicht dazu beitragen, die Chancen in diesem Match auszugleichen. Überdies spielte ich durch eine unglückliche Verkettung von Umständen meine zweite Partie sehr schlecht (die erste endete remis). Ich neige im allgemeinen nicht dazu, Mißgeschicke auf schachlichem Gebiet mit dem Einfluß äußerer Faktoren zu erklären, aber dies war ein Ausnahmefall, der ins Auge springt. Gewöhnlich nehme ich während einer Partie außerhalb der 64 Felder nichts wahr, zumal mein Gehörsinn dann abnimmt. Aber plötzlich fühlte ich eine Erschütterung durch das Gebäude gehen. In Kiew hatte es 1967 eine Erdverschiebung gegeben, der ein ganzes Stadtviertel am Dnjeprufer zum Opfer gefallen war, und ich fragte mich, ob nun wieder ein Erdbeben stattgefunden hätte. Ich war ziemlich durcheinander, und ein paar grobe Fehler ließen mich in wenigen Zügen eine gleichwertige Stellung verlieren. Gleich danach erhob ich mich und erkundigte mich danach, was geschehen war. „Salutschüsse", lautete die Antwort! „Heute ist der ‚Tag der Panzerfahrer'." Während vierzig Minuten waren wohl ein paar hundert Geschütze abgefeuert worden! Es gibt zu viele Festtage, um sie alle aufzuzählen: den Tag der Kanoniere, der Bergarbeiter, der Matrosen und so fort, mit und ohne Feuerwerk . . .

Die dritte Partie, in der ich Schwarz hatte, endete mit Remis, obwohl Spasski sich sehr anstrengen mußte, mein räumliches Übergewicht zu neutralisieren. In der vierten Partie fegte mich Spasski völlig vom Brett. Nachdem er eine total gewonnene Stellung erreicht hatte, beeilte er sich nicht damit, zu entscheidenden Operationen überzugehen, weil er die Partie abbrechen wollte, um dann den effektvollsten Gewinnweg herauszufinden. Er verlor dadurch seine Wachsamkeit und zog sich einen sehr starken Gegenangriff zu. Zu meinem Unglück hatte ich die Situation auch nicht direkt im Griff und sah die Möglichkeit erst, als ich gerade gezogen hatte. Ich brach fast in Tränen aus. Die Partie wurde abgebrochen, und nachdem Spasski seine große Technik demonstriert hatte, behielt er die Oberhand.

Nach einem Remis in der fünften Partie beschloß ich, den Verlauf des Zweikampfes zu forcieren. Ich hatte eine interessante Fortsetzung im Damengambit parat, die mit der langen Rochade verbunden war. Im allgemeinen läßt Spasski bei kritischen Stellen im Laufe einer Partie besondere Vorsicht walten. Nach über vierzigminütigem Nachdenken fand er die allerschönste Fortsetzung. Er opferte eine Figur, worauf in eingehen mußte und einem schrecklichen Angriff ausgesetzt wurde. Sorgfältig und ohne Übereilung baute Spasski seine Offensive auf. Was ich auch anstellte, es gelang mir nicht, zu einem ernsthaften Gegenspiel zu kommen. Ich mußte die Figur zurückgeben, aber der Angriff hielt an. Wir gerieten jedoch beide in Zeitnot, und da ließ Spasski einen sehr bösartigen taktischen Witz zu. Als der Pulverqualm der Zeitnot verzogen war, hatte ich ein beträchtliches materielles Übergewicht, das zum Gewinn ausreichte.

Es kam mir so vor, als wäre das Match an einem entscheidenden psychologischen Wendepunkt angelangt. In der Vergangenheit hatte Spasski Niederlagen schlecht verarbeitet. Als die nächste Partie begann und er seinen geliebten Zug 1. e4 durch das von ihm weniger häufig angewandte 1. d4 ersetzte, beschloß ich, ihm ans Leder zu gehen, koste es, was es wolle. Ich sah faktisch die Situation wie in einem Zerrspiegel. Spasski war damals schon ein etwas gefestigterer Streiter als zehn Jahre früher, aber ich war nervös und hatte Eile damit, seinen Punktvorsprung aufzuholen. Ich wählte die Königsindische Verteidigung, eine Eröffnung, die ich äußerst selten spiele (nur gegen schwache Gegner), und erregte Erstaunen bei meinen Helfern. Spasski war großartig in dieser Partie. Im Sämisch-System wandte er eine interessante Neuerung an, und ich, unerfahren in dieser Eröffnung, konnte die anfallenden Probleme nicht lösen. Spasski lancierte einen Angriff im Zentrum und auf dem Damenflügel und setzte mich matt!

Spasski hatte das Match bereits für sich entschieden, das war klar. Die folgende Partie spielte ich ganz und gar niedergeschlagen. Spasski übernahm bereits rasch die Initiative, und ich verlor auch diese Partie. In der neunten Partie glückte es mir, Spasski und seinen Trainer, der bereits ein Billett für die Rückreise gekauft hatte, noch ein bißchen zu verunsichern. Um sich von meinem positionellen Druck zu befreien, war Spasski gezwungen, eine Qualität zu opfern — sein Trainer tauschte sogleich seine Fahrkarte wieder um —, aber alles löste sich in Wohlgefallen auf. Die Kompensation für das geopferte Material erwies sich als groß genug, und in der zweiten Sitzung machte Spasski remis. Auch die zehnte und letzte Partie endete remis — in besserer Stellung für Spasski —, und so lautete der Endstand des

Zweikampfes 6½:3½ zugunsten meines Gegners. Das war niederschmetternd für mich, und aus dem Interview, welches Spasski gab, konnte man entnehmen, daß er selbst erstaunt darüber war, mit solcher Leichtigkeit das Finalmatch gewonnen zu haben.

Hiernach, im Herbst, fand die Olympiade in Lugano statt. Das Team der UdSSR erreichte mühelos den ersten Platz. Auch ich selbst schnitt gut ab, indem ich am dritten Brett mit 11 aus 13 das beste Resultat erzielte.

Im November reiste ich zusammen mit Petrosjan und Spasski nach Mallorca, um beim dortigen Turnier zu spielen. Petrosjan selbst hatte mir diesmal die Reise ermöglicht! Dieser auffällige Tatbestand hatte seinen Grund darin, daß er mich als einen seiner Trainer für das kommende Match gegen Spasski vorgesehen hatte . . .

Kurz zuvor, am Ende meines Aufenthaltes in der Schweiz, hatte mir wieder mein altes Leiden zu schaffen gemacht. Ich lag zehn Tage im Bett und lebte nach Diät. Es sah dann so aus, als sollte ich auf Mallorca in Schwierigkeiten kommen. Aber mein theoretisches Gepäck rettete mich, das ich für das Kandidatenmatch in petto gehabt, aber nicht hatte anwenden können. Ich spielte selbstsicher und besiegte kurz vor Ende des Turniers meine Hauptkonkurrenten Larsen und Spasski. Das war nun einmal mein Schicksal. Kurz vor dem Revanchekampf Botwinnik — Tal überspielte ich Botwinnik. Vor dem Zweikampf zwischen Petrosjan und Spasski, 1966, schlug ich Petrosjan. Ich weiß noch, daß ich meine Partie mit Spasski im Turnier mit einem Mehrbauern abgebrochen hatte. Ich ging zu Petrosjan und sagte ihm: „Es läßt sich nichts ändern, Spasski wird Weltmeister!“ „Wie, was?“ fragte Petrosjan verwirrt. „Ich bin dabei, ihn zu besiegen“, schloß ich. Petrosjan runzelte die Augenbrauen und nahm eine Pille. Nach diesem Gespräch konnte von einer eventuellen Trainingszusammenarbeit mit ihm keine Rede mehr sein. Aber ich hatte mich als ein wahrer Prophet erwiesen!

Insgesamt holte ich in diesem Turnier 14 aus 17 und ließ eine große Zahl erstklassiger Großmeister hinter mir. Zusammen mit dem von Wijk aan Zee 1968 war dies eines der besten Turniere meines Lebens.

Ein Niedergang kündigt sich an

Die Kurve meiner Erfolge begann sich nach 1968 zu senken. Das spürte ich nicht sofort. Zuerst gewann ich im Frühjahr 1969 ein Turnier in Sarajewo mit dem schönen Ergebnis von 12 Punkten aus 15 Partien, und darauf wurde ich erneut Erster in einem tschechoslowakischen Turnier (11½ aus 15). Im Sommer spielte ich in einem schwachen Turnier in Leningrad mit, das den großartigen Namen „Meisterschaft des Gewerkschaftskomitees" trug. Vielleicht lag es daran, daß ich lange nicht mehr mit Sowjetmeistern gespielt hatte, aber Tatsache ist, daß ich mich äußerst unsicher fühlte, als ich am Halbfinale des Wettkampfes teilnahm. Ich dachte bei mir: „Vielleicht hätte es sich für die Organisatoren geschickt, mich auf Grund meiner Erfolge direkt für das Finale zuzulassen. Aber welch eine Schande, sollte ich es auf einmal nicht erreichen!" Ich hatte viel durchzumachen und mußte mich gewaltig strecken, aber ich kam ins Finale. Dort schien es leichter zu gehen; ich erreichte den ersten Platz.

Noch beschwerlicher erging es mir im darauffolgenden Turnier, in Havanna. Ich stritt mit Gligorić und Suetin um die Führung. Meine Partie mit Gligorić verlor ich mit den weißen Steinen auf schlagende Weise, und die Partie mit Suetin konnte ich, ebenfalls mit Weiß, nur mit Mühe zum Remis retten. Nach viel Trubel schaffte ich es in der letzten Runde, Suetin einzuholen und mit ihm den ersten Platz zu teilen.

Das war für lange Zeit mein letzter Erfolg. Am Ende des Jahres spielte ich wieder auf Mallorca. Das Turnier war stärker und ausgeglichener als 1968. Nachdem ich so beiläufig ein paar ganze und halbe Punkte liegengelassen hatte, teilte ich den 3./4. Platz mit Hort hinter den Siegern des Turniers, Larsen und Petrosjan.

Weltmeister Spasski erreichte übrigens nicht mehr als den 5. Platz. Von den Partien, die ich in Palma gespielt habe, kann ich vielleicht recht stolz sein auf den Sieg gegen Mecking, mit dem ich noch eine Rechnung zu begleichen hatte. Zwei Jahre zuvor, er war noch nicht mehr als ein Junge gewesen, hatte ich von ihm eine empfindliche Niederlage einstecken müssen. Nun aber besann ich mich auf meine Kenntnisse und Erfahrung und verleitete Mecking zu einer Variante, die er nicht kannte; ich gewann die Eröffnungsschlacht und nach kurzem Bemühen um Widerstand auch die Partie.

Zu einem einzigartigen Ereignis in der internationalen Schachwelt ist der Wettkampf „UdSSR gegen den Rest der Welt" geworden, der im Frühjahr 1970 in Jugoslawien über die Bühne ging. Das Heer sowjetischer Schachspieler ist gigantisch und sehr stark. Die Spitzenspieler werden umhegt und von Staats wegen unterstützt und erfahren allerlei Privilegien. Die Spitzenspieler der UdSSR könnten es wahrscheinlich auch an fünfzig Brettern mit den Spitzenspielern der übrigen Welt aufnehmen, wie es die Wettkämpfe RSFSR — Ungarn, Ukraine — Bulgarien oder Weißrußland — DDR beweisen, wo unbekannte Meister, die keinen internationalen Ruf genießen, gegen weltbekannte Spieler gewinnen. Aber wie soll man internationale Bekanntheit erlangen, wenn Auslandsreisen eingeschränkt sind und nur einzelne aus dem gewaltigen Heer die Möglichkeit und das Recht erhalten, ihre Spielstärke im Ausland zu demonstrieren! Und die bescheidene Organisation, die das „Sportkomitee der UdSSR" ist, verwirklicht auch so schon 30 Prozent aller wesentlichen Reisen von Sowjetbürgern ins Ausland. In der Sowjetunion bereitete man sich auf den Wettkampf vor; es wurde eine Trainingszusammenkunft organisiert, und die besten Trainer wurden herangezogen. Aber unter den Teamgefährten bestand keine Übereinstimmung und kein Friede. Es herrschten im Gegenteil Uneinigkeiten, Gegensätze und Streitigkeiten. Die Gegensätze spitzten sich zu, als die Besetzung der Bretter bekanntgegeben wurde, die das Sportkomitee nach Beratung mit Fachleuten beschlossen hatte. Die letzten Bretter in der Mannschaft erhielten die ältesten Teilnehmer zugewiesen. Ich glaube, daß es für die Mannschaft, in der Stein und Bronstein als Reserve fungierten, ziemlich bedeutungslos war, wer wo aufgestellt wurde. Man hätte wahrscheinlich besser daran getan, außer dem Weltmeister jeden nach seinem Alter einzustufen und dies vorher anzukündigen.

In der Auswahlmannschaft des Restes der Welt schien man einiger zu sein und ging freundschaftlicher miteinander um als in der der Sowjetunion. Wie konnte es auch anders sein? Während des Spiels liefen die Sowjetspieler, so erinnere ich mich, auf dem Podium hin und her und freuten sich über das Mißgeschick ihrer Mannschaftsgefährten. Die Atmosphäre innerhalb der Mannschaft war gespannt und für ernsthaftes Spiel nicht geeignet. Darum vielleicht erlaubte ich mir, als ich mit Portisch spielte, die Partie mit 1. e4 zu beginnen, was ich äußerst selten tue, und darum vielleicht vergaß ich in einer meiner Partien, einen auf der Hand liegenden Zug auszuführen, und ließ meinen spanischen Läufer auf b3 gegen einen Springer auf a5 tauschen. Portisch war damals schon zu einem der stärksten Spieler der Welt ausgereift. Sein Match mit mir hat das noch einmal unterstrichen. Er gewann mit 2½:1½. In der letzten Partie gab er übrigens remis in einer Position, in der er eine Qualität mehr hatte und seine knappe Bedenkzeit bestimmt kein unüberwindliches Hindernis war. Ich hatte den Eindruck, daß er Mitleid mit mir hatte und deshalb mit einem kleinen Übergewicht in unserem Wettkampf zufrieden sein wollte. Der Vergleichskampf endete 20½:19½ für die Sowjetunion. Der Sieg Fischers über Petrosjan und von Keres über Ivkov sowie der Gewinn von Hort gegen Polugajewski hatten Eindruck auf mich gemacht.

Direkt nach Ablauf des Turniers wurde ein großes Schnellschachturnier mit Honoraren für die Teilnehmer und mit schönen Preisen veranstaltet. Es nahmen zwölf Spieler teil. Gemessen an der Stärke der Teilnehmer hätte man es mit Fug und Recht die inoffizielle Weltmeisterschaft im Schnellschach nennen können. Fischer behielt mit dem glänzenden Resultat von 19 aus 22 die Oberhand. Tal wurde mit 14½ Punkten Zweiter, und ich landete auf dem dritten Platz vor Petrosjan, Reshewsky, Bronstein, Smyslow, Ivkov ... Es folgte ein internationales Turnier in Rovinj und Zagreb, das keine schwache Besetzung aufwies, und das vor allem in der ersten Hälfte in einem angenehmen Rahmen stattfand, da die Teilnehmer in der Nähe eines Badeortes wohnten und spielten, auf einer Insel in einem ruhigen Hotel.

Nach Fischers Sieg über Petrosjan im „Match des Jahrhunderts"– obwohl Fischer fast zwei Jahre lang keine praktische Erfahrung gehabt hatte – zweifelte ich keinen Moment lang daran, daß er das Turnier gewänne.

So ist es auch gekommen. Fischers Spielweise beeindruckte mich. Obgleich er die Theorie ausgezeichnet beherrscht, dachte er zu Beginn einer Partie lange nach, als ob er seinen Gegner zu einem ruhigen Tempo verleiten wollte, aber in der Mitte der Partie ließ er seinen Gegner in puncto Bedenkzeit mit Leichtigkeit hinter sich, da er in einfachen wie in komplizierten Stellungen stets den stärksten Zug fand. Ich erinnere mich an den Schluß des Turniers. Ich kämpfte um den zweiten Platz, und wenn alles planmäßig verlief, hätte ich sogar noch Fischer einholen können. Aber dazu mußte ich gegen ihn und danach noch zwei weitere Partien gewinnen. In unserer Begegnung hatte ich mit Schwarz einiges Übergewicht, aber trotzdem endete die Partie nach der Wiederaufnahme remis. Nach der Partie sagte mir Fischer, daß er gegen mich die ganze Zeit auf Remis aus war. Das Eingeständnis erstaunte mich: In einer Sizilianischen Partie hatte er wie gewöhnlich seinen Läufer auf c4 aufgestellt, mit der Absicht, einen Angriff aufzubauen; aber als das nicht glückte, bekam

Schwarz selbst das bessere Endspiel. Fischer war mir gegenüber im allgemeinen offenherzig. Wir haben mehrmals beieinander gesessen und geplaudert, Schachbegebenheiten besprochen und unsere Wertungen über bestimmte Spieler ausgetauscht. Während des Turniers war ich einmal Zeuge eines Geschehnisses, wovon man selbst im Schlaf nicht träumt. An einem freien Tag spielte Fischer eine zurückgestellte Partie mit Kovacević. Man spielte in einem Saal, der an ein Café grenzte. In dem Café saßen Petrosjan und seine Frau, und wir verfolgten aus der Ferne den Verlauf des Kampfes. Kovacević hatte mit Schwarz die Initiative an sich gerissen. Um sich zu verteidigen, stellte Fischer seinem Widerpart eine listige Falle. Ich vertiefte mich in die Stellung. „Wie interessant!“ sagte ich laut. „Fischer bietet ihm nun die Möglichkeit, die Dame zu gewinnen, aber wenn Kovacević sie nimmt, dann kann er sogar noch verlieren!“ Groß war mein Erstaunen, als Petrosjans Frau ankündigte, daß sie Kovacević auf die Falle hinweisen werde. Und in der Tat, in der Erwartung eines Zuges von Fischer, ging Kovacević etwas spazieren, sie ging auf ihn zu und „klärte ihn auf“. Kovacević spielte die Partie im übrigen sehr gut, und wahrscheinlich hätte er die Stellungsprobleme auch allein gelöst. Es kommt nicht von ungefähr, daß schon 1962, auf Curaçao, die Schiedsrichterkommission ihr Mißfallen darüber ausdrückte, daß Frau Petrosjan sich bemühte, ihrem Mann zu soufflieren, wie man im Pressezentrum über seine Stellung dachte. Nach meinem Remis mit Fischer verlor ich gegen Bertok, so daß ich schließlich den 2. bis 5. Platz mit Gligorić, Smyslow und Hort, zwei Punkte hinter Fischer, teilte.

Die Schacholympiade 1970 fand in Siegen statt. In einer der ersten Runden widerfuhr mir eine unangenehme Geschichte. Ich verschlief meine Partie im Wettkampf gegen die Spanier. Die erste Runde hatte um vier Uhr begonnen, und die zweite sollte eine Stunde früher beginnen, und das wußte ich nicht. Am Samstag erscholl von der neben dem Hotel gelegenen Baustelle nicht der gewohnte Lärm, und so schlief ich ein. Beim Sowjetteam befinden sich immer Begleiter, die nicht viele Pflichten haben, außer vielleicht, daß sie dafür sorgen müssen, daß die Spieler zur Stelle sind. Aber diesmal kamen sie, das heißt der Leiter des Teams und der Trainer, genau eine Stunde und zwanzig Minuten nach Beginn der Runde in mein Zimmer gestürmt und begannen, mich auszuschelten. Ja, die Mannschaft hatte eine Null bekommen. Der Trainer des Teams, Taimanow, hätte, mit Verlaub gesagt, nicht unbedingt seine Sprintertalente zu demonstrieren brauchen, um mich zu wecken, denn sowohl in Siegen als auch in Leningrad fahren Taxis, und aus eigener Erfahrung weiß ich, daß es in Siegen einfacher ist, ein Taxi zu bestellen als in Leningrad. Die Ausländer scherzten später, ich sei nicht erschienen als Zeichen des Protestes gegen das Francoregime . . .

Die Sowjetmannschaft hatte in diesem Turnier in den Amerikanern einen schwierigen Gegner. Das amerikanische Team wurde von Fischer angeführt und war erfolgreicher denn je. Die entscheidende Rolle spielte das Match der beiden Rivalen gegeneinander. Der Kampf entwickelte sich sehr besorgniserregend für die Sowjetgroßmeister. Geller stand hoffnungslos gegen Lombardy, Polugajewski hatte Schwierigkeiten mit Evans, und auch Spasskis Stellung gegen Fischer ließ Bedenken aufkommen. Aber den Amerikanern sollte es nicht gelingen. Fischer ließ sich hinreißen, überschätzte seine Stellung und verlor. Die anderen Partien verstanden die Sowjetspieler remis zu halten. Durch Spasskis Sieg konnten sie einen kleinen Punktvorsprung behalten und belegten so doch noch den ersten Platz.

Kurze Zeit danach reiste ich nach Sotschi, um dort an einem ungewöhnlichen Wettkampf teilzunehmen: Großmeister gegen junge Meister. Die schachlichen Leistungen der Jugend lösten ernstliche Besorgnisse bei den Sportleitern aus. In den fünfziger Jahren gelangte ein Großmeister nach dem anderen in die Spitzenpositionen. Erst erschien die Gruppe Geller, Petrosjan, Taimanow, Awerbach. Dann, nach einigen Jahren, die Gruppe Tal, Spasski, Kortschnoi. Um 1960 kam noch die Gruppe Stein, Polugajewski, Wasjukow hinzu. Danach blieb es zehn Jahre lang vollkommen still. Es gab zwar junge Spieler, aber ihr Niveau war niedrig, und sie waren noch weit von Titeln entfernt, und sicherlich von der Stärke eines Großmeisters ebenfalls. Wieviel Aufmerksamkeit wurde der Jugend nicht zuteil! Es wurden Wettkämpfe für Kinder aller Jahrgänge veranstaltet, talentierte junge Leute kamen unter die Obhut eines Großmeisters, es gab internationale Jugendturniere, spezielle Trainings-Zusammenkünfte, Wettkämpfe mit Erwachsenen und sogar extra ein Turnier — Großmeister gegen Meister! Den Ereignissen vorauseilend, kann ich sagen, daß die Mühe nicht umsonst gewesen ist. Es sind Großmeister hinzugekommen: Karpow, Tukmakow, Kusmin, Waganjan, Romanischin, Gulko und Zeschkowski. Wohl muß ich sagen, daß diese Plejade, anders als die vorhergehende Generation, mit Ausnahme von Karpow nicht den Schachhimmel stürmte. Es war interessant, am Turnier teilzunehmen: Man will doch wissen, wie die Jüngeren spielen. Aber ich war sportlich gesehen nicht auf der Höhe. Ich verlor gegen Kupreitschik und Kusmin jeweils zwei Partien, und auch gegen Tukmakow verlor ich. Ich tröstete mich ein wenig durch zwei Siege über Zeschkowski. Insgesamt holte ich nicht einmal 50 Prozent.

Ein neuer Trainer und neue Zweikämpfe

Eine Reihe von Rückschlägen hintereinander versetzte mich ernstlich in Sorgen. Ein neuer Kandidatenzyklus stand vor der Tür. Ich suchte nach einem Weg, meinem blassen Spiel neues Leben einzuflößen und meinen Kampfgeist zurückzugewinnen.

Im Sommer spielte ich einen Trainingswettkampf mit Bronstein. Wir wandten eine ungewöhnliche Einteilung der Bedenkzeit an: Zuerst eine halbe Stunde für zwölf Züge, dann eine Stunde für zehn Züge, nochmals eine Stunde für zehn Züge, und eine halbe Stunde für den Rest der Partie. Ein originelles Training gegen Zeitnotprobleme! Wir spielten sechs Partien; Bronstein erwies sich als größerer Künstler als ich. Mit +3, —1 und =2 behielt er die Oberhand. Ich war durch das Ergebnis des Wettkampfes sehr niedergeschlagen, aber, wie sich später herausstellen sollte, ist das Match sowohl für mich wie für meinen Widersacher von viel Nutzen gewesen.

Als ich mich auf die nächste UdSSR-Meisterschaft vorbereitete, begann ich, mit einem neuen Trainer zu arbeiten. Mein früherer Helfer, Furman, der schon wiederholt von seinem wetterwendischen Wesen Zeugnis abgelegt hatte, hatte sich bereits völlig der Arbeit mit einem jungen Talent, namens Karpow, gewidmet. Der junge Leningrader Meister Gennadi Sosonko wurde mein Trainer. Im praktischen Spiel war er damals wenig bekannt, aber als Trainer hatte er sich von der besten Seite gezeigt. Tal hielt große Stücke auf seine Trainerqualitäten. Sosonko hatte Tal übrigens während seines Matches mit mir geholfen. Im Pionierpalast zu Leningrad, wo Sosonko wirkte, erzählte man sich zur Zeit von Wettkämpfen Legenden über seine Trainertätigkeit. Sosonko war in der Lage, den Verlauf eines Wettkampfes bei einem Mannschaftsturnier an fast jedem Brett abzulesen, und darum waren seine Anweisungen an seine Jungen Gold wert. Ich hatte mit der Wahl meines Trainers keinen schlechten Griff getan. Bei der Landesmeisterschaft fing ich noch ziemlich schlecht an, indem ich gegen Tukmakow verlor, aber das sollte die einzige Niederlage bleiben, die ich von einem jungen Spieler erleiden mußte und die einzige Niederlage des ganzen Turniers überhaupt. In der Mitte des Turniers beschleunigte ich das Tempo, und mit zwei Punkten Vorsprung blieb ich schließlich vor Tukmakow, der den zweiten Platz belegte. Die Jüngeren packte ich auch hart an: Ich gewann gegen Karpow — er wurde Fünfter —, Waganjan und Podgajets. Der Anteil meines Trainers an meinem Erfolg war von unschätzbarem Wert . . .

Anfang 1971 hatte ich im Hochofenturnier in Wijk aan Zee gespielt. Eigentlich hat es keinen Sinn, dort, wo man einen glänzenden Erfolg errungen hat, kurze Zeit später wieder anzutreten. Die Chance, den Triumph zu wiederholen oder gar zu übertreffen, ist gering. Und ein gutes, aber schwächeres Resultat wird als Fehlschlag angesehen.

Ich glänzte diesmal nicht sonderlich. In der ersten Hälfte verlor ich eine Partie gegen Andersson. Vor mir saß ein junger Bursche, der seine Beine auf die eine oder andere nichtprofessionelle Weise unter sich zusammenfaltete. Ich konnte mich nicht konzentrieren und spielte nicht seriös. Als ich gewahrte, daß ich schlechter stand, bot ich Remis an. Der junge Mann geriet in Verwirrung, errötete, brachte aber die Kraft auf, das Remis abzulehnen. Ich begann nun mit vollem Einsatz zu spielen, aber es war bereits Hopfen und Malz verloren. Der junge Andersson, der wie gewöhnlich in Zeitnot geriet, umschiffte die verschiedenen gefährlichen Klippen und behielt schließlich die Oberhand. Ich mußte den Schaden in der Schlußphase wiedergutmachen. Nachdem ich einige Partien hintereinander gewonnen hatte, lag ich vor der letzten Runde mit ½ Punkt Vorsprung vor einer großen Verfolgergruppe, unter denen sich auch mein letzter Gegner Hübner befand. Die letzte Partie war also von großer Bedeutung. Im Falle einer Niederlage hätte ich wahrscheinlich den 7. Platz geteilt. Die Partie wurde morgens gespielt, wie es bei internationalen Turnieren die Gepflogenheit ist. Der mit Schwarz spielende Hübner kam in Vorteil. Aber es wurden viele Fehler gemacht. Mein Gegner machte den letzten, und ich siegte.

In der Turnierpraxis besteht keine feste Organisationsform. Man begegnet zwei Arten von Turnierreglements. Die erste Form besteht aus fünf Stunden Spiel pro Tag, dann wird nach ein paar Runden ein besonderer Tag für Hängepartien eingeschoben. Die andere Möglichkeit: nach fünf Stunden Spiel bekommt man eine kleine Pause, der dann zwei Stunden weitere Spielzeit folgen. Manchmal läßt man noch am nächsten Morgen zu Ende spielen.

Die Idee, am selben Tage oder so rasch wie nur möglich zu Ende spielen zu lassen, soll die Dauer der Partie verkürzen, wie auch die Zeit, die die Analyse kostet. Auch will man damit dem zuvorkommen, daß sich Helfer um die Partie bemühen, und schließlich will man so die Kosten eines Turniers etwas senken. Da jedoch der Schachspieler, der eine Partie abgebrochen hat, in 24 Stunden nicht fünf bis sieben Stunden wie gewöhnlich arbeitet, sondern acht bis zwölf Stunden(!), die Vorbereitung auf seine Partien und die Analyse der Abbruchstellung inbegriffen, wird deutlich, wie nötig die Hilfe der Fachorganisationen wäre! Für die Schachspieler ist es sehr unangenehm, wenn die Veranstalter die Runde morgens beginnen lassen; hierdurch werden die Spieler ja in ihrem Rhythmus gestört, allein nur deswegen, damit man die Ausgaben an Taschengeld für die Spieler an einem halben Tag spart. In der Regel macht sich das in der letzten Runde bemerkbar, und die Anzahl Fehler ist erschreckend groß. Der prinzipienbewußte Hübner hat wahrscheinlich nach dieser Partie geschworen, nie mehr morgens zu spielen. Ich gebe ihm recht. Ich habe eines Morgens in Havanna 1966 in sechzehn Zügen eine Partie verloren gegen Calvo . . .

Die erste Auseinandersetzung des Kandidatenzyklus stand bevor. Geller sollte mein Widersacher sein. Der junge Großmeister Karpow bot mir seine Dienste an, er wollte einen Trainingswettkampf spielen. Das Match blieb ganz geheim, zumal Karpow demselben Klub angehörte wie Geller. Karpows Geste war begreiflich. Er hoffte, aus dem Wettkampf mit mir großen Nutzen zu ziehen, und das ist ihm meines Erachtens auch gelungen. Wir spielten bei Karpow zu Hause. Ich hatte fünfmal die schwarzen Steine und einmal die weißen. Wenn Karpow nicht am Tage vor dem Zweikampf gegen mich die Partien, die er gegen mich gewonnen hatte, einem englischen Verlag angeboten hätte, hätte ich wahrscheinlich diese Begegnung nicht erwähnt. Vor jeder Partie informierte ich Karpow darüber, welche Eröffnung ich anwenden wollte, damit er sich darauf vorbereiten konnte. Die Eröffnungsbehandlung war zu jener Zeit nicht Karpows Stärke, und ich wollte von Anfang bis Ende eine vollwertige Partie haben. In dem privaten Zweikampf führte Karpow zunächst mit zwei Siegen und einem Remis. Danach spielte er etwas schwächer, und ich glich aus. Eine der von ihm gewonnenen Partien — eine Französische Verteidigung — hat er glänzend vorgetragen. Im Match mit Geller, einem großen Kenner der Theorie und einem tapferen Kämpfer, der ein ziemlich feines Positionsverständnis hat, beschloß ich, mit Schwarz Sizilianisch zu spielen, vor allem die Drachenvariante, die jetzt auch Sosonko erfolgreich anwendet. Geller kommt gewöhnlich zu einem günstigen Angriff, aber er braucht lange für das Durchrechnen der Varianten, weil er zuweilen kein Selbstvertrauen hat. Darum schien mir das Risiko gerechtfertigt.

In der ersten Partie des Wettkampfes erhielt Geller gleiches Spiel, kam aber in Zeitnot. Und dann ist es bekanntlich nicht so einfach, das Gleichgewicht zu bewahren in einer Stellung, in der beide Parteien Chancen haben. Er verlor diese Partie. Die beiden folgenden Partien wurden remis, wobei die zweite Partie in einer gespannten Atmosphäre mit ziemlich wechselnden Chancen ablief. In der vierten Partie wandte ich wie in der zweiten den Drachen an. Nach langem Nachdenken gelang es Geller, die Theorie zu verstärken. In einer scharfen Mittelspielposition erlangte Geller materielles Übergewicht und etwas bessere Chancen. Wir gerieten beide in schreckliche Zeitnot, in der ich irgendwo um den 40. Zug herum einen groben Fehler machte und verlor. Wir standen also wieder gleich.

Es sah nun so aus, als hätten wir ein blutiges Gefecht vor uns. In Wirklichkeit hatte die Aufregung Geller mitgenommen; er wollte keinen Kampf mehr, aber ich fuhr fort, ihn ihm aufzuzwingen. In der fünften Partie verteidigte sich Geller nicht mehr Königsindisch, sondern mit dem Damengambit und strebte danach, so schnell wie möglich den Remishafen zu erreichen. Dadurch konnte ich eine Neuerung anbringen. Persönlich halte ich sie für ziemlich wertvoll, aber aus mir unerklärlichen Gründen ist sie nicht einmal auf die Liste der dreißig Neuerungen im „Schachinformator" gekommen. Geller dachte lange nach, aber er kam nicht zurecht, und der Druck auf seine hängenden Bauern wurde ihm zu stark. Nach einem Remis in der sechsten Partie kehrte Geller in der siebten Partie zur Königsindischen Verteidigung zurück. Er behandelte die Eröffnung bedächtig und bekam ausgezeichnetes Spiel. In der Mitte der Partie konnte ich den Druck meines Gegners auf meine Stellung neutralisieren und sogar einigen Vorteil erlangen. Die Partie wurde abgebrochen in einer „nach Meinung der Sachverständigen" für mich besseren Stellung. Aber wie ich auch suchte, es wollte mir nicht gelingen, einen echten Vorteil zu entdecken. Ich hatte dem weiteren Verlauf dieser Partie viel Bedeutung zugemessen, so daß ich am folgenden Tag, zum ersten Male in der Geschichte der Wettkämpfe um die Weltmeisterschaft, um ein „time out" für das Ausspielen der Partie nachgesucht habe! Ich bereitete mich darauf vor, am folgenden Tag die achte Partie zu spielen, aber da bat Geller um „time out". Ich weiß nicht, was er vorhatte, aber ich habe die Tage einer gründlichen Analyse der Position gewidmet. Bei ruhigem Spiel war das Remis jedoch unvermeidlich. Mein zweiter Trainer Osnos schlug vor, unerwartet eine Figur zu opfern. Das versprach auch keinen Gewinn, forderte aber von meinem Gegner genaues Gegenspiel. Ich ging dabei kein besonderes Risiko ein. Ich weiß nicht, was Geller drei Tage lang tat — das Figurenopfer hatte er natürlich nicht in Betracht gezogen. Er fand am Brett nicht die allerbeste Verteidigung und kam zudem in Zeitnot — ich gewann die Partie! Nun wären ein paar Remispartien für mich ausreichend gewesen, um das Match zu gewinnen, aber ich blieb mir selbst treu. Wieder spielte ich Sizilianisch. In der Scheveninger Variante bekam mein Gegner einen sehr heftigen Angriff, konnte ihn aber nicht bis zum Ende durchhalten. Nach dem Gewinn auch dieser Partie beendete ich den Zweikampf überzeugend mit 5½:2½ Punkten.

Mit dem sensationallen Resultat von 6:0 war das Viertelfinalmatch zwischen Fischer und Taimanow beendet worden. Vor dem Zweikampf hatte Taimanow geprahlt und gesagt, er werde den Amerikaner schlagen. Sein Hauptargument war: „Fischer spielt wie eine Maschine, und er ist in der Tat auch eine Maschine. Ich aber bin ein Mensch! Ein Computer hat noch nie gegen einen Großmeister gewonnen. Darum glaube ich an meinen Erfolg!" Solche Erklärungen hörte man wiederholt aus seinem Munde bei Vorträgen und in der Presse. Es sei hier der Gerechtigkeit halber angemerkt, daß die Presse in der Sowjetunion die Ankündigungen vorsichtshalber nicht veröffentlicht hat.

Nachdem er nun von Fischer zerschmettert worden war, mußte Taimanow streng bestraft werden. Wenn Schachspieler die Grenze überschreiten, werden sie gewöhnlich nicht vom Zoll kontrolliert, aber man ersuchte Taimanow, sein Gepäck zur Untersuchung zu öffnen. Ein Buch von Solschenizin wurde gefunden, das Taimanow aus Kanada mitgebracht hatte. Am Tag vor Taimanows Ankunft war ein internationales Telefongespräch aufgefangen worden. Aus diesem Gespräch war zu erkennen gewesen, daß Taimanow Geld von Euwe mitbringen würde, um es Flohr zu geben. Taimanow deklarierte das Geld beim Grenzübertritt nicht und wurde erwischt — noch ein kriminelles Vergehen!

Das Sportkomitee gab einen Verordnungsentwurf heraus. Darin hieß es, daß Taimanow auf Grund seiner Übertretungen der Vorschriften in Verbindung mit Auslandsreisen von Sowjetbürgern seinen Titel „Verdienter Meister des Sports" verlieren und aus der Auswahlmannschaft der UdSSR ausgeschlossen werden solle. Den Entwurf gab man den anderen Großmeistern als Belehrung zum Durchlesen, und wir unterzeichneten ihn alle zum Zeichen dafür, daß wir die Lektion begriffen hätten.

Die Zeit lief inzwischen weiter, und Larsen hatte es verstanden, gegen Fischer auch schon drei Partien zu verlieren. Taimanow war also — zumindest in schachlicher Hinsicht — nun auch nicht so schuldig. Endlich kam die Verordnung heraus. Taimanow blieb in der Nationalmannschaft und behielt auch seine monatlichen Bezüge. In seiner Vaterstadt Leningrad ergriff die strenge Parteileitung jedoch ihre eigenen Maßnahmen. Taimanow, den das Schicksal verwöhnt hatte, der ein gesellschaftlich ausgerichteter Geist war und ein ganz anständiger Journalist und Kommentator, wurde die Möglichkeit genommen, öffentlich aufzutreten. Er wurde zur gemiedenen „Persona non grata". Sein lebensfrohes Lächeln verschwand für lange Zeit aus seinem Gesicht. Ein von der Gesellschaft Geächteter zu sein war für ihn unerträglich. Und dann faßte er den Entschluß zu einer neuen „Missetat".

Er, der 26 Jahre lang ein pflichtbewußter Ehemann gewesen war, ging in diesem dunklen Abschnitt seines Lebens und in einer Situation des Verfalls politischer und familiärer Ideale fort von seiner Frau. Er heiratete eine andere Frau! Man beachte, daß dies um so schwieriger für ihn war, als seine Frau beim vierhändigen Klavierspiel seine Partnerin gewesen war, und indem er sie verließ, büßte er den Löwenanteil seiner Einkünfte als Pianist ein.

Die verlassene Ehefrau erwies sich als eine Person von Charakter, allerdings von recht niedrigem. Sie beklagte sich über Taimanows Verhalten bei den leitenden Parteiorganen von Leningrad. Die Rache ließ nicht lange auf sich warten. Taimanow wurde schließlich aus der Mannschaft der UdSSR ausgestoßen und seines Einkommens als Schachgroßmeister beraubt! Eine für die Sowjetrealität sehr charakteristische Geschichte: wenn zugeschlagen wird, dann von allen Seiten zugleich!

Nun war ich an der Reihe, gegen den heimtückischen Petrosjan anzutreten, der zuvor Hübner aus der Fassung gebracht hatte. Nachdem Hübner Streit mit seinem Gegner Petrosjan und zu gleicher Zeit mit dem Schiedsrichter Golombek gehabt hatte, war er, ohne die ausstehenden drei Partien des Wettkampfes zu spielen, aus Sevilla abgereist, und deshalb bekam er nie sein Honorar für die Teilnahme an diesem Match. Aber kehren wir zu dem bevorstehenden Zweikampf zurück. Schachspieler sind charakterlich verschieden. Einige benötigen zum optimalen Erfolg ein freundschaftliches Verhältnis zu ihrem Gegner, andere müssen unbedingt ein Feindbild entwickeln und wollen während eines Wettkampfes keinerlei Beziehungen zu ihm haben. Ich muß gestehen, daß die letzteren bei weitem in der Mehrzahl sind, und auch der Verfasser gehört in diese Gruppe. Zu ersterer gehört Spasski und offenbar Portisch und auch Bronstein. Eine völlige Ausnahmestellung hierin nimmt Petrosjan ein. Er sorgt sich entschieden um ein gutes Auskommen mit seinem Gegner, tut dies aber nur zum Schein, um ihn zu entwaffnen. Doch in Wirklichkeit ist Petrosjan ein klarer Vertreter der zweiten Gruppe von Spielern; er weiß es nur zu gut zu verbergen. Leider war ich psychologisch schlecht auf den Kampf eingestellt. Während der Verhandlungen über das Match kam ich Petrosjan durch Annahme seiner Bedingungen entgegen. Aber in schachtechnischer Hinsicht war ich bis an die Zähne gewappnet.

Die Neuerungen, welche ich gegen Petrosjan bereit hatte, feierten noch ein Jahr später bei internationalen Wettkämpfen Triumphe. Vor allem erfüllte mich mit Stolz, daß ich mir in einer abgenutzten Variante, die ich schon tausendmal gebraucht hatte, bereits im vierten Zuge eine neue Idee hatte einfallen lassen! Mein nachlässig gewordener Gegner gab sich mit solchen „Dummheiten" nicht ab, sammelte aber einen Monat lang Energien.

Das Match verlief eintönig. Acht Partien hintereinander spielten wir remis! In der zweiten Partie hatte ich eine sehr starke Stellung, spielte aber schwach weiter. In der vierten Partie war ich nicht weit vom Sieg entfernt, aber der schlaue Petrosjan verstand es, seine hoffnungslose Situation zu retten. Das war der Wendepunkt des Kampfes. In der sechsten Partie schaffte ich mit knapper Not den Ausgleich, und in der achten Partie erhielt ich überhaupt kein Spiel, und sie endete bald remis. Im Publikum scherzte man, daß keiner von uns das Match gewinnen wolle, um nicht gegen Fischer antreten zu müssen; andere versicherten, daß man im Sportkomitee noch keine Einigung darüber erzielt habe, wen man gegen Fischer spielen lassen solle. Im Westen dachten viele Schachspieler genauso darüber; man wollte nicht glauben, daß der Wettkampf zwischen Petrosjan und mir seriös ausgetragen wurde. Und nur diejenigen, die mich kannten, wußten, daß ich mein Bestes gab, aber kein Glück hatte. Und wie geriet ich aus der Fassung, als ich mich in der Hitze des Gefechts mitreißen ließ und die neunte Partie, in der ich ausgezeichnet stand, verlor! Zwei Monate später träumte Petrosjan (so denke ich mir) jede Nacht von dieser Stellung! Er hat nämlich aus der gleichen Stellung heraus in der Partie, welche zum Wendepunkt des Matchs zwischen ihm und Fischer wurde, verloren.

Es ist unschwer zu erraten, daß die letzte Partie meines Wettkampfes mit Petrosjan remis endete; Petrosjan sah sich nun Fischer gegenüber. Nein, mit seinem Spiel gegen Hübner und mich verdiente er es eigentlich nicht, im Finale des Kandidatenwettkampfes zu spielen. Aber es gelang nur Fischer, dies zu beweisen . . .

Als er den Wettkampf gegen mich gewonnen hatte, überredete mich Petrosjan, ihm bei seinen Vorbereitungen gegen Fischer zu helfen. Zwei Wochen lang besuchte ich ihn in seiner eleganten Villa in der Nähe von Moskau. Vor seiner Abreise nach Buenos Aires bestand Petrosjan darauf, daß ich mitreiste. Die Angelegenheit wurde im Sportkomitee besprochen. Ich sagte, daß ich Teilnehmer eben dieses Kandidatenwettkampfes gewesen war und daß ich aus ethischen Erwägungen nun kein Trainer sein wolle. Ich würde nur dann zustimmen können, wenn Fischer selbst es mir zugestände. Weiterhin sagte ich, daß ich es nicht immer angenehm fände, nach Petrosjans Spiel zu schauen, ja, dafür sogar Verantwortung zu tragen. Das Komitee drang nicht weiter in mich, da man offenbar begriffen hatte, daß nicht einmal der Teufel Petrosjan in seinem Zweikampf gegen Fischer hätte helfen können.

Als Petrosjan aus Buenos Aires zurückgekehrt war, sagte er, daß er das Match gewonnen hätte, wenn ich dabei gewesen wäre. Das wäre allerdings ein nettes Erlebnis gewesen! In Buenos Aires hatte Petrosjans Frau Suetin geohrfeigt wegen dessen schlechter Analyse der abgebrochenen Stellung in der 6. Partie!

Petrosjan war auf den Zweikampf mit Fischer nicht schlecht vorbereitet, aber was hilft das? Man konnte sehen, daß er sehr kraftlos war. Jeden Tag am Schachbrett zu sitzen, das findet er nicht vergnüglich, und das kann er auch nicht. Aber Fischer ist wie kein zweiter imstande, seinem Gegner den Kampf aufzuzwingen. Ein Remis ohne Blutvergießen konnte Petrosjan erreichen, aber das war auch alles. Ausgepumpt durch die täglichen Auseinandersetzungen, verlor er in der Schlußphase vier Partien hintereinander. Bemerkenswert ist Petrosjans Reaktion nach dem Kampf. In der sowjetischen Schachzeitung „64" verkündete er, daß er zuerst gut gespielt habe, aber daß ihm danach etwas Unbegreifliches widerfahren sei, worauf er schlecht zu spielen begann. Nach seiner Rückkehr beklagte er sich darüber, daß man ihn im Hotel hätte vergiften wollen und daß Fischer im Saal eine Explosion organisiert hätte, um ihn zu entnerven. Der Sinn seiner Äußerungen und Behauptungen war dieser: Fischer ist der erste wirkliche Schachprofi, und um Erfolg zu haben, schreckt er vor keinem Mittel zurück.

Es war klar: er übertrug die Schuld von einem kranken Kopf auf einen gesunden Kopf. Und das machte er so geschickt, daß er im Gegensatz zu den anderen Opfern Fischers keine unangenehmen Konsequenzen zu tragen bekam, politische Konsequenzen meine ich.

Der Niedergang setzt sich fort

Im Spätherbst 1971 fand ein internationales Turnier zum Angedenken Aljechins statt. Das Turnier deutete an, daß die sowjetischen Schachspieler noch stark genug waren, aber es brachte zugleich den zunehmenden Verfall der sowjetischen Schachschule an den Tag. Die Sieger des Turniers, Stein und Karpow, verbuchten jeder vier Siege und beendeten die übrigen Partien remis. Welch eine Friedfertigkeit, und welch ein schwaches prozentuales Resultat! Ich erhielt einen Sonderpreis für die größte Anzahl von Gewinnpartien (6), aber da ich auch sechs Partien verloren hatte, verpaßte ich einen Geldpreis. In schöpferischer Hinsicht konnte ich zufrieden sein; ich gewann einige ausgezeichnete Partien (gegen Tal, Byrne und Spasski). Obwohl ich sportlich nicht auf der Höhe war, hatte mich mein Spiel im großen und ganzen nicht enttäuscht.

Das Turnier in Hastings, zu dem ich gegen Ende des Jahres mit Karpow reiste, nahm einen für mich unangenehmen Verlauf. Ich spielte mühselig und geriet in jeder Partie in Zeitnot. Zu Beginn verlor ich wieder gegen Andersson, wieder mit den weißen Steinen, und diesmal hatte ich nicht den Mut, Remis anzubieten. Karpow glänzte, und in der Mitte des Turniers schien ihm keiner den ersten Platz mehr streitig machen zu können. Aber er hat eine schwache Gesundheit, was man seinem Gewicht von 52 Kilo schon anmerkt. In dem Augenblick, als er damit anfing, wie es in der Schlußphase üblich ist, Remispartien zu spielen, forcierte ich das Tempo. Meine Begegnung mit ihm in der vorletzten Runde war entscheidend. Ich gewann die Partie überzeugend, und als die letzte Runde begann, hatte ich ihn um einen halben Punkt überholt. Ich spielte mit Schwarz gegen Najdorf, Karpow mit Weiß gegen Markland. Ich wollte kein Risiko eingehen und gab die Partie schnell unentschieden. Karpow brach seine Partie in einem etwas günstigeren Endspiel ab. Ich fühlte, wie wichtig es wäre, alleiniger Sieger zu werden, und ich erinnerte mich an die letzte Runde des Turniers in Havanna 1969, als Petrosjan und Suetin Garcia bei der Analyse einer abgebrochenen Partie halfen. Aber mein guter Name ist mir mehr wert, dachte ich, und außerdem muß man junge Schachspieler, wenn auch indirekt, erziehen. In dem Augenblick, als Karpow in seinem Zimmer über der Analyse seiner

Abbruchpartie saß, drehte ich absichtlich in meinem eigenen Zimmer das Radio auf volle Lautstärke, um ihn fühlen zu lassen, daß mich nun nichts anderes als Musik interessierte. Karpow gewann die Partie, und wir teilten den ersten Platz.

Ich erinnere mich noch an meinen kurzen Wettkampf mit Matulović anläßlich des Vergleichskampfes mit Jugoslawien. Im allgemeinen hatte ich kein leichtes Spiel gegen Matulović. Irgendwie bereitet es mir Schwierigkeiten, gegen ihn einem theoretischen Duell Duell auszuweichen. Diesmal war ich sehr optimistisch gestimmt. Ich weiß noch, daß ich mich für Astrologie zu interessieren begann und daß mein Horoskop einen guten Verlauf der nächsten Tage versprach. So konnte es geschehen, daß ich aus Leichtsinn aus den ersten beiden Partien nur einen halben Punkt holte. Mir blieb also nichts anderes übrig, als ihn in den beiden ausstehenden Partien unter Druck zu setzen. Es gelang mir in der Tat, diese Partien zu gewinnen.

Im Sommer nahm ich am IBM-Turnier in Amsterdam teil. Zu Beginn klappte es nicht so recht mit meinem Spiel; ein Remis folgte dem anderen. In einer Partie gegen Malich wagte ich sogar das Königsgambit, um das Schicksal herauszufordern. Zudem schrieb ich zu jener Zeit mit meinem Lehrmeister Zak ein Buch über das Königsgambit; es konnte also nicht von Übel sein, mich selbst einmal darin zu versuchen. Der Erfolg war nicht groß. Unter großer Mühe brachte ich ein Remis zuwege. Zum Schluß kam ich auf, gewann vier Partien hintereinander und sicherte mir den zweiten Platz mit einem halben Punkt hinter dem Sieger Polugajewski.

Während der Schacholympiade in Skopje spielte ich hinter Petrosjan am zweiten Brett. Starke Gegenspieler waren anscheinend nicht vorhanden, dennoch blieb die Mannschaft der Sowjetunion lange Zeit auf dem dritten Platz. Die Mannschaften Ungarns und Jugoslawiens lagen vor ihr. Den Kampf gegen Ungarn verloren wir, wobei meine Niederlage gegen Bilek, der die Sache immer sehr energisch angeht, wenn er gegen mich spielt, mit daran die Schuld trug. Die Hälfte des Turniers war bereits vorüber, und die Situation hatte sich nicht verändert. Mit Ausnahme von Karpow und Tal wiesen alle Mitglieder der Sowjetmannschaft ziemlich magere Ergebnisse auf. Das Turnier hätte denn auch wahrscheinlich für das Sowjetteam ein unrühmliches Ende genommen, wenn ihm nicht auf einmal das Glück zugelacht hätte. Das Match mit Bulgarien entwickelte sich wieder schlecht. Petrosjan beendete „sein“ Remis mit Bobotsov rasch, und drei Partien wurden abgebrochen. Tal stand gegen Radulov auf Remis, Tringov und ich hatten ebenfalls eine

Remisposition, und Karpow schien gegen Padevski zu verlieren. Die Analyse zog sich bis drei Uhr in der Nacht hin. Bei dieser Gelegenheit muß ich erwähnen, daß sich in der Mannschaft zwei Volltrainer, Furman und Keres, befanden und weiterhin ein „Großmeister", der nicht am Analysieren teilnahm und der jeden durch sein äußerliches Gehabe und sein Verhalten spüren ließ, daß er nicht zu diesem Zwecke anwesend war. So wie ich ihn in Skopje erlebte, genau so verhielt er sich in Bath bei der Europäischen Mannschaftsmeisterschaft. Antoschin nahm offensichtlich an, daß es sich für einen Informanten des KGB nicht schicke, sich die Hände mit einem minderwertigen Spiel zu beschmutzen . . . Aber die Analyse ging vonstatten, obwohl es den ermüdeten Beteiligten klar war, daß aus den schwierigen Stellungen, wie man sie auch anschaute, nicht mehr herauszuschlagen war, als in ihnen steckte.

Am folgenden Tage kam alles jedoch ganz anders. Karpow verlor zwar gegen Padevski, aber Tal wußte in einem auf den ersten Blick remisartigen Endspiel, dank der hervorragenden Analysen von Keres, Radulov vor eine Reihe schwieriger Probleme zu stellen, die jener nicht zu lösen imstande war. Auch mir passierte etwas völlig Unerwartetes. Tringov hatte Pech (unter den heutigen Schachspielern kenne ich niemanden, der weniger Glück hat als er): Er hatte sein Partieformular nicht in den Umschlag getan! Bis heute weiß ich nicht, was mit dem Formular geschehen ist. Wir gewannen den Kampf mit 2½:1½, und durch diesen Glücksfall ermutigt, gewann die Sowjetmannschaft am selben Tag unter meiner Leitung gegen die DDR mit 3½:½. Den schwierigen psychologischen Moment hatten wir überwunden. Das Team der Sowjetunion kam auf den ersten Platz und hielt ihn bis zum Ende des Turniers.

Es klingt einfach, aber bis zum allerletzten Moment blieb unser Punktvorsprung nur minimal. Am letzten Tag hieß unser Gegner Rumänien. Die Rumänen sind natürlich schwächer als wir, aber wir mußten hoch gewinnen. Ciocaltea, mein Widerpart, klagte nach der Partie darüber, daß ich schrecklich auf die Uhr geschlagen hätte. Ich konnte mich nicht mehr daran erinnern, jedenfalls hatte ich es nicht mit Absicht getan. Ich war wohl ziemlich nervös, verschärfte eine bessere Stellung und verlor beinahe. Ciocaltea übersah jedoch einen taktischen Witz und geriet danach unter die Räder. Durch meinen Sieg konnte die Mannschaft der Sowjetunion endlich in der letzten Minute der letzten Runde ihren ersten Platz sichern.

1972 hatte ich auch die Gelegenheit, mich als Filmschauspieler zu betätigen. Es war ein Film über Schach, „Der Großmeister", der in einem professionellen Studio gedreht wurde, und handelte von einem Knaben, der Großmeister wird, und ich spielte die Rolle seines Trainers. Die Tatsache an sich, daß man einen Film über das Schachspielen dreht, ist positiv zu werten. Aber es wurde ein mäßiger Film. Es ist vielsagend, daß ich als bester Schauspieler gepriesen wurde, obgleich, notabene, sehr begabte, berufsmäßige Schauspieler mitwirkten! So ist es nun einmal: wenn das Drehbuch dürftig ist, können die Schauspieler sich auch nicht entfalten. Dennoch hatte der Film unter Schachspielern in der UdSSR und im Ausland Erfolg.

Mein letztes Turnier in diesem lebhaften Jahr 1972 war wieder auf Mallorca, im November und Dezember. Mit mir stimmte etwas nicht; ich spielte furchtbar schlecht. Durch ein Wunder, wobei ich meine sportlichen Qualitäten wieder bewies, holte ich 10 aus 15 und teilte damit den ersten Platz mit Panno und Smejkal. In der Schlußphase fühlte ich mich schrecklich müde, und ich erinnere mich noch gut an meine Partie mit Ljubojević aus dieser Periode. Die Partie dauerte lange, aber nach der ersten Wiederaufnahme ging ich in mein Zimmer und stellte fest, daß die Stellung ganz klar für mich gewonnen war. So ungefähr jeder Zug gewann, außer dem einen, den ich am folgenden Tag ausführte und der Ljubojević erlaubte, eine Remisfestung aufzubauen.

Wieder im Sattel

Das Interzonenturnier, ein bedeutendes Ereignis in meinem Schachspielerdasein, stand vor der Türe. Vorbereitung war erforderlich. Als ob ich nach einer Bestätigung für meine schlechte Form gesucht hätte, beschloß ich, mich an der Meisterschaft von Leningrad zu beteiligen. Seit meinen Jugendjahren habe ich nicht so schlecht bei der Meisterschaft meiner Heimatstadt abgeschnitten! Ich verlor fünf schwere Partien und erreichte gerade fünfzig Prozent. Noch vier Monate blieben mir bis zum Interzonenturnier, und ich begann, mich vorzubereiten.

Die rein schachliche Vorbereitung war minimal. Hingegen stellte ich das Rauchen ein, trank keinen Tropfen Alkohol mehr und versuchte, mich weitgehend von meiner Umwelt abzukapseln, um meine Nerven zu beruhigen. Fast jeden Tag lief ich ungefähr einen halben Kilometer auf Tempo und absolvierte andere Trimmübungen. Es gab kein Mittel, die geistige Aktivität zu stimulieren, das ich nicht kannte und anwendete. Ich machte einige Yogaübungen, nahm monatelang bestimmte Medikamente ein, um die Gehirntätigkeit zu stimulieren, lebte nicht nach Diät, verwandte aber viel Aufmerksamkeit auf eine Reihe von Dingen, um das Gehirn arbeiten zu lassen. Ich war in der Behandlung eines Psychologen, um meinen Schlaf zu verbessern und ganz allgemein, um zur Ruhe zu kommen. Schachtheoretisch versuchte ist mich nicht weiterzuentwickeln, denn das hielt ich nicht für das Wichtigste . . .

Einen Monat vor dem Interzonenturnier mußte ich an einem kleinen Wettkampf teilnehmen, den man mit dem Ziel organisiert hatte, der Jugend auf ein höheres schachliches Niveau zu verhelfen und gleichzeitig das schachliche Ansehen im Lande zu steigern. Dabei traten die erste, die zweite und die Jugendauswahlmannschaft des Landes in die Schranken. Ich hatte mit zwei Partnern, die ich nicht angenehm fand, zu spielen: Mit Kusmin, dessen Stil ich nicht ausstehen konnte, und mit Furman, Karpows Trainer, vor dem ich mir natürlich keine Blöße geben wollte. Kusmin und ich verloren jeweils eine Partie gegeneinander. Gegen Furman verlor ich eine Partie in heftiger Zeitnot, die andere wurde remis. Trotz des unscheinbaren Ergebnisses fühlte ich mich nun ein Stück sicherer am Schachbrett.

Kurz vor dem Interzonenturnier arbeitete ich ein wenig an der Theorie mit Hilfe von Osnos, der während vieler Jahre mein Trainer war (Sosonko war damals schon emigriert), und dann begann das Turnier in Leningrad. Die Leningrader Gruppe erwies sich als viel stärker gegenüber der, die später in Brasilien spielte. Das Durchschnittsalter der Spieler war ein gutes Stück geringer, und es wurde viel leidenschaftlicher gekämpft.

Zu Beginn des Turniers mußte ich wegen der vorab angesetzten Auslosung mit sowjetischen Spielern die Klingen kreuzen. Ich hatte, was die Einteilung anging, Glück. In der ersten Runde saß ich Tukmakow gegenüber, der aus den bisherigen Begegnungen mit mir ein überwältigend großes positives Ergebnis vorzuweisen hatte. Er spielte mit Weiß auf Gewinn, ahnte jedoch nicht, daß ich mich in einer solch teuflischen Form befand, daß ein Remis noch eine große Ehre für ihn gewesen wäre! Glück kam mir in einer schwierigen Partie mit Kusmin zur Hilfe. Ich schaffte es, eine hoffnungslose Stellung aus dem Feuer zu reißen. Danach ging es mit Schwarz gegen Tal. Ich fühlte mich etwas müde, und nachdem er einen unglücklichen Zug gemacht hatte, nahm ich an, daß auch er nicht in Spiellaune war, und bot Remis an. Aber keine Spur davon! Er faßte mein Remisangebot als Schwäche auf und wies es ab. Sein erster schwacher Zug sollte jedoch nicht der letzte sein. In einer schwierigen Stellung schlug Tal schließlich mit schüchterner Stimme Remis vor, aber es war bereits zu spät. Nachdem ich auch Taimanow besiegt und mit Schwarz gegen Karpow remisiert hatte, besaß ich vier Punkte aus fünf Partien gegen die sowjetischen Spieler, und ich konnte der Zukunft vertrauensvoll entgegensehen.

Gegen meine Konkurrenten Byrne und Larsen gewann ich mühelos und gelangte mit großem Vorsprung auf den ersten Platz. Aber auch für mich kam ein kritischer Moment. In meinem Bestreben, jede Partie zu gewinnen, übertrieb ich etwas, und das kostete mich gegen Rukavina einen vollen Punkt. Sofort wurde ich gewahr, wie dicht meine Verfolger Karpow, Byrne und Smejkal mir auf den Fersen saßen, aber glücklicherweise war meine Kampfkraft nicht verlorengegangen. Eine Runde vor Schluß durfte ich bereits eines Platzes unter den ersten drei sicher sein, der mich zur Teilnahme am Kandidaten-Wettbewerb berechtigte.

Karpow, der lange Zeit nur darauf aus gewesen war, unter die ersten drei zu kommen, erhielt in der vorletzten Runde ein unerwartetes Geschenk von Smejkal. Obwohl er die bessere Stellung gehabt hatte, machte Smejkal keinen Gebrauch von seinen Gewinnchancen, verlor einen Bauern und danach sogar noch die abgebrochene Remisstellung. Nun standen Karpow und ich gleichauf. Am letzten Tage spielten wir beide mit Weiß, er gegen Torre und ich gegen Hübner. Mein Gegner war natürlich stärker als der seine, aber da ich mir überlegte, daß Karpow lange Zeit selbst nicht davon geträumt hatte, den ersten Platz zu erreichen, machte ich ihm am letzten Tag den Vorschlag, beide Partien remis enden zu lassen. Aber es liegt nicht in Karpows Art, eine sich bietende Chance ungenutzt zu lassen, er ist eben ein „Maximalist". Karpow gewann schnell seine Partie, aber ich stand nicht zurück und siegte in gutem Stil. So teilten Karpow und ich den ersten Platz.

Ich erinnere mich, daß ich mich nach der Partie bei Hübner entschuldigte und ihm die Situation schilderte: Daß ich nicht hatte spielen wollen, aber daß Karpow mich gewissermaßen dazu gezwungen hatte. Eine solche Entschuldigung klingt aus dem Munde des Siegers ein bißchen dubios, fast beleidigend für den Unterlegenen. Hübner vergaß es nicht, und das war der Anlaß dazu, Ende 1973 einen Zweikampf zwischen Hübner und mir zu organisieren. Zusammen mit den Turnieren 1968 rechne ich das Interzonenturnier in Leningrad 1973 zu den besten Leistungen meines Lebens.

Danach fand die Europäische Mannschaftsmeisterschaft in Bath statt. Es war bekannt, daß wir in Bath Zweibettzimmer bekommen sollten. Auf die Frage, mit wem ich ein Zimmer teilen wolle, nannte ich Stein. Aber am Morgen unserer Abfahrt zum Flugplatz erschien Stein nicht. Man machte sich auf die Suche nach ihm und stellte fest, daß er in seinem Hotelzimmer verstorben war. Ein Herzanfall, die Berufskrankheit der Schachspieler, war ihm zum Verhängnis geworden. Wer glaubt, daß Schachspielen eine leichte Tätigkeit sei, der irrt! Wenn ein Schachspieler seine Partie spielt, ist er in höchster Nervenanspannung, während er gleichzeitig so ruhig und unbewegt wie ein Fels sein muß. So erging es auch Stein. Doch gestand er sich in der Zeit, als er frei vom Schachspielen war, zu, zu Kräften zu kommen und sich zu erholen. Ein Jammer! Wir waren miteinander gut ausgekommen. Im Schach hat er viel erreicht, aber sein Reservoir an Möglichkeiten war noch lange nicht erschöpft.

Ich hatte keinen Sinn nach Mannschaftsmeisterschaft und fühlte mich müde. Die Umstände waren auch ungewöhnlich. Zum ersten Mal seit Jahren hatte man keine Trainer mitgenommen, sondern vier Funktionäre (unter ihnen auch Antoschin). Sie verfolgten peinlich genau, wie wir unsere Zeit verbrachten, bemühten sich um unseren Tagesplan und führten nebenbei mit uns Gespräche in dem Bestreben, soviel Material wie möglich über unsere Beziehungen untereinander zu sammeln. Das gefiel mir am allerwenigsten. Ich sann über Möglichkeiten nach, es diesen Herren für ihr störendes Verhalten heimzuzahlen.

Das Turnier endete wie gewöhnlich mit einem Sieg des sowjetischen Teams. Wenn eine Mannschaft nach Moskau zurückkehrt, muß sie gewöhnlich bei der Leitung des Sportkomitees der UdSSR antreten. Der Leiter der Gruppe führt dann das Wort, gibt eine Wertung der Ergebnisse und des Verhaltens der Teilnehmer ab. Dann kommt die Sportführung zu Wort. Es ist eine langweilige Prozedur, aber sie wiederholten sich jahraus, jahrein. So lief es auch diesmal ab. Nachdem die verschiedenen Leiter allerlei lobende Worte geäußert hatten, kam die Frage: „Wer will hier noch etwas hinzufügen?“ Nun, ich „fügte etwas hinzu“, eine schon lange vorbereitete Rede: „Schachspieler, Menschen, die die ganze Welt bereisen, verdienen Vertrauen, oder man sollte sie sonst überhaupt nicht entsenden. Warum hat man uns vier Leute als Leitung mitgegeben? Mit ihrer geringen Erfahrung waren sie nur dazu geeignet zu stören, was auch manchmal geschah. Und wenn wir sie nötig hatten, waren sie nicht zur Stelle. Stellen sie sich einmal vor, vorgestern gab ich in der Londoner City in einer der Banken eine Simultanvorstellung. Auf dem Höhepunkt der Vorstellung kommt plötzlich ein Mann herein, der auf englisch sagte: „Ich will Sie nicht bei Ihrer Beschäftigung stören, aber ich bitte Sie, dieses Dokument dem sowjetischen Botschafter in London auszuhändigen. Freiheit für die gefangenen russischen Juden!“ rief er zum Schluß aus. (Ich bitte den anonymen Kämpfer für demokratische Freiheit um Verzeihung. Ich hatte das Dokument für Moskau nötig.) „Und wo waren sie nun alle vier?“ fuhr ich fort. „Wie hätte ich mich verhalten müssen, und welche Antwort hätte ich dem Kerl geben sollen!?“

Ich sagte dies alles sehr ernsthaft, aber im Grunde genommen hatte ich sie aufgezogen. In den Augen der Sportleitung hatten die Funktionäre einen Fehler gemacht; und warum hätte ich eigentlich die Bewachung nötig gehabt?

Gott sei Dank war keiner der vier Funktionäre anwesend, sie hätten sicher einen Skandal zuwege gebracht! Aber die Aufregung im Komitee war groß. Man nahm mir sofort das Papier ab als greifbaren Beweis des Geschehenen. Ich hatte die Leitung kritisiert, und der Leitung Kritik direkt ins Gesicht zu schleudern ist nirgendwo üblich, und ganz sicher nicht im Land des sogenannten „demokratischen Zentralismus“. Aber sie konnten mir nichts anhaben. Ich hatte mit meinem Spiel beim Interzonenturnier bewiesen, daß ich einer der echten Anwärter auf die Weltmeisterschaft war; so lange mußten sie mich dulden. Später, als die Stunde der Abrechnung kam, erinnerten sie mich auch an diese Aktion.

Im Herbst 1973 fand die Meisterschaft der UdSSR in Moskau statt. Sie wurde nach einem neuen System veranstaltet. Mit dem Ziel, das Schachleben im Lande zu beleben, aber auch um die stärksten Großmeister allesamt in einem Turnier zu vereinigen, wurden zwei Gruppen in der Meisterschaft eingeführt; die erste Liga und die höchste Liga, wie es nun heißt. Für das erste Turnier in dieser neuen Aufmachung gelang es, alle Berühmtheiten ohne Ausnahme heranzuholen (die Preise blieben indessen dieselben).

Ich kann mich nicht erinnern, in meinem Leben an einem stärkeren Turnier teilgenommen zu haben. Die paar Meister, welche mitspielten, waren Sieger der ersten Liga und standen den Großmeistern an Stärke nicht nach. Man spielte sehr ernsthaft, Salonremisen waren fast keine dabei. Gemäß der Turnierordnung sollte die Hälfte der Teilnehmer in die erste Liga absteigen. Die Großmeister waren über diese Regelung unzufrieden und schrieben dem Vorsitzenden des Sportkomitees der UdSSR gemeinsam einen Brief. Das war ein seltener Fall von Einigkeit unter Leuten, die keinem allgemeinen Fachverband angehören, unter Menschen, die trotz ihres gemeinschaftlichen Interesses durch das Spezifische ihrer im Wesen äußerst individualistischen Arbeit voneinander getrennt sind. Die Leiter machen kunstvoll von ihrer Trennung Gebrauch, indem sie, wann immer es nötig ist (zum Beispiel bei mangelndem Gehorsam), mit dem einen oder anderen getrennt abrechnen.

Die Großmeister erhielten auf ihren Brief keine Antwort, alles blieb so, wie es von dem die Funktion des Leiters der Schachbewegung des Landes ausfüllenden Despoten ausgedacht war: dem jetzt ehrenvoll in den Ruhestand versetzten pensionierten öffentlichen Ankläger der Stalinzeit, Baturinski.

Das Turnier verfolgt mich noch wie ein Alptraum. Man konnte zehn Partien spielen und vergeblich auf den Moment des Erfolgs warten, während man in jeder Partie um den Sieg kämpfte und nicht gewann. So erging es in diesem Turnier Smyslow, Keres und Tal, die das ganze Turnier lang an der verkehrten Seite der Fünfzigprozentgrenze hängenblieben. Ich hatte Glück. In der Mitte des Turniers gelang es mir, drei Partien hintereinander zu gewinnen, gegen Raschkowski, Smyslow und Sawon. Aber wie ich mich danach auch anstrengte, es glückte mir nicht, meinen Erfolg weiter auszubauen.

Zum Schluß teilte ich den 2. bis 6. Platz mit Karpow, Polugajewski, Petrosjan und Kusmin. Der wahre Held des Turniers war Spasski. Er eroberte die Führung, nachdem er ein paar ausgezeichnete Partien gewonnen hatte, und beendete das Turnier ungefährdet auf dem ersten Platz, mit einem vollen Punkt Vorsprung vor unserer Fünfergruppe.

Bei meiner Partie mit Spasski in einer der letzten Runden war das Zuschauerinteresse, wie während des ganzen Turniers, gigantisch. Der Saal war bis auf den letzten Platz gefüllt; wir spielten in demselben Saal, in dem ich 1952 meine erste Meisterschaft gespielt hatte. Das riesige Bildnis Stalins war inzwischen aus dem Saal verschwunden. Die Technik war vorangeschritten, in Moskau waren erstklassige Gebäude erbaut worden, die nach den letzten Errungenschaften von Wissenschaft und Technik ausgestattet waren. Aber das Land ist stolz auf seine Tradition, und wir spielten daher in einem alten Saal, ab und zu unter dem Dröhnen eines Preßlufthammers, der uns daran erinnerte, daß wir nicht 1952 lebten. Die riesige Menge, die den Saal füllte, machte einen unvorstellbaren Lärm, und ich begriff, daß ich unter diesen Bedingungen nicht weiterspielen konnte — eine drohende Zeitnot schon vor Augen. Ich dachte an mein Auftreten in dem Film, holte tief Luft und brüllte in den brodelnden Saal: „Schluß mit dem Radau!" Im Nu herrschte Ruhe. Ich machte einen Zug, der, wie sich später zeigte, mein Übergewicht preisgab, und bot Spasski remis an. Mein Gegner verstand, in welch einem erregten Zustand ich mich befand. Angesichts der Partiestellung hatte er keinen objektiven Grund, das Remisangebot abzulehnen. Nach kurzem Nachdenken stimmte er meinem Vorschlag zu und gewann so das Turnier.

Die Karriere Spasskis ist, gemessen an der zeitlichen Dauer, wohl genauso lang wie die meinige, übertrifft sie jedoch beträchtlich an Intensität und Reichtum an Ereignissen. Als sein Fellow-Traveller und Zeuge seines Vormarsches kann ich sagen, daß ich keinen Menschen kenne, der so gut in der Lage ist wie er, sich weiterzuentwickeln. Als Schachspieler hat er einen mühevollen Weg zurückgelegt. Durch Stürze und Wiederaufstehen und durch das Sammeln immer wieder neuer Kräfte hat er es bis zur absoluten Spitze gebracht: er wurde Weltmeister. Danach hat er ehrenvoll in einem schweren Kampf den Thron dem Stärksten überlassen müssen.

Auch seine Persönlichkeit hat sich auf allerlei Umwegen entwickelt. Zuerst stand er unter schlechtem Einfluß, aber er entwuchs ihm und schaffte es, sich von seinem Druck zu befreien. Langsam, aber sicher wandelte er sich vom einfachen, ruhigen Sowjetbürger ohne eigene Meinung durch eigenes Nachdenken und eigene Schlußfolgerungen zu einem Dissidenten.

Als er Weltmeister war, erwies sich Spasski in politischer Hinsicht als ziemlich unabhängig. Es ist bekannt, daß er sich weigerte, den kollektiven Aufruf für die Freilassung von Angela Davies zu unterzeichnen. Auf seinen Vorträgen sagte er auch recht mutige, eigenständige Dinge. Die Vorträge handelten natürlich vom Schach, aber in der Sowjetunion ist nun einmal alles mit Politik verbunden! Einmal, während eines Vortrags in Nowosibirsk, fragte man Spasski, warum Keres niemals Weltmeister geworden sei. Vor einem Publikum von etwa tausend Menschen antwortete Spasski: „Keres hat wie sein Vaterland ein unglückliches Los gezogen!" Dem Leser sei zum Verständnis gesagt, daß es um Estland geht, welches 1940 der UdSSR mit Gewalt einverleibt wurde.

Aber solche Bemerkungen werden einem so großen Russen wie dem Weltmeister vergeben. Als er jedoch durch seinen Verlust gegen Fischer Abschied vom Thron nehmen mußte, wurde er an seine Sünden erinnert. Langsam, aber sicher rechneten die Behörden mit ihm ab. Erst 1975, als sein Besitz und sein Leben in Gefahr zu kommen drohten, begann er die Macht der Sowjetbehörden, die Rache an ihm nehmen wollten, zu spüren. Aber die Schwierigkeiten mit Auslandsreisen fingen für ihn direkt nach dem Match mit Fischer an. Spasski hatte einen Sieg in dieser Landesmeisterschaft nötig wie nie zuvor. Und er erreichte sein Ziel, indem er zum x-ten Male sein außergewöhnliches Talent demonstrierte.

Wettkämpfe mit Hübner und Mecking

Am Ende des Jahres 1973 schaffte ich es, für mich selbst noch einen interessanten Zweikampf zu organisieren. Es kommt selten vor in der Sowjetunion, daß man eine zunächst nicht eingeplante Sache durchsetzen kann. Daß es mir dennoch glückte, beweist, wie ungeheuer wichtig ich in diesem Augenblick für das Schachspielen in der Sowjetunion war und für seine Leiter. Auf Vorschlag von Hübner fand im Dezember in Solingen ein Match zwischen uns beiden statt, das durch den deutschen Klub „Solingen 1868" veranstaltet wurde. Wir spielten acht Partien. Die ersten beiden wußte ich zu gewinnen. In der ersten Partie, ich hatte Schwarz, verleitete ich meinen Gegner zu einer Spielweise, die er nicht kannte, und drückte ihn allmählich an die Wand. In der zweiten Partie erhielt ich ein etwas besseres Endspiel. Die Partie wurde in einer Stellung abgebrochen, die Hübner alle Chancen auf Remis bot. Er gab jedoch nicht den besten Zug ab, analysierte zudem die Position nachlässig und verlor. Die dritte Partie gewann mein Gegner. In gewisser Hinsicht war die Partie für mich sehr wichtig. Ich bereitete mich ja auf den Zweikampf mit Mecking vor und suchte nach einer zuverlässigen Waffe für Schwarz gegen 1. e4. Als ich die Partie verloren hatte, eigentlich schon in der Eröffnung, zog ich daraus die notwendigen Konsequenzen und revidierte meine Eröffnungsvorbereitungen. Die übrigen Partien endeten remis, wenn ich auch die Stellungen stets im Griff hatte. Wir waren beide vollauf zufrieden mit der sportlichen und schöpferischen Ausbeute des Matchs. Hübner hatte mir und sich selbst bewiesen, daß er gegen mich bestehen konnte. Ich hatte einige Eröffnungsvarianten einer Prüfung unterziehen können, und ich hatte mich davon überzeugt, daß das Alter kein so großes Hindernis beim Schachspielen darstellt. Nach meiner Rückkehr in die Sowjetunion hatte ich einige Tage Zeit, um zu Atem zu kommen, bevor ich meine Reise in die USA (nach Augusta im Staat Georgia) zum Zweikampf mit Mecking antrat. Ich brauchte nicht daran erinnert zu werden, daß er ein starker Gegner ist — der Gewinner eines Interzonenturniers kann unmöglich schwach sein. Obwohl es auf der anderen Seite deutlich war, daß er das Turnier nicht hätte gewinnen können, wäre es nicht in Brasilien, Meckings Vaterland, ausgetragen worden. Vor dem Wettkampf stand es 1:1 bei zwei Remisen zwischen Mecking und mir, und schon deshalb rechnete ich nicht mit einem leichten Sieg. Die Aussage, die Petrosjan nach dem Turnier in San Antonio 1972 in „64" gemacht hatte, klang in meinen Ohren unsinnig: „Mecking wird nicht gut spielen, da er einige elementare Dinge des Schachs nicht begreift und niemals begreifen wird." Petrosjan hatte es also geschafft, auch mit Mecking Streit zu bekommen . . .

Auf eigene Initiative schlug ich vor, mir einen Delegationsleiter mitzugeben. Ich hatte mir folgendes überlegt: Spasski erhielt seinerzeit einen Verweis, weil er sich geweigert hatte, einen Delegationsleiter mitzunehmen für den Zweikampf mit Fischer in Reykjavik. Nachher wurde dies als einer der Gründe für seine Niederlage angesehen. Geller, der zum Leiter ernannt worden war, hatte all die verwickelten juristischen Probleme, die sich während des Matchs ergaben, nicht richtig lösen können. Bin ich überzeugt, den Zweikampf mit Mecking zu gewinnen? Nein, natürlich nicht! Dann soll auch mein Teil der Schuld auf den Delegationsleiter zurückfallen, für den Fall, daß ich verlieren sollte!

Also reisten wir zu viert nach Amerika: Der Delegationsleiter (ein Angehöriger der Leningrader Parteiorgane, mit dem ich eigentlich erst auf dem Bahnhof Bekanntschaft machte), mein Trainer Osnos, meine Frau und ich. Ich erinnere Sie daran, lieber Leser, daß es nicht so einfach ist, die Ehefrau zu seinem Wettkampf mitzunehmen; aber zu solch einem Ausnahmeereignis . . .

In Augusta empfing man uns freundlich und gastfreundschaftlich. Die Zeitungen legten ein lebhaftes Interesse für das Match an den Tag. Ich war in meinen Äußerungen vorsichtig und klagte über mein Alter. Voll Teilnahme schrieb man über mich: „Dem 42jährigen Veteranen stellen sich schon am Anfang des Zweikampfes Probleme." Auch Mecking war nicht sehr gesprächig; Reklame hatte er schließlich nicht nötig, und daß ich kein kleiner Fisch war, hatte er längst begriffen. Ich muß sagen, daß er in der Schachwelt einen schlechten Ruf bekommen hat. Wie Fischer und Browne zählt man ihn zu den „enfants terribles" des Schachs. Über keinen von ihnen weiß ich etwas Ärgerliches zu berichten, was ihr Verhalten mir gegenüber betrifft. Ich spürte Meckings Respekt vor mir und sein Bestreben, mir gegenüber so gut wie möglich aufzutreten. Wenn es ab und zu schiefging, dann merkte ich, daß es nicht absichtlich geschehen war.

Er war wirklich nervös; Lärm in ferngelegenen Räumen störte ihn, und während einer der letzten Partien bedeutete er mir mürrisch, daß ihm mein schweres Atemholen lästig war! Aber deshalb brauchte ich ihm nicht böse zu sein. Er kam zum Wettkampf mit einem T-Shirt, worauf stand: „Trinke brasilianischen Kaffee!". Das schockierte mich etwas, weil ich gewohnt bin, zu jeder Art von Schachveranstaltung wie zu einer Festlichkeit zu gehen, bei der ich einer der Hauptdarsteller bin, und erst recht, wenn Publikum dabei ist. Das bringt mich selbst in die richtige Stimmung, und die Zuschauer werden dadurch von der Bedeutung des Augenblicks erfaßt, sogar wenn es keine Schachsportler sind. Aber Meckings Kleidung ist seine Angelegenheit, und mit zunehmendem Alter wird er möglicherweise einen Begriff davon bekommen.

Es entwickelte sich ein mühseliger Zweikampf. Schon in der ersten Partie wählte Mecking eine der Eröffnungen, die ich parat hatte. Es entstand eine Position, die ungefähr im Gleichgewicht war, aber Mecking war arg in Zeitnot, und in meinem Bestreben, die Position zu festigen, brachte ich ein inkorrektes Bauernopfer. Mecking nahm den Bauern, mit seiner Zeit kam er zurecht, und als die Partie abgebrochen wurde, war ich davon überzeugt, schlecht zu stehen. Wie sehr ich auch nach einer Rettung suchte, ich konnte keine finden. Mein Trainer versuchte mich übrigens zu beruhigen, indem er sagte, daß Mecking noch viele technische Probleme auf seinem Weg zum Partiegewinn zu lösen habe und daß er als junger Spieler nicht in der Lage sei, die Stellung optimal zu analysieren. Nach der Wiederaufnahme spielte ich mit meiner schlechten Stellung einfach weiter, als wenn nichts los sei, ruhig und selbstsicher. Meckings Analyse ließ in der Tat zu wünschen übrig, und mein äußerst selbstsicheres und leicht von der Hand gehendes Spiel, fast ohne Nachdenken, brachte ihn in Verwirrung. Nach einer Reihe von Fehlern Meckings konnte ich mich retten und remis machen.

Der Verlauf dieser Partie ließ Mecking auf die Idee verfallen, daß man die Partie für mich in Moskau analysiert und mich telefonisch instruiert habe. Das erklärte er vor der Presse, und das ärgerte mich ziemlich. So etwas ist immer absurd, ist vollkommen verrückt! Die Analyse von Osnos und mir schien einfach ein höheres Niveau gehabt zu haben als jene von Mecking und Andersson. Ich glaube übrigens, daß sich Mecking später über seine eigenen Auslassungen selbst geärgert hat

Die ersten vier Partien endeten alle remis. Die fünfte Partie spielten wir an Meckings Geburtstag. Während er eine gute Stellung hatte, geriet er in Zeitnot und verspielte dann durch grobe Fehler zuerst die bessere und dann die gleichstehende Stellung. Schachspieler sind im allgemeinen ein wenig dagegen, an ihrem Geburtstag zu spielen. Es geht hierbei nicht nur um Aberglauben und auch nicht um die

Theorie vom Zyklus der menschlichen Aktivität, die momentan ziemlich populär ist. An einem solchen Tag ist man gewöhnlich festlich gestimmt, aber nicht wegen seiner Schachpartie, und unbewußt kann man sich nicht auf einen Kampf einstellen.

Die sechste Partie endete remis ohne besondere Vorkommnisse, aber in der siebten entbrannte der Kampf erneut. Ich hatte mich nämlich hauptsächlich mit Schwarz auf den Wettkampf vorbereitet und bekam damit auch jedesmal gleiches Spiel, wobei ich im Prinzip mit einem friedlichen Ausgang zufrieden war. Mit Weiß hingegen erachtete ich es für meine Pflicht, um den Sieg zu kämpfen. Aber auch Mecking, der als Vorbereitung auf den Zweikampf nach seinen eigenen Angaben 1 200(!) Partien von mir analysiert hatte, hatte seine spezielle Aufmerksamkeit auf die Vorbereitung mit Schwarz gerichtet. Ich konnte kein einziges Mal Eröffnungsvorteil erzielen, bot aber auch nicht das Remis an und suchte auch nicht nach Möglichkeiten, remis zu spielen. Mecking behandelte die Eröffnung stets sehr subtil, dachte aber lange über jeden Zug nach; in der zweiten Partiehälfte hatte ich dadurch immer einen beträchtlichen Zeitvorsprung. Dieses Übergewicht darf man übrigens nicht überschätzen, denn in Zeitnot spielte Mecking gewöhnlich stark. Dennoch war es für mich eine praktische Chance. Der Wettkampf ist aber nicht dadurch entschieden worden, eher durch einen großen qualitativen Unterschied in der Kunst der Analyse!

In der siebten Partie hatte Mecking mich wieder überspielt, und nachdem wir dieses Mal beide in Zeitnot geraten waren, wurde die Partie in einem Endspiel mit einem Bauern weniger für mich abgebrochen. Ich war davon überzeugt, daß ich auf Verlust stand, aber mein Trainer tröstete mich damit, daß ich gute Gegenchancen hätte und mich müßte retten können. Osnos legte eine Menge Erfindungsreichtum bei der Analyse an den Tag. Als ich mich bereits schlafen gelegt hatte, entdeckte er interessante Möglichkeiten, um zu einer Aktivierung meines Freibauern zu gelangen — meine Gegenchance in der Stellung —, und er setzte mir am anderen Morgen seine Analyse auseinander. Als ich ging, um die Partie fortzusetzen, hatte ich die Überzeugung erlangt, die Partie remis halten zu können. Aber was bei der Wiederaufnahme geschah, übertraf meine kühnsten Erwartungen! Mecking hatte einen verkehrten Zug abgegeben, worauf er absolut nicht mehr gewinnen konnte (davon hatte er sich bei der Analyse überzeugen müssen!). Mein Spiel und jeder Zug von mir kamen unerwartet für ihn. Er dachte lange nach, kam wieder in Zeitnot, vermied aber hartnäckig Remisvarianten. Zu dem Zeitpunkt, als das Remis nur einige Züge weit weg war, hatte er bereits keine Bedenkzeit mehr. Mein Freibauer marschierte durch, und Mecking gab auf. Der Wettkampf schien entschieden. Es ging um drei Gewinne bei einem Maximum von sechzehn Partien. Mecking war gebrochen, ich mußte nur noch eine Partie gewinnen, aber das glückte mir einfach nicht. In der achten Partie stand ich ganz nah vor dem Sieg, aber mit einem Bauern mehr spielte ich den technischen Teil leichtsinnig. In der anstrengenden neunten Partie bekam ich entscheidenden Vorteil, aber es kam zu einem Endspiel Turm und Läufer gegen Turm, das Mecking remis zu halten verstand. Auch die beiden folgenden Partien endeten remis, und in der zwölften Partie gelang es Mecking endlich, wesentliches Übergewicht zu erlangen, und er gewann in schönem Stil.

Alles war nun wieder offen. Vier Partien mußten noch gespielt werden, und da ist ein Vorsprung von einem Punkt nicht entscheidend. In diesem Moment überfiel mich eine starke Erschöpfung. Mit Hilfe der Familie, die uns in Augusta unter ihre Obhut genommen hatte und uns freundlich gesinnt war, jederzeit bereit, uns unter die Arme zu greifen, konnte ich von einer kurzen Unterbrechung des Matchs Gebrauch machen, um mich vier Tage lang im Schoße der Natur auszuruhen. Es ist nicht sicher, inwieweit solch ein „time out" während eines Wettkampfes richtig ist. Ein Spieler befreit sich von der Spannung, muß aber einige Tage später wieder spielen, und dann glückt es nicht immer, seinen Arbeitsrhythmus wiederzuerlangen. Aber ich war durch meine Niederlage angeschlagen und schrieb sie meinem sehr großen Erschöpfungszustand zu.

In diesem nervösen Zweikampf kostete die dreizehnte Partie die meiste Nervenkraft. Mecking hatte Schwarz und spielte die Eröffnung mit deutlichen Gewinnabsichten. Es war wahrscheinlich möglich, seine Eröffnung zu widerlegen, aber ich spielte nicht folgerichtig. Er kam in Vorteil, über der weißen Stellung ballten sich dunkle Wolken zusammen. Es entstand eine kritische Situation; Mecking hatte einige verlockende Möglichkeiten zur Verfügung. Eine von ihnen hätte ihm in einer forcierten Variante eine Stellung mit einem Mehrbauern gebracht. Ich weiß nicht, was er am Brett gesehen hat; nach der Partie waren wir nicht in der Laune, miteinander zu plaudern. Vielleicht hatte er nach einer Reihe von Mißgeschicken bei der Verwertung des Mehrbauern den Glauben an seine Technik verloren und meinte, mich im Sturm niederwerfen zu müssen. Nach reiflicher Überlegung — ich blieb inzwischen mit einem Pokerface sitzen, als wenn meine Stellung nicht hoffnungslos wäre — wählte

Mecking von den vielen Möglichkeiten den Weg zur Verstärkung des Druckes, was er bestimmt nicht hätte tun sollen. Es gelang mir schnell, das Gleichgewicht wiederherzustellen, und da mein Gegner weiter auf Gewinn spielte, ergriff ich die Initiative und beendete die Partie mit einem Mattangriff.

Vor einer Stunde war der Ausgang des Zweikampfes noch ungewiß gewesen, und nun war plötzlich alles vorbei! Sowohl Mecking als auch ich waren mit den Ergebnissen des Zweikampfes unzufrieden, und beide hatten wir Grund genug, über alles nachzudenken. Mecking hatte mich während des Matches einige Male überspielt, aber durch mangelnde Erfahrung im Spiel mit starken Gegnern und durch fehlende Technik hatte er den kürzeren gezogen. Mir war jedoch deutlich geworden, daß ich mit einem derartigen Spiel, wie ich es hier gezeigt hatte, nicht weit kommen würde.

Von Angesicht zu Angesicht mit Petrosjan

Mir stand nun der Zweikampf mit Petrosjan in Aussicht, der ein erbittertes Duell gegen Portisch gewonnen hatte, einen Gegner, der ihm immer die größten Schwierigkeiten bereitete. Petrosjan hatte offenbar dadurch gewonnen, daß er sich das Äußerste abverlangte, was ihm im Prinzip nicht zu eigen ist. Mein Match mit Mecking war auch nicht leicht gewesen, aber ich spürte, daß Petrosjan diesmal mehr ausgepumpt als ich war. Ich kannte Petrosjans Spiel gut und wußte über seine starken und schwachen Seiten Bescheid. Leider jedoch stimmten seine schwachen Punkte mit den meinen überein, und seine Spielstärke kam meiner gleich. In sportlicher Hinsicht fühlte ich mich aber stärker und auch streitlustiger. Das galt es nur noch zu beweisen. Den Fehler, den ich 1971 begangen hatte, machte ich nicht noch einmal. Ich weigerte mich entschieden, in Moskau zu spielen, wohin ich mich vor dem Match 1971 hatte hinlocken lassen. In Moskau lebt Petrosjan in seiner Villa wie ein Fürst, versehen mit allen denkbaren Bequemlichkeiten, während ich mich in einem Hotel aufhalten mußte, mit dem in der Sowjetunion üblichen armseligen Service. Mit beiderseitigem Einverständnis wurde der Zweikampf in Odessa organisiert.

Bei dem anderen Halbfinalkampf saßen sich Spasski und Karpow gegenüber. Für mich stand fest, daß Spasski in seiner gegenwärtigen Form nicht in der Lage war, Karpow zu besiegen. Das galt um so mehr, als Karpow ein aufgehender Stern war, der von allen Seiten Unterstützung genoß, während Spasski ein Ausgestoßener war und sich und seinen eigenen Wert zur Zeit des Zweikampfes zum Einnehmen einer „Igelstellung“ gezwungen sah.

Am Tage vor dem Kampf erklärte Petrosjan in der Presse, daß seiner Ansicht nach einer der Teilnehmer im anderen Zweikampf das Kandidatenturnier gewinnen würde. Die heuchlerische Art dieses Mannes rief meinen Protest hervor, und ich erklärte, daß der Sieger unseres Matches das Kandidatenturnier gewinnen werde. Dafür sprachen nach meiner Meinung auch rein schachtechnische Gründe. An Spielauffassung und vor allem Erfahrung waren sowohl ich als auch Petrosjan Karpow weit überlegen; wenn also die übrigen Bedingungen gleich wären, bestünde kein Zweifel an unserem Sieg über ihn. Nebenbei unterstrich ich, daß ich mehr Kenntnisse der

Eröffnungstheorie, mehr Wissen überhaupt besäße als Karpow, Petrosjan und Spasski zusammen. Ich war von der Wahrheit nicht weit entfernt, konnte mir aber noch nicht vorstellen, mit welch einer Legion von Sachkundigen ich mich in der nächsten Zukunft zu messen hätte!

Man erwartete angesichts des vorigen Zweikampfes zwischen Petrosjan und mir, daß wir bis zum Limit von zwanzig Partien kämpfen würden. Aber es kam anders. Wie sich später herausstellte, bereitete sich Petrosjan zusammen mit Karpow auf den Kampf gegen mich vor. Aber die Eröffnungen, die gut für Karpow sind, scheinen nicht in Petrosjans Stil zu passen, da er nicht die Neigung hat, vom ersten Zuge an den Kampf aufzunehmen und ganz von Anfang an den besten und manchmal einzigen Zug zu suchen. Die Eröffnung der ersten Partie überraschte mich, aber ich spielte den Anfang ruhig, erhielt etwas bessere Chancen und, was das wichtigste war, es zeichnete sich ein deutlicher Plan zur Festigung meiner Stellung ab. Petrosjan wurde nervös, machte einige Fehler, geriet in einen Angriff, konnte sich nicht rechtzeitig zur Aufgabe entschließen und wurde mattgesetzt!

Während der Partie wurde ein Konflikt ausgetragen. In den letzten Jahren hat Petrosjan die befremdliche Angewohnheit entwickelt, mit einem Bein unter dem Tisch zu wippen, meistens in der letzten Stunde vor der Zeitkontrolle. Wir hatten gute Spielbedingungen, aber wir spielten mitten auf der Bühne eines alten Theaters — wie sich später herausstellte, auf einer Drehbühne. Petrosjan war sitzengeblieben, während meine Uhr lief und ich über einen Zug nachdachte. Der Tisch wackelte. „So kann ich nicht spielen, sollen wir uns an verschiedene Tische setzen?“ sagte ich zu ihm. Das war wahrscheinlich ein Fehler von mir. Ich hätte mich direkt an den Schiedsrichter wenden müssen, aber wir unterhielten nun einmal freundschaftliche Beziehungen, und ich war wegen meiner Bedenkzeit zu bequem, aufzustehen und zum Schiedsrichter zu gehen. Petrosjan hörte auf, den Tisch tanzen zu lassen, aber nach der Partie schrieb er einen Brief an den Schiedsrichter über mich — und davon hatte ich damals keine Ahnung.

Die zweite Partie endete nach einem spannenden strategischen Gefecht unentschieden. Das geschah eine Stunde vor dem Ende unseres fünfstündigen Werktages, so daß Petrosjan seine unterirdischen — besser gesagt „Unter-dem-Tisch“-Waffen — nicht anwenden konnte.

In der dritten Partie wiederholte Petrosjan die Eröffnung der ersten Partie. Diesmal war ich darauf vorbereitet und kannte nicht nur das

System, sondern auch die Weise, in der es von Petrosjan weitergespielt wurde. Die Entscheidung fiel bereits in der ersten Viertelstunde. Ich opferte einen Bauern, bekam einen kräftigen Druck, gewann in der Folge mein geopfertes Material zurück und lenkte nach Damentausch in ein Endspiel mit einem Bauern mehr ein. Mühelos brach ich den Widerstand des niedergeschlagenen Petrosjan und gewann auch diese Partie.

Petrosjan bat um ein „time out", um ein bißchen zu sich selbst kommen zu können. In der folgenden Partie kämpfte er in seinem gewohnten Stil um den Sieg. Wir kamen beide in Zeitnot, aber er zeigte sich auch in dieser Phase als der stärkere und setzte seinen Vorteil in einen Gewinnpunkt um.

Während der Zeitnotphase kostete es mich Mühe, am Tisch sitzen zu bleiben. Petrosjan wippte mit seinem Bein, der Tisch bewegte sich dadurch auf unangenehme Weise. Ich ging zum Schiedsrichter, aber der zuckte nur mit der Schulter, was konnte er tun, wie sollte er mir helfen? Nach der Partie schrieb ich dem Schiedsrichterkollegium, daß Petrosjan trotz meiner wiederholten Bitten fortfuhr, sich unsportlich zu verhalten und mich im Spiel störte. Gleichzeitig wies ich darauf hin, daß sich eine große Gruppe von Armeniern im Saal versammelt hatte, die Spruchbänder aufhing und anfeuernde Rufe an die Adresse von Petrosjan in den Raum schrie; ich bat, auch dem Aufmerksamkeit zu schenken.

In der fünften Partie änderte Petrosjan seine Eröffnung, aber glücklicherweise war ich auf diese Eröffnungsvariante gut eingestellt. Mein Trainer Zeitlin hatte mir diese Eröffnung vorhergesagt, und die Stellung nach fünfzehn Zügen hatte am Vorabend des Kampfes bei mir zu Hause auf dem Brett gestanden. Ich erhielt etwas positionelles Übergewicht. Es sah danach aus, daß wir beide in Zeitnot kommen sollten. Eine Stunde vor Ende der ersten Sitzung betätigte sich Petrosjan wieder auf die bekannte Weise und begann damit, während ich am Zug war, aufs neue den Tisch tanzen zu lassen. Was sollte ich tun? Alle zulässigen Möglichkeiten, seinem Verhalten ein Ende zu machen, hatte ich erschöpft. Ich gewann den Eindruck (und am Brett sitzend nimmt ein Schachspieler wegen seiner angespannten Nerven seinen Gegner schärfer unter die Lupe), daß Petrosjan, während er früher den Tisch unbewußt aus Gewohnheit zum Beben gebracht hatte, nun begriff, wie sehr er mich damit belästigte. Und da der Schiedsrichter ihm nichts in den Weg legte, wollte er seine Chancen nun wahrnehmen. „Lassen Sie den Tisch in Ruhe, Sie stören mich!"

sagte ich zu ihm. Petrosjan tat so, als habe er mich nicht gut gehört. „Wir sind hier nicht auf der Kirmes", antwortete er. Der Schiedsrichter kam herbeigeeilt, als er unsere Aktivitäten bemerkte. „Ruhig, ruhig", sagte er. Petrosjan setzte sich etwas bequemer hin, und wieder begann der Tisch zu beben. Was konnte ich tun? Da spielte ich nun einen Wettkampf um die Weltmeisterschaft und bekam es mit so etwas zu tun! Meine Bedenkzeit schrumpfte derweil, und Petrosjan ließ mich nicht nachdenken. Dann sprach ich die feierlichen und zugleich naiven Worte: „Sie greifen nach ihrer letzten Chance!" Das hörte Petrosjan gut (und vielleicht auch jemand von den Zuschauern). Dem steht gegenüber, daß ich die Gelegenheit erhielt, unter normalen Bedingungen weiterzuspielen. Die Partie stand in diesem Augenblick günstig für mich, allerdings noch nicht auf Gewinn. Aber ich spielte dann ausgezeichnet, machte einige feine Züge, ging mit einem Mehrbauern ins Endspiel über, und trotz schrecklicher Zeitnot brach ich die Partie mit großem materiellem Übergewicht ab.

Zur Wiederaufnahme trat Petrosjan nicht an. Statt dessen schrieb er eine Erklärung, in der er die Forderung stellte, daß die Ergebnisse des Kampfes widerrufen werden sollten (ich bringe dem Leser den Stand von 3:1 bei einem Remis in Erinnerung) und daß ihm der Sieg auf Grund der Tatsache, daß ich ihn in unzumutbarer Weise behindert hätte, zuerkannt werden sollte!

Es ergab sich eine ungewöhnliche Situation. Das Match fand unter den Auspizien der FIDE statt, und niemand, weder Breschnjew noch noch Euwe, konnte die Ergebnisse für ungültig erklären. Nur ein Kongress der FIDE kann das vielleicht. Petrosjan ließ keine Möglichkeit ungenutzt. Er rief Euwe an, aber der war gerade auf Safari in Afrika. Er schickte ein Telegramm von 220 Worten an das Zentralkomitee der Kommunistischen Partei, das leitende Organ der Sowjetunion. In Erwartung einer Antwort auf dieses Telegramm ließ man mich ein „time out" nehmen. Die Sache wurde einer Schiedsrichterkommission unter dem Vorsitz des Bürgermeisters von Odessa zur Entscheidung vorgelegt. Aus Moskau kam der Vorsitzende des Landesschiedsrichterkollegiums, und aus Leningrad wurde mir ein offizieller Vertreter der Sportorganisation zu Hilfe geschickt. Man berief eine Versammlung ein, und wir beide wurden auch eingeladen. Petrosjan forderte, daß ich mich entschuldigen solle. Tatsache war, daß ich mich nach den Buchstaben des Schachgesetzes dadurch einer Übertretung schuldig gemacht hatte, daß ich ihn während der Partie angesprochen hatte. Deshalb sagte ich meine Bereitschaft zu, mich zu entschuldigen: „Entschuldigen!" rief Petrosjan aus, „und wer gibt mir meine Punkte zurück?" Er dachte einen Augenblick nach und sagte dann: „Er hat mich laut angesprochen, und im Saal haben es Menschen gehört; er soll sich darum auch in der Öffentlichkeit entschuldigen!" Man fragte mich, ob ich damit einverstanden sei, mich öffentlich zu entschuldigen. Es war mir nicht klar, was das bedeutete. Mußte ich mit einem Mikrofon in der Hand Reue zeigen oder eine Erklärung über mein Verhalten in der Zeitung ablegen? Ich sagte: „Nun, ich will so gut wie möglich in der Öffentlichkeit meine Entschuldigung anbieten, aber in Verbindung damit erhebt sich die Frage, wie ich das tun muß. Wenn Petrosjan spielt, läuft das in der Sowjetunion immer im Zusammenhang mit Demonstrationen von Personen armenischer Nationalität ab, und mich interessiert, welche Rolle Petrosjan selbst in der Organisierung dieser Zusammenrottungen spielt!"

In Petrosjans Kehle brodelte es auf. „Genug", sagte er, „er hat mich und mein Volk beleidigt; ich spiele nicht mehr mit ihm!"

Das war in der Tat genug. Petrosjan verfaßte eine neue Erklärung, in der er mich des Chauvinismus beschuldigte. Er konnte natürlich in seiner Erklärung nicht auf ein wesentliches Detail hinweisen: Meine Frau, die nebenbei bemerkt selbst beim Match anwesend war, ist selbst eine Armenierin. Man überredete mich, Petrosjan schriftlich meine Entschuldigung anzubieten; ich war kleinmütig und stimmte zu. Aber das war natürlich vergeblich. In Erwartung einer Entscheidung des Zentralkomitees der Kommunistischen Partei ging Petrosjan ins Krankenhaus, weil er über seine Nieren klagte. Aber im Krankenhaus weigerte er sich, sich untersuchen zu lassen. Als aus Moskau eine für ihn negative Antwort eingetroffen war, verließ er das Krankenhaus und schrieb seine letzte Erklärung: daß er den Kampf aus Gesundheitsgründen aufgebe.

Die zentrale Sportkommission hat später noch versucht, uns zu versöhnen. Es tat sich die Frage auf, ob wir bei der bevorstehenden Schacholympiade in Nizza zusammen in einem Team spielen könnten oder nur einen von uns beiden. Petrosjan machte ein düsteres Gesicht, allein in Anwesenheit des Komitee-Vorsitzenden brachte er ein versöhnliches Lächeln auf seinem Gesicht zustande, um nicht aus der Auswahlmannschaft geworfen zu werden.

Es war nicht allein der Streit von Odessa, der ihm verquer ging. Ich war für alle Zeiten sein geschworener Feind geworden, nach Spasski und Fischer, die ihn ebenfalls geschlagen hatten ...

Wunsch löste Proteste von Presse und Fernsehen aus, für die es in diesem Fall schwieriger war, für die Berichterstattung zu sorgen. Der Streit um den Beginn der Partien wurde auf einer Versammlung des Organisationskomitees entschieden. Dort fand sich auch eine Gruppe von Leuten, die mich mit einer ausführlichen Stellungnahme unterstützte. Von den Schachspielern war es nur Awerbach, der Vorsitzende des Schachbundes der Sowjetunion, der sich in der Vergangenheit mir gegenüber ganz anständig verhalten hatte, welcher Partei für Karpow nahm. Der Vorschlag der jungen Spieler wurde angenommen. Als ich von Awerbachs Verhalten auf der Versammlung hörte, konnte ich meinen Mund nicht länger halten. Diese Schläge gegen mich durften nicht unbeantwortet bleiben, allein schon wegen meiner psychologischen Vorbereitung auf den Wettkampf. Die Gefahr bestand, daß ich den Kampf ansonsten sang- und klanglos verlöre. Ich schrieb eine Postkarte an Awerbach, adressiert an den Zentralen Schachklub der UdSSR. Ich hoffe, daß viele sie gelesen haben, bevor sie zu ihrem Empfänger gelangte. Angesichts der Tatsache, daß Awerbach von hohem Wuchs ist, schrieb ich: „Von Feigheit zu Verrat ist es nur ein einziger Schritt, aber mit Ihren Eigenschaften können Sie den leicht vollziehen." . . . „Drehen Sie immer nur so gut wie möglich Ihr Fähnchen nach dem Wind!" fügte ich zum Schluß hinzu und unterzeichnete mit Großbuchstaben. Ich hatte noch einen Feind hinzubekommen, aber mir war das alles schon egal. Von diesem Augenblick an steuerte ich auf einen Bruch zu.

Karpow war zum Favoriten auserwählt worden, und der Grund hierfür liegt klar auf der Hand. Er wurde in Zlato-ust, im Ural, mitten in Rußland, geboren. Als ein Vollblutrusse unterschied er sich vorteilhaft von mir, der ich zwar meinem Paß nach ein Russe bin, aber vom Aussehen ein Jude. Er war der typische Vertreter der Arbeiterklasse (nach der Verfassung der Sowjetunion die Basis im Lande), während ich, der ich mein ganzes Leben im kulturellen Zentrum Leningrad gewohnt habe, ihm als Vertreter der Intelligenz gegenüberstand. Außerdem war Karpow jünger, gab er zu mehr Hoffnungen Anlaß, wogegen mir nicht mehr viel Zeit blieb.

Alle Seiten feierten Karpow. Er wurde Mitglied des Zentra komitees der kommunistischen Jugendorganisation der UdSSR, d Vorsitzende dieser Organisation war sein Freund (ebenfalls a Zlato-ust stammend!). Karpow begriff ausgezeichnet, was er pers nifizierte: ein Symbol, ein Banner des russischen Volkes und d arbeitenden Klasse. Er wußte, wie er sich zu verhalten hatte u welche Erwartungen man auf ihn setzte.

Mitte November zurück. Ohne es zu wollen, hatte ich einen Freund um ein Vergnügen und um die Möglichkeit, Geld zu verdienen, gebracht.

Ich hatte schon einen Trainer, Meister Osnos. Mit ihm wollte ich nicht brechen, wir hatten ja bei den zwei vorangegangenen Zweikämpfen auch zusammengearbeitet. Ich mußte noch jemanden finden, den die öffentliche Meinung unbeeindruckt ließe und die „Schicksalsschläge", welche eine Folge dieser Meinung sein könnten. Unter den Großmeistern waren solche Schachfreunde nicht zu finden. Meine Wahl fiel auf Meister Dschindschichaschwili, einen Mann ohne bedeutendes Ansehen in der offiziellen Schachwelt. Meine Wahl war an und für sich eine erneute Herausforderung an die Adresse des Schachbundes der UdSSR und nicht weniger scharf als meine Postkarte an Awerbach. Aber mir war klar, daß es so sein mußte, denn auch wenn die Partei deshalb bei Dschindschichaschwili anfragen sollte, würde er mich nicht verraten.

Gegen mich gebrauchte man jedoch jede Waffe. Ich war noch nicht in Moskau angekommen, da begann man zu erzählen, daß Dschindschichaschwili sich mit Petrosjan getroffen und auch mit Grigorjan gesprochen habe (auch ein Armenier: da soll man noch wissen, auf wessen Seite einer eigentlich steht). Offensichtlich wollten sie gern mein Vertrauen in meine Trainer untergraben, die doch ohnehin nicht so stark waren. Und sie haben schließlich ihr Ziel erreicht.

Mit den vereinten Kräften des Schachbundes der Sowjetunion wurde zur Unterstützung Karpows ein gewaltiger Stab aufgeboten. Neben den regulären Trainern waren Petrosjan, Awerbach, Tal und Botwinnik anwesend. Ja, sogar Botwinnik hatten sie dazu überredet, Karpow Ratschläge zu erteilen! Ich habe die Geschichte gehört, wie Tal und Waganjan von einem internationalen Turnier zurückkehrten. Am Ausgang des Flugfeldes stand ein Auto des Zentralkomitees der Kommunistischen Jugendorganisation für sie bereit. „Schnell zu Karpow", sagte der diensthabende Angestellte, „es steht nicht gut um seine Französische Verteidigung." Und sie gingen alle beide!

Ist es verwunderlich, daß ich mich im Zweikampf mit Karpow in der Eröffnung als schwächer erwies? Ich war ja im Grunde allein auf weiter Flur! Spasski, der mir sehr gerne geholfen hätte, befand sich nach dem Zweikampf in einer schwierigen Lage und konnte mich auf keine Weise unterstützen. Dem feigen Polugajewski war schrecklich bange, daß sie hinter sein Tun und Lassen kämen; er versuchte mir zu helfen, ohne aus seinem Auto zu steigen. Smyslow versteckte seine Sympathien nicht unter Stühlen und Bänken. Dafür wurde er, nach der Meisterschaft der UdSSR, gleich als er nach Moskau zurückkehrte, zu einem Turnier nach Ungarn entsandt, wie sehr er sich auch dagegen sträubte — er hätte sich nicht in den Kopf setzen sollen, mir helfen zu wollen.

Von ihrer Sympathie mir gegenüber machten die Großmeister Suetin, Cholmow und Wasjukow sowie eine Reihe von Meistern keinen Hehl. Karpow war bei den Menschen, die ihn näher kennengelernt hatten, nicht beliebt, und wichtiger noch, sie sahen in ihm das Symbol der Reaktion.

Aber, wie man sieht, hatte er die richtigen sachkundigen Helfer, und ich nicht. Genauso vielsagend war das Publikumsverhalten. Wir spielten in Moskau im besten Saal des Landes, dem Säulensaal des Unionenhauses. Es war derselbe Saal, wo man Lenin und später Stalin aufgebahrt hatte. Wir spielten auch im Tschaikowski-Saal, dem besten Konzertsaal der Sowjetunion. Den Zweikampf besuchte in erster Linie intellektuelles Publikum. Die Menschen waren auf eine stille, aber standfeste Weise für mich. Aber das Zentralkomitee der Kommunistischen Partei hatte auch seine eigenen Jungen für das Spiel rekrutiert. Ich weiß noch gut, wie nach dem unentschiedenen Ausgang der 22. Partie das Podium von faschistoiden Jungen umringt wurde, die riefen: „Gut so, Tolja, mach ihn kaputt!“

Der Verlauf des Kampfes sowie der psychologische und sportliche Gang der Dinge sind nie in die Presse gelangt. Sonst hätte man von vielen Vorfällen, die nichts mit Schach zu tun hatten, berichten müssen. Sonst hätte man das armselige Spiel der Teilnehmer und sicher auch des Gewinners aufzeigen müssen. Ich teile das Match in zwei Abschnitte auf. Im ersten Abschnitt griff Karpow an. Er gab sein Bestes, legte sich voll ins Zeug. Er zwang mich zum Kampf, trachtete danach, mir von der ersten bis zur letzten Minute komplizierte Aufgaben zur Lösung zu stellen, und versuchte, den Kampf durch den Abbruch jeder Partie in die Länge zu ziehen. Er rechnete wahrscheinlich damit, daß ich als der Ältere nicht so lange durchhalten könne. Aber es nahm eine andere Wendung. Er war zuerst erschöpft. Man darf nicht vergessen, daß Karpow wie ein zerbrechlicher Knabe aussieht. Er wiegt insgesamt 52 Kilo, und während des Matches verlor er davon noch vier. Auch litt er an zu niedrigem Blutdruck. Beim Amateurboxen wäre ein solcher Wettkampf verboten worden angesichts der Gefahr für die Gesundheit eines der beiden Kontrahenten. Aber ich hatte einen Helfer, wenn er auch kein Schachspieler war. Kurz nach dem Kampf mit Petrosjan hatte er mir seine Hilfe angeboten. Früher Sportmeister im Boxen, war er nun Spezialist in Sportpsychologie geworden. Er bot mir denn auch in seiner Eigenschaft als Psychologe seine Hilfe an. Ich weiß nicht, wie nützlich er auf dieser Ebene war, aber auf sportlichem Gebiet erwies er sich als sehr gut. Beinahe zwei Monate lang gaben wir uns mit Sport ab, und am Vorabend des Zweikampfes liefen wir so um die vier bis fünf Kilometer mit Tempo. Ich bin davon überzeugt, daß diese Vorbereitung eine Rolle gespielt hat. Karpow selbst hat das auch schnell gemerkt.

In den ersten acht Partien hatte Karpow deutliches Übergewicht. Die Eröffnung als Schwarzer behandelte er sehr präzis. Man darf nicht vergessen, daß sein Hauptratgeber Furman war, mit dem ich jahrelang zusammengearbeitet hatte und der alle meine Schwächen kannte, was meinen Kampf mit Karpow sehr erschwert hat. Die unerwartete Verteidigung, die er gegen mich gewählt hatte, fand ich, gemessen an der Art meines Schachstils, schwierig. Wir wechselten mit dieser Eröffnung drei Partien, und trotz der häuslichen Analyse war ich in der Folgezeit gezwungen, von ihr abzusehen. Mit Schwarz hatte ich einige Variantenkomplexe zur Verfügung, aber ich wußte nicht, welcher davon am besten sei. Ich kam auf die Idee, den zweifelhaftesten zu Beginn des Wettkampfes auszuprobieren. Dabei stieß ich auf eine zu Hause minuziös ausgearbeitete Analyse. Karpow gewann die zweite Partie in direktem Angriff. Es war deutlich, daß die Partie von Anfang bis Ende Analysearbeit gewesen war. Natürlich stellte die Partie Karpows beste Leistung in diesem Match dar, aber es befremdete mich doch, daß die Kommission des „Schachinformator" sie als die beste des Jahres bezeichnete. Weder von Kampf noch von Kreativität konnte die Rede sein!

Mit Remis nach kräftigem Druckspiel von Karpow endeten die nächsten drei Partien, aber in der sechsten Partie wandte ich wieder ein Eröffnungsexperiment an, das ich außerdem kurz vor der Partie vorbereitet hatte, und zwar ganz alleine! Ich hatte schon kein großes Vertrauen mehr in meine Trainer, aber ich wurde selbst zu Hause nicht recht schlau aus der Situation. Die Idee war richtig, aber ich wollte keinen Bauern dafür opfern. Daheim war es mir so vorgekommen, als könnte ich die Probleme unter Beibehaltung des materiellen Gleichgewichtes lösen. Am Brett sitzend, entdeckte ich, daß der zu Hause erforschte Weg mit Hindernissen übersät war. Um meinen innerlichen Widerstand, meine Abneigung, einen Bauern zu opfern, zu überwinden, brauchte ich am Brett eine Stunde Bedenkzeit! Ich bekam eine aussichtsreiche Stellung, konnte mich aber von meiner psychologischen Unsicherheit nicht befreien. In wenigen Zügen war ich meine glänzende Position los. Mit einem Rückstand von einem Bauern und einer Stunde Bedenkzeit stritt ich nun für eine verlorene Sache. Es ist bezeichnend, daß niemand an die Partie erinnert, und daß niemand sie ernstnimmt, obwohl ich beschwören kann, daß Karpow nicht aus der Eröffnung heraus, am Brett, den Sieg davongetragen hat . . .

Gut, daß ich endlich eine Stütze in der Französischen Verteidigung fand, einer Eröffnung, in der die häusliche Anaylse nicht entscheidend ist, wohl aber der Beginn des Mittelspiels. Wegen Karpows Punktvorsprung im Wettkampf war es mir bereits zu gefährlich geworden, eine andere Eröffnung zu wählen und zu experimentieren, zumal in einem Moment, da ich kein Vertrauen in meine Trainer hatte. Man stelle sich vor: Osnos ist Parteimitglied, sie kommen zu ihm und sagen: „Warum hast du dich mit der Mißgeburt eingelassen? Deine Pflicht als Parteimitglied ist es, uns zu helfen!" Solche merkwürdigen Gedanken gingen mir damals durch den Kopf, was in der düsteren Situation vollkommen natürlich war. Meine Frau hielt sich im Pressezentrum auf, die Leute hatten Angst, ihr entgegenzutreten und sie in gewohnter Weise zu begrüßen!

Vor der neunten Partie fühlte ich, daß Karpow die Spannung nicht mehr ertragen konnte. In dieser Partie bot er zum ersten Male auf halbem Wege Remis an. Von der zehnten Partie an behielt ich die Initiative bis zum Ende des Matches in Händen. Karpow ging in die Defensive; anderthalb Monate lang verschanzte er sich!

Ich muß gestehen, daß meine Niederlagen in der zweiten und sechsten Partie, so zufällig sie auch waren, auf das äußerst starke Druckspiel Karpows zurückgingen, und wenn ich sie nicht verloren hätte, dann hätte ich vielleicht in der dritten, siebten und achten Partie Niederlagen hinnehmen müssen, in denen ich nur wie durch Wunder standhalten konnte. Im Gegensatz dazu balancierte Karpow nun am Rande des Abgrundes. Die zehnte, elfte, dreizehnte, fünfzehnte und siebzehnte Partie, in jeder von ihnen hatte ich Stellungen, die ich um ein Haar gewonnen hätte. Unter normalen Umständen hätte ein durchschnittlicher Großmeister wie Andersson oder Waganjan sie bestimmt zum Gewinn führen können. Aber mir wollte das nicht gelingen.

Das Spiel Karpows wurde von Partie zu Partie schwächer. Er übersah bereits ganz naheliegende Dinge, wie in der dreizehnten und fünfzehnten Partie, aber ich kam regelmäßig in Zeitnot und nützte seine Fehler nicht aus. Auch die abgebrochenen Partien standen für mich günstiger, aber die Qualität meiner Hausanalysen stand ein Stück hinter der des Karpow-Clans zurück. Außerdem wendete ich zu viel meiner Kraft für die Analyse auf.

Karpow, der beabsichtigt hatte, mich zu erschöpfen, begann als erster, um „time out" zu bitten. Dieser Mann von gewaltiger Willenskraft kapitulierte auf physischem Gebiet. Aber in einer Reihe von Partien, in denen ich Druck ausübte, hatte ich wieder keinen Erfolg; im Gegenteil, ich verlor noch eine, die siebzehnte Partie. Ich muß hierbei erzählen, daß ich vor dem Zweikampf, als alle Karpow ein Loblied sangen, in einer Art von Selbstverteidigung erklärt hatte, daß ich den Kampf gewinnen würde, und zwar in siebzehn Partien! Die siebzehnte Partie erwies sich als verhängnisvoll. Ich erinnere mich, daß ich zum ersten Male Katalanisch spielte. Ich brachte ein Bauernopfer, was im allgemeinen nichts für mich ist, aber Karpow verteidigte seinen Bauern nicht und machte ohne Nachdenken einen anderen Zug. Das ist auch bei Karpow ungewöhnlich, so ganz ohne Nachdenken! Ich weiß noch, wie ich in Gedanken vertieft da am Brett saß, und überlegte: Wer konnte mich nur verraten haben?! Es war selbstverständlich, daß ich in meiner Vorzugseröffnung Übergewicht bekommen hatte; genauso natürlich war, daß ich in der gegebenen Situation nicht normal spielen konnte! Ich ließ mir einen großen positionellen Vorteil entgleiten, und die Stellung wurde wieder ausgeglichen. Nach Chancen für einen Sieg suchend, geriet ich in Zeitnot und tappte danach bei gleicher Stellung in eine wenig komplizierte Falle.

Die ersten Zweifel am Ausgang des Zweikampfes hatten mich nach der dreizehnten Partie beschlichen. Nach der siebzehnten begriff ich, daß nichts mehr zu retten war.

Aber in der Schlußphase sollten noch Wunder geschehen. Der erschöpfte Karpow verlor ein gleichstehendes Endspiel in der neunzehnten Partie, und die einundzwanzigste gewann ich schon in der Eröffnung! Das war ein schrecklicher Schlag! Kaum war es offenkundig geworden, da war schon alles vorbei. Ich erinnere mich noch, mit welch haßerfülltem Blick Karpow mich ansah, bevor er aufgab.

Es blieben noch insgesamt drei Partien, und Karpows Vorsprung war minimal. Was wäre geschehen, wenn noch, sagen wir, sieben Partien gefolgt wären? Wäre mein Gegner vielleicht völlig der Anstrengung erlegen? Oder hätte er vielleicht ein zweites und drittes Mal neue Energien in sich gefunden? Raum zum Kämpfen war bereits nicht mehr, eine einzige Partie mit Weiß hatte ich noch, alles kam auf die eine Partie an!

Gegen Ende des Matches erhielt ich anonyme Briefe mit ungefähr folgendem Inhalt: „Wenn du es wagst, unseren Karpow zu schlagen, wirst du etwas erleben!" Nein, ich hatte keine Angst, meinem Spiel war nichts anzumerken, aber ich hatte das Gefühl, daß mir, wenn ich gleichzöge, irgend etwas auf der Straße, unterwegs, passieren könnte . . .

Die letzten drei Partien endeten remis. Mit 3:2 Punkten errang Karpow einen schwer umkämpften Sieg, der ihm, wie sich später zeigte, auf sonderbare Weise den Weltmeistertitel ohne Auseinandersetzung mit Fischer einbrachte.

Die letzte Partie wurde, wie übrigens alle vorhergehenden, vom Zentralfernsehen der UdSSR ausgestrahlt. Wie ein Freund von mir — ihm gebührt die Ehre, mich während des Wettkampfes und selbst danach nicht im Stich gelassen zu haben — treffend bemerkte: „Ihr Schachspieler, du eingeschlossen, habt eine wichtige Mission. Fußballer und Hockeyspieler sind dazu nötig, damit die Leute weniger Wodka trinken, aber ihr werdet auf die Leute losgelassen, damit sie weniger Solschenizin lesen!“ Aber kehren wir zurück zum Ablauf der letzten Partie. Ich mußte Karpow die Hand schütteln, wie unangenehm ich es auch empfand, und verließ danach allein die Bühne, auf der Karpows Fans in Huldigungen ausbrachen. Das alles wurde direkt gesendet, aber von dem Videorecorder für die letzten Neuigkeiten, die ins ganze unermeßliche Land gesendet wurden, war der Moment des Händeschüttelns nicht aufgezeichnet worden. Warum? Das Match war abgelaufen, aber man hatte noch nicht mit mir abgerechnet. Die Bevölkerung sollte den Eindruck gewinnen, daß ich mich schlecht benommen hätte. Während des Kampfes führten Karpow und ich ein wortloses psychologisches Gefecht. Mein Psychologe hatte die Initiative dazu ergriffen. Karpow sah in ihm vom Podium herunter direkt einen Feind. Er dachte, daß er aus dem Saal versuchte, ihn zu beeinflussen und zu hypnotisieren. Er rief Hilfe herbei. Um ihn zu unterstützen, wurde nicht mehr und nicht weniger als einer der besten Psychologen des Landes herbeigeholt, der in einem nahe Moskau gelegenen Zentrum mit Kosmonauten arbeitete! Ich kann nicht sagen, daß er mich belästigte, seine Aufgabe war es allein, meinen Helfer (verglichen mit ihm ein bescheidener Amateur) unschädlich zu machen. Mein Psychologe, Z . . ., schlug mir vor, Fischers Methode anzuwenden und fünf bis sieben Minuten zu spät zur Partie zu erscheinen. Das wirkte: Karpow war außer sich. Aber es liegt nicht in seiner Art, so etwas hinzunehmen. Er begann, auch zu spät zu kommen — vor allem bei der Wiederaufnahme —, und tat dies sogar öfter als ich. Zur Fortsetzung der fünfzehnten Partie kam er dreizehn Minuten zu spät, nur um seine Unterschrift unter eine Remisübereinkunft zu setzen! Es gab auch psychologische Momente zu Beginn der Partie, wann immer einer von uns zum Brett kam und den anderen grüßte. Wenn ich mich nicht irre, ist es im Leben gebräuchlich, daß der Jüngere dem Älteren die Ehre erweist. Aber in diesem Match war es nicht so. Karpow gab mir durch sein Verhalten zu verstehen, daß er der Favorit war und sich alles erlauben könnte, was er wollte. Am Ende des Matches stand er nicht einmal mehr auf, wenn ich auf ihn zukam, um ihn zu grüßen . . .

O'Kelly, den Hauptschiedsrichter, hielt Karpow an seinem Gängelband. Es spielte sich folgendes ab: Während der fünften Partie dachte ich in einer für mich besseren Position über meinen Zug nach. Karpow erhob sich vom Brett und begann, mich zu fixieren. Das ist eine Gewohnheit von ihm. Es ist sogar ein Foto erhalten, das während eines internationalen Turniers gemacht wurde, worauf Karpow mich mit einem wütenden, wilden Blick zerreißt. Ich wandte mich an Karpow mit der Frage, die ich vorbereitet hatte: „Wollen Sie mir etwas sagen?" „Nein, nein", antwortete er und ging fort. Dann kam O'Kelly zu mir (ich dachte immer noch über meinen Zug nach) und sagte: „Karpow beklagt sich darüber, daß Sie während der Partie mit ihm reden." Er war zum Botschafter Karpows geworden! Zuerst störte mich Karpow und dann der Schiedsrichter beim Nachdenken über einen Zug. Und in der zwanzigsten Partie tat Karpow einen Zug und forderte den Abbruch der Partie und daß ich einen Zug abgeben solle. Es war noch Zeit bis dahin, eine Minute oder mehr, aber O'Kelly unterwarf sich dem Favoriten!

Am Vorabend der einundzwanzigsten Partie schrieb ich eine Erklärung über das provozierende Betragen Karpows. Ich schrieb nicht an das Schiedsrichterkollegium — darin saß ein Ausländer, und wie konnte ich mich als Sowjetbürger bei einen Ausländer beklagen! Man wäscht schmutzige Wäsche nicht draußen! Die Erklärung war an das Organisationskomitee des Wettkampfes gerichtet. Ich berichtete darüber, daß Karpow geraume Zeit zu spät erschien, daß er dem Schiedsrichter Anweisungen gab und daß er nicht aufstand, wenn er mich begrüßte. Dieser verzweifelte Schritt sollte eine Änderung der Situation erreichen, in welcher der Sieger schon ausgemacht schien. Zufall oder nicht, ich gewann die einundzwanzigste Partie in 19 Zügen. Karpow bekam die Erklärung während des Matches nicht zu Gesicht, das geschah erst nach dem Wettkampf. Er ärgerte sich maßlos. Als er einmal nach dem Wettkampf in Leningrad auftrat, sagte er zu seinem vertrauten Kreis von Offizieren (Karpow ist schon seit 1966 Mitglied des Zentralen Sportklubs der Armee) hinter vorgehaltener Hand, daß ich nicht für mein Auftreten in der Presse bestraft worden sei, sondern für die bewußte Erklärung, die ich während des Matches verfaßt hatte.

Die Bestrafung

Und so gab es Gründe, mich zu bestrafen. Für meine früheren Abirrungen vom rechten Pfad (denken wir nur an 1973), für meine Widerspenstigkeit, die ich im Brief an den Schachbund und in meiner Erklärung über das Benehmen Karpows an den Tag gelegt hatte, und schließlich für die Tatsache, daß ich gekämpft, einfach gekämpft mit Karpow, dem Liebling des Volkes, und seine „hochwürdigen" Anhänger in Unruhe versetzt hatte. („Wenn Sie wüßten, welche Leute im Pressezentrum angerufen haben, um sich zu erkundigen, wie Karpow steht!" sagte mir einer der Journalisten.) Ein Anlaß wurde dringend gesucht und schnell gefunden.

Nach Beendigung des Zweikampfes wurden Reden geschwungen, man nannte Karpow ein Genie. Spezielle Preise standen zur Verfügung; mir wurden auch einige zuteil. Der Preis „für den Willen zu siegen" ging natürlich an Karpow. Die Presse überschlug sich vor lauter Lobeshymnen über den glänzenden Sieg von Karpow. Die Schachpresse war weniger verschwenderisch in ihrer Wortwahl. In „64" vergossen Petrosjan und Gufeld ein paar Tränen der Rührung.

Wie zu erwarten war, betonten Karpows Interviews die Rechtmäßigkeit seines Sieges und sein völliges Selbstvertrauen während des ganzen Kampfes. Den Namen seines Gegners versuchte man unerwähnt zu lassen. Karpow hatte auf glänzende Weise gewonnen; er hatte die Sache einfach ein bißchen in die Länge gezogen, aber warum sollte er sich beeilen!

Niemand lud mich dazu ein, meine Gedanken wiederzugeben, und als B. Kazić mich bat, ein paar Worte für die Presseagentur Tanjug zu sagen, stimmte ich mit Vergnügen zu.

Ich habe Kazić viel erzählt; er hat nicht alles aufgeschrieben und die scharfen Kanten meiner Äußerungen abgeschliffen. Er erwähnte nicht meine Erklärung während des Wettkampfes über Karpows unhöfliches Verhalten. Was in „Politika" gedruckt wurde, hatte folgendes Resümee: Nach seinem Talent ist Karpow nicht stärker als die Großmeister, die er in diesem Zyklus geschlagen hat. Dagegen unterstrich ich wohl seine enorme Willenskraft und sein Vermögen, alle Nebenfaktoren zu seinem eigenen Vorteil zu gebrauchen. Ich bin auch jetzt noch bereit, unter all dies meine Unterschrift zu setzen. Ich habe auch noch hinzugefügt, daß ich mit Fischers Idee übereinstimme, Remispartien in solchen Wettkämpfen nicht mitzuzählen. Es interessierte mich, wie Karpow sich verhalten hätte, er, der mit Mühe ein Remis nach dem anderen gespielt hatte und anderthalb Monate von seinen schlechten Stellungen nicht loskommen konnte.

In unserem Wettkampf kratzte er sich nach solch einem Remis zufrieden am Hinterkopf und sagte dann: „Nun, Gott sei Dank, wieder ein Stück des Weges hinter uns, bald haben wir das Limit erreicht!" Aber wenn es kein Limit gegeben hätte, der Kampf hätte sich anders entwickelt, und Karpow, mit dem Rücken zur Wand spielend, wäre gezwungen gewesen, sich nicht allein nur zu verteidigen.

Das am 3. Dezember 1974 in „Politika" abgedruckte Interview fand seine Reaktion in der UdSSR. Man forderte von mir schriftliche Erklärungen gegenüber dem Sportkomitee. Ich schrieb, daß ich froh darüber sei, daß mein Interview einen Anstoß in Richtung einer sachlichen Beurteilung der kreativen Aspekte des Wettkampfes gegeben hätte.

Nun war ich endgültig zur Bestrafung reif. Mein gegen Karpow gerichtetes Auftreten war natürlich kriminell, aber doch noch eine interne Angelegenheit. Die Unterstützung von Fischers Forderungen hingegen sah man als Verrat an. Wer nur wollte, konnte in der Presse gegen mich vom Leder ziehen; das war etwas, was die Behörde brauchen konnte. Aber es ist in der UdSSR nicht so einfach, jemanden zu finden, der die Drecksarbeit zu machen bereit ist. Und da trat Petrosjan als ein treuer Diener der Führung mit einem besonderen Vergnügen gegen mich auf. Seine Replik in der Zeitung „Sowjetsport" war betitelt „Unsportlicher Großmeister!".

Der eine Großmeister, gedeckt durch einen mächtigen Staatsapparat und vergiftet von der Waffe der Halbwahrheit, fügte dem anderen Großmeister einen Schlag zu, indem er eine Flut von Haß gegen ihn bei dem viele Millionen zählenden Sowjetbürgertum auslöste.

Nach Petrosjan wurde der sowjetische Schachbund gegen mich mit einer Verurteilung aktiv. Dann wurden sogenannte „Arbeiterbriefe" veröffentlicht, die mich verleumdeten und eine strenge Bestrafung forderten. Es gelangten auch andere Briefe zur Redaktion. Darin stand, daß dieses Bewerfen mit Schmutz, das gegenwärtig in Gang gesetzt werde, stark an den antisemitischen „Doktorsprozeß" denken ließe, der 1952 in die Wege geleitet wurde. Aber die Briefe wurden nicht publiziert. Einen solchen Brief hat der Schreiber mir zugleich ins Haus gesandt. Er verglich Petrosjan mit Lysenko und Timaschuk — düsteren Helden der beginnenden fünfziger Jahre.

Die Situation war schwierig. Man machte sich daran, mich auch durch die Partei zu „bearbeiten". Ich ließ mich durch die wenigen Freunde, die mir verblieben waren, dazu überreden, einen kurzen — aus 62 Worten bestehenden — Brief an die Zeitung „Sowjetsport" zu schicken; daß ich das Interview bedauere, daß ich es in einem Zustand großer nervöser Spannung nach dem Match gegeben habe. Für die Publikation meiner Entschuldigung auf den Seiten seiner Zeitung bekam der Hauptredakteur einen Verweis. Man kann sich also vorstellen, wie unaufrichtig meine „Reue" gewesen war.

Ende Dezember wurde ich durch das Komitee in Moskau aufgefordert, Rechenschaft abzulegen. Ich ging nicht hin. Ich nutzte die Lektion, die ich durch Petrosjan erworben hatte, und ging für zwei Wochen ins Krankenhaus. Aber ich entging doch nicht der Rache. Am 20. Januar 1975 erschien ich nach einer erneuten nachdrücklichen Aufforderung in Moskau. Im Sportkomitee teilte man mir mit, daß ich für ein Jahr aus der Nationalmannschaft der UdSSR ausgestoßen sei. Wegen „ungebührlichen Verhaltens", wie es in der Verordnung formuliert war. Weiter teilte man mir mit, daß mir ein Jahr lang das Auftreten in internationalen Wettkämpfen im Ausland untersagt sei, und ich mußte vernehmen, daß man meine monatlichen Zuwendungen verringere. Ich kehrte nach Leningrad zurück.

Einer meiner Freunde hat Leningrad einmal treffend „die Hauptstadt der Sowjetprovinz" genannt. Früher die Hauptstadt des russischen Imperiums und das größte kulturelle Zentrum des Landes, ist Leningrad in der Periode der Sowjetverwaltung dahingesiecht. Die Einwohner der Stadt und die Stadtverwaltung denken immer noch, daß die Stadt von großer Bedeutung sei, und geben ihr Bestes, das zu beweisen. Es bestand in der Tat eine Schicht von Intellektuellen, und in der Vergangenheit machte sie den größten Teil der Bevölkerung aus. Aber sie ist gnadenlos ausgerottet worden — sowohl 1937 als zuvor und danach. Da wurden ein paar große „Aktionen" vom KGB durchgeführt, zum Teil auch noch in den Nachkriegsjahren. Der progressive Gedanke und die progressiven Führer auf welchem Posten auch immer sind systematisch kaputtgemacht worden. Anstelle dessen, was physisch vernichtet wurde, hat der viel zuverlässigere Leninistische Gedanke Eingang gefunden. Es ist dann schließlich auch so weit gekommen, daß Leningrad nach einer Reihe von „Säuberungen" zur reaktionärsten Stadt des Landes aufgestiegen ist. Und wenn man in Moskau an der Spitze etwas nicht geregelt hat, wenn man jemanden nicht vernichtet hatte, dann wurde dieser Fehler in Leningrad bestimmt wiedergutgemacht.

Als bekannten Schachpropagandisten beraubte man mich der Möglichkeit, Schachartikel zu schreiben und im Fernsehen aufzutreten. Meine Wohnung wurde abgehört, und ich erhielt meine Post aus dem Ausland nicht mehr (eine englische und eine jugoslawische Schachzeitung). Auch fünf Exemplare des Buches „Das Königsgambit", welches ich zusammen mit Zak geschrieben hatte und das in England erschienen war, erreichten mich nicht.

Gerüchte gingen um, ich hätte um ein Ausreisevisum nach Israel nachgesucht; die Gerüchte wurden von oben, vom KGB, verbreitet. Im Zusammenhang damit hatte sogar mein Sohn Schwierigkeiten in der Schule. Er ist zwar minderjährig und trug für die „Sünden" seines Vaters keine Verantwortung, aber wenn er mit seinem Vater nach Israel ginge, so bekäme sein Lehrer dies aufs Brot geschmiert; darum traktierten sie ihn, als hätte er sich schlecht betragen oder schwache Leistungen gezeigt. Mehr als zwei Monate lang trat ich nicht auf — in einer Stadt, die keine größere Schachautorität, keinen größeren Redner auf dem Gebiet des Schachs besaß als mich. In einer Stadt, in der mich Millionen Menschen kannten und meine Anhänger waren.

Ein paar Monate später begann man mich wieder einzuladen, und im Parteikomitee hatte man offensichtlich Gnade vor Recht ergehen lassen: „Vorwärts, laßt ihn mal wieder . . .!"

Bei meinen Auftritten waren manchmal besonders präparierte Zuhörer. Zum Parteikomitee gelangten anonyme Briefe, daß ich „verkehrte Dinge sagen würde" über Karpow und natürlich über Fischer. Manchmal bekam ich anonyme Briefe mit schmutzigem antisemitischen Inhalt. Einmal erhielt ich einen Brief von einem „Arbeiter", der in literarischer Hinsicht prachtvoll geschrieben war; er war voll von den widersprüchlichsten „Informationen" — auch der launische Rajkin und Spasski bekamen nebenbei ihr Fett ab. Und zum Schluß hieß es: „im allgemeinen bekommt 'jeder das Seine', wie es auf dem Tor einer jener Anstalten zu lesen war, die es vor gar nicht so langer Zeit in Europa häufig gab. Da gehörten Sie hin!" Diesen Brief schickte ich aber schließlich an die Parteileitung der Stadt. Auf meine Bitte um Aufklärung erhielt ich natürlich keine Antwort. Vielleicht hatte ich den Brief an den Ort geschickt, von dem er gekommen war?!

Es war eine unruhige Zeit. In der Presse führte man eine Kampagne gegen Fischer und die FIDE, man schrieb sich eine Reihe von duckmäuserischen Artikeln zusammen und sammelte Unterschriften. Sie bestanden darauf, daß ich meine Loyalität bewiese und einen Sonderartikel gegen Fischer schriebe. Sie forderten, daß ich Karpow bei seinem Wettkampf mit Fischer durch eine ausführliche Analyse der schwachen und starken Punkte Fischers helfe. Aber ich wollte weder gegen Fischer kämpfen noch meinem Widersacher von kurz zuvor helfen (dies wollte ich am wenigsten). Aber sie drangen weiter auf mich ein. Sie riefen aus Moskau an. Es wurde eine Sitzung des Leningrader Sportkomitees anberaumt mit dem einzigen Ziel, meine Hartnäckigkeit zu brechen, und koste es, was es wolle, mich zu etwas zu zwingen, was zur Unterstützung der allgemeinen Verhaltensregeln der Sowjetischen Schachföderation diente. Ich begriff, wie wichtig ein Match Fischer — Karpow für die Schachwelt war, und ich wußte, wie sehr Karpow in seinem Herzen von solch einem Wettkampf träumte. Ich schrieb einen Artikel, aber nicht so einen, wie sie von mir wünschten. Damit er publiziert würde, schickte ich ihn sogar an Karpow. Der ließ ihn von der Leitung lesen, aber auch ihm glückte es nicht, den Bericht in die Zeitung zu bekommen.

Darauf fabrizierten sie einen Brief, der gegen die FIDE gerichtet war, die sich so schlecht gegenüber den Russen verhalten hätte. Man rief mich an und sagte mir: „Unterzeichnen Sie bitte diesen Brief gegen die FIDE, dann veröffentlichen wir wahrscheinlich bald Ihren Artikel über den Kampf um die Weltmeisterschaft und Fischers Bedingungen." Ich schluckte und stimmte zu. Trotzdem erschien mein Artikel nicht. Ich hatte in ihm dargelegt, daß der Kampf ohne Beschränkung der Partienzahl gespielt werden solle, aber ich schlug vor, die geforderte Anzahl Gewinnpartien auf acht zu verringern, sollte der Wettkampf unter dem glühenden Himmel von Manila ausgetragen werden.

Die Leser könnten denken, daß mein Verhältnis zu Karpow Widersprüche in sich berge, vor allem in den letzten Jahren. Dem ist aber nicht so: Persönlich hatte ich gegen Karpow nichts, trotz des gespannt verlaufenden Wettkampfes. Ja, wer hätte an seiner Stelle nicht den psychologischen Vorteil ausgenutzt, um den begehrten Sieg zu erringen! Aber gegen Großmeister Karpow, den Bannerträger der Sowjetreaktion, hatte und habe ich noch immer ernstliche Bedenken! Übrigens birgt die Persönlichkeit Karpows viel Widersprüchliches in sich, vor allem für diejenigen, die ihn nicht nur aus den Zeitungsberichten kennen.

Der Möglichkeit beraubt, im Ausland spielen zu können, entschloß ich mich, zum Internationalen Turnier nach Tallin zu reisen, zumal mich Keres und Nei nachdrücklich eingeladen hatten. Das Sportkomitee verbot mir jedoch, dort zu spielen, und die estländischen Schachspieler erhielten eine Rüge für ihr Fehlverhalten.

Das war für Keres die letzte Rüge seines Lebens. Als er aus Kanada von einem Turnier zurückkehrte, an dem ihm die Teilnahme verboten worden war, wohin er aber doch auf eigenes Risiko gereist war und wo er gesiegt hatte, verschied er unterwegs, in Helsinki. Es war sein Herz, die Berufskrankheit der Großmeister. Als Einwohner Estlands, eines Landes, das mit Gewalt der UdSSR einverleibt worden war, konnte er sich nicht an den Gang der Dinge in der Sowjetunion gewöhnen, und dadurch unterschied er sich vorteilhaft von seinen Sowjetkollegen in Ehrlichkeit und Standfestigkeit.

Ich erhielt eine Einladung zu einem Turnier in Jugoslawien, in Zagreb! Man lud mich natürlich auch zum Turnier der stärksten Großmeister in Mailand ein. Aber keine einzige Reise war möglich. Kurz darauf begann Karpow, über meine Situation nachzudenken. Nein, er ist keinesfalls ein Philanthrop! Aber jetzt, da er Weltmeister geworden war, überlegte er: Wo waren seine Verdienste nun geblieben? Er hatte seinen Titel auf Grund der Tatsache erhalten, daß er Spasski und mich geschlagen hatte. Aber die Menschen begannen, uns zu vergessen — sowohl Spasski als auch ich, unterdrückt durch die Staatsmaschinerie, konnten unsere Stärke nicht mehr demonstrieren. Und es zeugte von schlechtem Geschmack, den Namen von einem von uns beiden in einem Artikel auch nur zu erwähnen! Es hatte allmählich den Anschein, daß Karpow gegen zweitrangige Spieler gesiegt hätte und daß sein Titel aus dem Schaum des Meeres entstanden sei! Er unternahm einige Schritte, um mein Los zu erleichtern. Dabei wirkte auch noch der Umstand mit, daß ausgerechnet Petrosjan alles in seiner Macht Liegende anstellte, einen Wettkampf zwischen Karpow und Fischer in Vergessenheit geraten zu lassen. Karpow aber durchschaute ihn und suchte bereits einen Bundesgenossen für den Kampf mit Petrosjan selbst.

Im September 1975 wurde mir offiziell mitgeteilt, daß ich wieder Gnade gefunden hätte, daß ich meine Zuwendungen wieder erhalten würde und daß ich zum Turnier auf die Philippinen reisen könne, zu dem der Schachbund der UdSSR mich empfohlen habe. Diesmal jedoch spielte die Leningrader Parteiorganisation ihre Rolle. Die Zustimmung zu Auslandsreisen muß man ja von der Parteiorganisation des Wohnortes bekommen, und die erhielt ich nicht. Ich hoffte weiter und kam nach Moskau, bereit, in jedem Moment nach Manila zu fahren. Polugajewski reiste schon ab, und in der Prawda war zu lesen, daß ich in der ersten Runde des Turniers auf den Philippinen mit Larsen zusammenträfe. Statt dessen begegnete ich Spasski an dem Tage, als er eine Französin heiratete, und ich gratulierte ihm zu seinem Erfolg: Man sagt, daß der französische Botschafter in einem persönlichen Gespräch mit Breschnjew um die Zustimmung zur Heirat gebeten hätte . . .

Im November erhielt ich endlich Gelegenheit, an einem internationalen Turnier teilzunehmen, wenn es auch nur in Moskau war. Seine Besetzung war stark, vor allem die Gruppe der Sowjetgroßmeister. Ich spielte in diesem Turnier recht schlecht. Aber nur bis zu dem Moment, da ich auf Petrosjan traf. Die Partie gegen ihn spielte ich mit zusammengebissenen Zähnen. Sie wurde mit Vorteil für mich abgebrochen, bei der Analyse half mir Spasski. In der zweiten Sitzung gewann ich. Diese Partie gab mir Auftrieb. In der Schlußphase holte ich mit Hilfe des Moskauer Meisters Jakob Murey (jetzt Israel) 4½ aus 5 und kam dadurch zu einem geteilten dritten Platz hinter Geller und Spasski. Das war wirklich nicht schlecht nach einem Jahr, in dem ich so viel durchgemacht hatte.

Es muß zum Bruch kommen

Das Unheil, das auf mich niedergeprasselt war, und die schmutzigen Anschuldigungen, auf die ich nicht hatte antworten können, brachten in mir einen Umschwung zustande; die Notwendigkeit, ab und zu vor anderen auf Knien rutschen zu müssen, hatte mich besonders hart gemacht. Obgleich ich in meinen Auffassungen ziemlich frei bin, war ich in meinem Leben ziemlich konservativ. Mein Leben lang habe ich in der gleichen Stadt gewohnt. Ich habe nur einmal geheiratet, und ich habe immer danach getrachtet, mit ein und demselben Trainer zu arbeiten. Im Dezember 1974 begriff ich, daß ich meinen festen Charakter grundlegenden Veränderungen nicht entziehen konnte. Ich wurde stark unter Druck gesetzt, aber ich hatte das Gefühl, daß man nur den geeigneten Moment abwartete, um mich endgültig aus dem Sattel zu heben, nämlich dann, wenn ich schwächer spielen würde.

Ich dachte darüber nach, welche Methode ich wählen sollte, um das eine und andere nicht so schwierig und peinlich verlaufen zu lassen. Ein Gesuch für ein Ausreisevisum nach Israel einreichen? Das wäre wohl der reinste Gang nach Golgatha! Ich schrieb sogar einmal einen Brief an Tito (schickte ihn aber nicht ab), mit der Bitte, ob er mich nicht unter seine Obhut nehmen könne: alles wäre besser als in der UdSSR. Aber ich begriff, daß solch ein Brief reine Utopie sei . . .

Im Hinblick auf die bevorstehende Weltmeisterschaftsrunde ließ man mich vorläufig wieder ins Ausland reisen. Ende 1975 reiste ich zum Turnier nach Hastings. Ich hatte da schon natürlich meiner Frau Andeutungen darüber gemacht, daß ich nicht länger unter den Bedingungen in der UdSSR leben könne. Und den wenigen Freunden gegenüber, die mir geblieben waren, hatte ich das auch gesagt. Aber weder meine Freunde noch meine Frau vermochten mich völlig zu begreifen: alle Unannehmlichkeiten gingen mich persönlich an, und diejenigen, die mir nahestanden, waren nur von Kummer und Betroffenheit mir gegenüber erfüllt. Mein Sohn verstand mich am besten. In den für mich so schweren Tagen ging er zur Schule mit dem Abzeichen der Schacholympiade in Siegen mit dem Namen „Kortschnoi“ darauf.

Als ich nach Hastings reiste, nahm ich einen Stapel Schachbücher und Fotoalben mit. Die leitete ich nach dem Turnier allesamt dem jetzigen niederländischen Großmeister Sosonko in Amsterdam zu. Im Turnier spielte ich schwach und errang nur den vierten Platz.

Meine Situation in der Sowjetunion begann, sich ein bißchen zu normalisieren, aber ich hatte keine Lust, die alten Bande wiederherzustellen. Die Menschen, welche in meiner schwierigen Zeit aufgehört hatten, bei mir anzurufen, rief ich nun auch nicht mehr an.

Ich beteiligte mich nicht mehr am Verfassen von Schachbüchern, die in der Sowjetunion herausgegeben wurden und für die man Beiträge von mir erwartete. Einer der Schachjournalisten beschloß, ein Buch mit Partien von Sowjetgroßmeistern herauszubringen, und bat mich inständig, Material zur Verfügung zu stellen. Ich weigerte mich energisch und sagte ihm, daß ich sein Buch nicht verderben wolle. Ein anderer Journalist wollte meine Biographie schreiben. Ich zog die Sache in die Länge, wir bekamen einander nicht mehr zu Gesicht. Auch ihm gab ich zu verstehen, daß er in der Sowjetunion mit einem solchen Buch keine Ehre einlegen könne.

Die Leiter des Schachbundes erkundigten sich wiederholt bei mir, mit wem ich bei den Vorbereitungen zum Kandidatenturnier zusammenzuarbeiten gedächte. Ich gab ihnen zur Antwort, daß Großmeister und Meister davor zurückschreckten, mit mir offiziell zusammenzuarbeiten, dem Mann, der vom Sportkomitee ausgestoßen worden war. Das stimmte zum Teil auch, aber andererseits wollte ich niemanden Repressalien der Behörden aussetzen für den Fall, daß ich wegginge.

Im Laufe der Jahre 1975 und 1976 organisierte ich wiederholt halbgeheime Trainingszusammenkünfte mit Meistern, die meiner Meinung nach gute Menschen waren. Das war nämlich mein wichtigstes Kriterium bei der Wahl meiner Trainer. Ich nahm noch an einer offiziellen Zusammenkunft teil. Im Rahmen der Unterstützung jüngerer Spieler reiste ich für zwei Wochen nach Lwow, wo ich recht gut mit den örtlichen Großmeistern und Meistern zu beiderseitigem Vorteil zusammenarbeitete.

Im April 1976 fand die Mannschaftsmeisterschaft für Sportvereinigungen der UdSSR in Tiflis statt. Es gab nur wenige, die mit mir spielen wollten. Bronstein war nicht gewillt, mit mir zu spielen, Tal ging vorzeitig weg, und Karpow, der in diesen Tagen in ausgezeichneter Form spielte, behauptete, krank zu sein. Als Ergebnis davon schlug ich einige Reservespieler und erreichte an meinem Brett den ersten Platz. Ich war zugleich Kapitän, Trainer und Begleiter meiner Mannschaft. Es kommt nicht von ungefähr, daß im Juli-Heft der Zeitschrift „Schach in der UdSSR“ viele warme Worte über mich zu lesen waren. In dem Moment aber, als die Zeitschrift aus der Presse kam, war ich bereits weit weg. Sie wurde wahrscheinlich längst nicht allen Abonnenten zugestellt . . .

Im Juli spielte ich im IBM-Turnier in Amsterdam. Ich spielte mühsam, wie gewöhnlich zu dieser Zeit, war häufig in Zeitnot und teilte gerade noch den 1. und 2. Platz mit Miles.

Nein, ich war felsenfest davon überzeugt, daß ich nun am besten im Westen aufgehoben sei. Ich war entschlossen, mit der Sowjetunion zu brechen, aber vorläufig war ich noch stark. Vorläufig, das Kandidatenturnier in Aussicht, zeigte man noch Interesse an mir, konnte ich noch reisen und andere Dinge, die mir lieb waren, in den Westen bringen. Ich hatte mein Archiv nach Amsterdam mitgebracht, auch wertvolle Briefe meiner Freunde und die nicht minder wertvollen meiner Feinde. Aber ich konnte schon nicht mehr schweigen.

Eine Woche vor dem Ende des Turniers gab ich einem Korrespondenten von „France Press" ein Interview. Ich erzählte von den Ursachen, die Spasskis unglückliches Spiel beim Interzonenturnier bewirkt hatten; auf seine Bitte hin hatte ich zwei Wochen mit ihm in Sotschi gearbeitet, und er mußte in dieser Zeit zweimal nach Moskau fliegen, denn man wollte dort die Formulare für sein Ausreisevisum nach Manila nicht unterzeichnen. Auch bemerkte ich, daß ich es als stillos von der UdSSR ansah, sich zu weigern, an der Schacholympiade in Israel teilzunehmen (an anderer Stelle habe ich später gesagt, daß diese Weigerung als eine Fortsetzung der traditionellen Politik des sowjetrussischen Reiches, nämlich der antisemitischen Politik, zu betrachen sei).

Als ich von dem bereits gedruckten Interview Kenntnis nahm, wurde mir bewußt, daß meine bevorstehende Rückkehr in die UdSSR zahllose neue Schwierigkeiten mit sich brächte. Durch das Interview hatte ich von meinem Recht als freier Mensch Gebrauch gemacht; von diesem Augenblick an war ich, der ich mich eigentlich nie mit Politik abgegeben hatte, bereits ein Dissident, und dazu noch in aller Öffentlichkeit.

Solange ich in der UdSSR war, hatte ich alle legalen Möglichkeiten genutzt, um in Schachfragen den Menschen in der Sowjetunion klarzumachen, was bei uns gespielt wurde: wie etwas in der Presse wiedergegeben wird und wie es in Wirklichkeit ist. Von nun an würde ich den Menschen in der Sowjetunion nie mehr von Nutzen sein können. Ich faßte meinen Entschluß mit reinem Gewissen — ich bleibe im Westen für jetzt und alle Zeiten.

Als der letzte Tag meines Aufenthaltes in den Niederlanden heranrückte, sollte ich bei der Botschaft der UdSSR in Den Haag zur Berichterstattung über das abgeschlossene Turnier um sieben Uhr abends erscheinen.

Um halb sechs beendete ich in Den Haag eine Simultanvorstellung und reiste zu Freunden nach Amsterdam. Am folgenden Tage suchte ich im Gebäude der Ausländerpolizei in Amsterdam um politisches Asyl in den Niederlanden nach.

Ich bin nicht der erste, auch nicht der letzte, der einen Ausweg sucht aus der für kreatives Schaffen ungeeigneten Atmosphäre in der Sowjetunion und diesen Ausweg in der Flucht findet. Aber ich hatte einmal eine offizielle Popularität genossen, die in der Sowjetunion nicht einmal Solschenizin oder Sacharow erreichen könnten, auch selbst Rostropowitsch und Barschai nicht, Leute, die im Westen ein gutes Stück bekannter sind als ich. Millionen Menschen haben mich auf ihrem Fernsehschirm gesehen, Hunderttausende sind mir begegnet und haben meinen Vorträgen gelauscht. Unzählige Jahre hindurch haben die Zeitungen über mich geschrieben — Stalin, Malenkow, Chruschtschow und Breschnjew lösten einander ab, aber mein Name ist niemals aus den Schlagzeilen verschwunden. Die Popularität habe ich auch selbst gespürt, mein Leben war dadurch bequem geworden. Diese Popularität kehrte sich nun gegen die Sowjetbehörden. Die Bevölkerung mußte über mein Verschwinden aufgeklärt werden. Ein Matrose, der von seinem Schiff geflüchtet ist, ein Schriftsteller, der im Westen geblieben ist oder ein politischer Aktivist, der verbannt worden ist — über solche Fälle braucht man die Bevölkerung nicht zu informieren. Aber meinen Fall vor der Öffentlichkeit geheimzuhalten war unmöglich!

Einige Tage nach dem Geschehnis begann TASS zunächst mit Verlautbarungen. Es wurde ein Kommunique für den Westen herausgegeben, in den Sowjetzeitungen ist es nicht erschienen. Der Kern der Darlegungen war, daß alles, worüber ich mich beklagte, unwahr sei und daß mein verletzter Stolz und meine Eitelkeit die die Schuld an allem trügen. Das waren dumme Behauptungen, die von fehlender Logik und der Mißachtung der Ursachen der Ereignisse gekennzeichnet waren. Es ist denn auch zu seltsam, so etwas zu widerlegen. Wenn das Gefühl des eigenen Wertes unterdrückt wird, leiden alle menschlichen Gefühle, darunter auch Stolz und Eitelkeit.

Zwanzig Tage später gab der Schachbund der UdSSR eine Erklärung bekannt. Nach weiteren zwei Wochen verfaßte man einen Brief, der von den großmeisterlichen Mitgliedern des Schachbundes der UdSSR stammte. Im Vorbeigehen meinen Verrat an „Mütterchen Rußland“ streifend (wie einmal jemand treffend bemerkte: wenn eine Mutter ihre menschlichen Qualitäten verliert, aus der Bahn gerät und zu trinken anfängt, dann büßt sie ihre mütterlichen Rechte ein!), legten die „Unterzeichner“ den größten Wert auf etwas anderes. Sehen Sie, ich weiß mich nicht am Schachbrett zu benehmen, und deshalb muß ich von allen Wettkämpfen ausgeschlossen und vor allem von der Teilnehmerliste des Kandidatenturniers um die Weltmeisterschaft gestrichen werden!

Es gab mir einen Stich in die Brust, die Namen derer zu lesen, die diesen Brief unterzeichnet hatten. Einundzwanzig Jahre lang habe ich mit ihnen Gedanken ausgetauscht und das letzte Stück Brot mit ihnen geteilt. Ich verfüge übrigens über Beweise von Augenzeugen darüber, daß einigen von ihnen dieser Brief nicht unter die Augen gekommen ist und sie nichts von ihm wußten, aber ihre Unterschrift ist dennoch unter das Dokument geraten. Ich muß insbesondere anmerken, daß Karpow den schäbigen Ausfall der Sowjetbehörden nicht unterstützt hat!

Auf jeden Fall: als ich den Brief gelesen hatte, war ich von der Richtigkeit meines Schrittes noch mehr überzeugt. Wie sich mein weiteres Leben entwickeln wird oder was in meiner Schachkarriere noch passieren wird, das weiß ich nicht. In einem bösartigen Land, unter einem Regime, das die Menschen ihres Eigenwertgefühls beraubt, kann und will ich nicht länger leben.

KORTSCHNOI — TAIMANOW

Interzonenturnier Leningrad 1973

Englisch

Taimanow ist einer der sowjetischen Großmeister, mit denen ich oft zusammengetroffen bin. Wir wohnten in derselben Stadt, unterhielten freundschaftliche Beziehungen zueinander und besuchten einander regelmäßig zu Hause. Aber das hinderte uns nicht daran, in unseren Partien miteinander einen gesunden, sportlichen Fanatismus an den Tag zu legen und mit offenem Visier gegeneinander anzutreten. Obgleich Taimanows Elo-Punktzahl schon seit langem hinter der meinigen beträchtlich zurücksteht, habe ich meine spielerische Überlegenheit ihm gegenüber niemals beweisen können. Vor dieser Partie stand es zwischen uns 5:5, Remispartien nicht mitgerechnet. Wahrscheinlich strengte sich Taimanow gegen mich, seinen Mitbürger, besonders an!

1. c4 e5 2. Sc3 Sf6 3. g3 Lb4 4. Lg2 0-0

In dieser Eröffnung scheint das schwarze Spiel oft aktiver als das weiße zu sein. Schwarz spielt aber auf Gegenangriff, was bedeutet, daß er von der Stärke und der Zielstrebigkeit der weißen Aktivitäten abhängig ist. Vielleicht büßt Weiß den Anzugsvorteil ein, wenn er Königsindisch, Holländisch oder Sizilianisch im Anzuge spielt. Oder ist es vielleicht so, daß sein Extratempo die gängigen Beurteilungen über den Haufen wirft und die Sizilianische Eröffnung, mit vertauschten Farben gespielt, von einer Verteidigungswaffe zu einer Angriffswaffe umfunktioniert wird?

5. e4

Weiß will den Zug d7-d5 ein für allemal unterbinden, denn auf diesen Zug gründen sich die schwarzen Pläne. Auch 5. Sf3 sieht hier gut aus. In dieser Stellung sind Damenzüge nach b3 oder c2 schwächer, da sie nichts zur Figurenentwicklung beitragen und die Probleme, die sich aus dem Kampf um das Zentrum ergeben, nicht lösen. Schwarz hat in solchen Fällen nichts zu befürchten, z. B.: 5. Dc2 Te8 6. a3? Lc3: 7. bc c6 8. e4 d5 zum Vorteil für Schwarz.

5. . . . c6

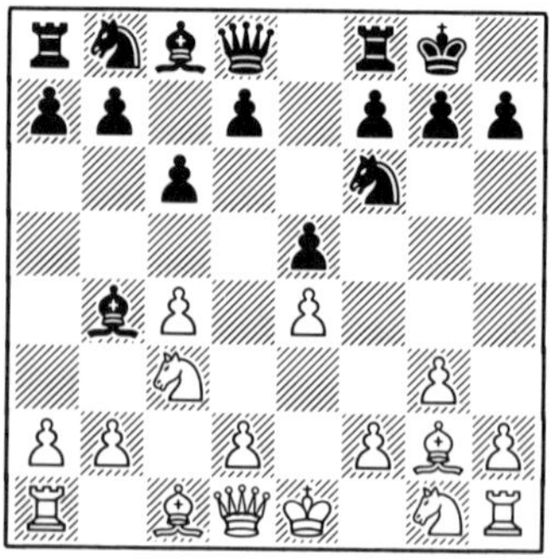

Schwarz ist auf dem verkehrten Wege. Er nimmt einen Plan in Angriff, der ein zweifelhaftes Bauernopfer einschließt. Auch 5. . . . Sc6 6. Sge2 Lc5 7. 0-0 ist nicht überzeugend, denn trotz der Schwäche des Feldes d4 hat Weiß Vorteil, wie zum Beispiel die Partie Smyslow — Karaschow, Leningrad 1970, zeigte. Das stärkste an dieser Stelle ist 5. . . . Lc3:!, wonach Schwarz, ungeachtet der weißen Antwort, gutes Gegenspiel hat: 6. bc c6 7. La3 Te8 8. Db3 b6 9. Td1 Lb7 10. d3 d5, Portisch — Mecking, Petropolis 1973, oder 6. dc d6 7. De2 Sbd7 8. Sf3 a6, Kortschnoi — Mecking, 1. Wettkampfpartie, Augusta 1974.

6. Sge2 d5

Nun ist dieses Bauernopfer praktisch erzwungen, da Weiß mit 7. d4 ein großes räumliches Übergewicht zu bekommen drohte. Bei dieser Gelegenheit möchte ich anmerken, daß in Taimanows Buch über die Englische Partie, welches 1972 in der DDR erschien, diese Variante einschließlich des Bauernopfers als vielversprechend für Schwarz hingestellt wurde.

7. cd cd 8. ed

In der Partie Ivkov — Ree, Amsterdam 1968, folgte 8. Sd5: Sd5: 9. ed Lf5 10. 0-0 Sd7 11. d3 Te8 12. Le3 Sf6 13. Db3 a5 mit Kompensation für den Bauern auf Grund der bequemen Stellung der schwarzen Figuren und eines sicheren räumlichen Übergewichtes. Eine derartige Variante mit einem Bauernopfer existiert auch in der Sizilianischen Verteidigung. In der betreffenden Variante sieht man das Schlagen des Zentrumsbauern mit dem Springer als richtig an, um so viele Figuren wie möglich abzutauschen und dadurch den Angriffsschwung des Gegners zu bremsen. Aber mit einem Extratempo kann es sich Weiß erlauben, weniger bekannte Pfade zu beschreiten.

8. . . . Lf5 9. d4!

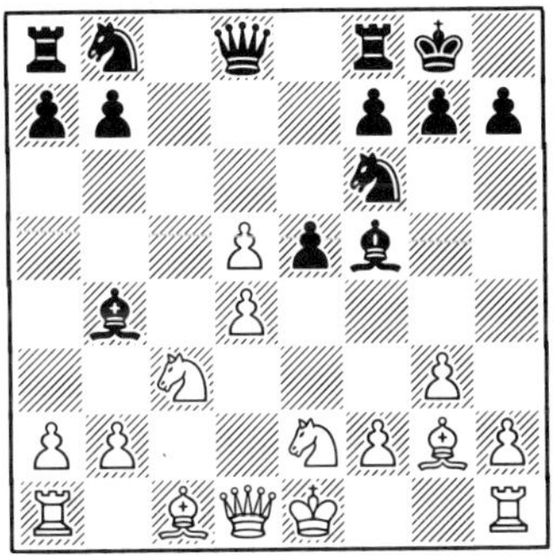

Nach 9. 0-0 Ld3 hat Weiß große Entwicklungsschwierigkeiten.

9. . . . e4

Wenn 9. . . . Sd5:, dann entweder 10. 0-0 Lc3: 11. Sc3: Sc3: 12. bc Sc6 13. de mit Vorteil für Weiß oder 10. de Sc3: 11. bc Dd1:† 12. Kd1: Td8† 13. Ld2, und Weiß hat unter Beibehaltung des materiellen Vorteils den schwarzen Angriff abgeschlagen.

10. Lg5 Sbd7

Natürlich hat Weiß nach 10. . . . Dd5: 11. Lf6: gf 12. 0-0 deutliches Übergewicht.

11. Db3

Auch nach 11. a3 Lc3:† 12. Sc3: h6 13. Lf6: Sf6: 14. 0-0 Te8 15. Te1 könnte Schwarz seinen Bauern nicht zurückgewinnen. Aber der Textzug kompliziert das Spiel.

11. . . . Db6

Nach 11. . . . Le7 12. d6! Ld6: 13. Se4: wäre Weiß seinen Doppelbauern losgeworden.

12. 0-0 h6 13. Lf4

Die Fortsetzung 13. Lf6: Sf6: 14. a3 gefiel mir nicht wegen 14. . . . La5 15. Da2 Dd6. Schwarz spielt seinen Läufer nach b6, seine Türme nach d8 und e8 und erobert den Bauern zurück.

13. . . . Tfe8

Die Eröffnung ist vorüber, und Weiß hat einen Bauern mehr. Aber es ist ein Doppelbauer, der keinen besonderen Vorteil verspricht. Viel wichtiger ist, daß Weiß über die aktivere Stellung verfügt und seine Figuren sich in ihrer Wirkungskraft besser unterstützen. Natürlich mußte ich bei einer kritischen Betrachtung der Position die passive Aufstellung des weißen Springers auf e2 berücksichtigen. Dieser Springer steht sprungbereit, den Platz seines Kollegen auf c3 einzunehmen, und in der Regel sind Springer, die sich gegenseitig decken, immer passiv. Mit der Absicht, eine Aktivierung seiner Springer zu ermöglichen, leitet Weiß denn auch das folgende Manöver ein.

14. Sa4!?

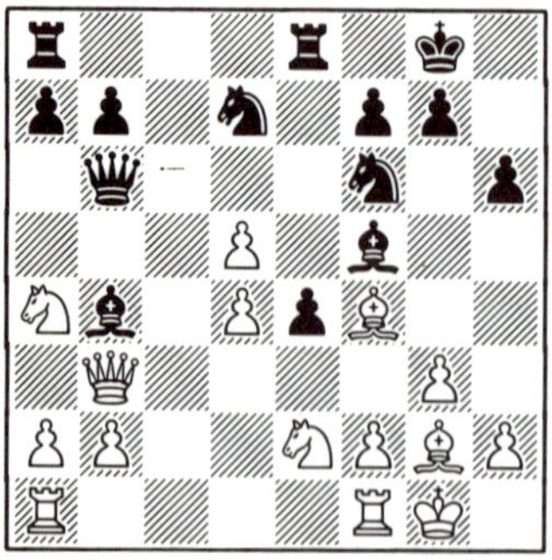

Anstelle dieses Zuges kam 14. h3 mit der Idee g3-g4 und Se2-g3 in Frage.

14. . . . Da5 15. a3 Lf8?

Hier war unbedingt 15. . . . Ld2! nötig, wodurch der aktive weiße Läufer vom Brett verschwunden wäre. Nach 16. Sac3 Lf4: 17. Sf4: g5 18. Sfe2 Sb6 19. Db5 Db5: 20. Sb5: Ted8 hat Schwarz gleiches Spiel. Ebensowenig geht 16. Ld2: Dd2: 17. Sac3 wegen 17. . . . e3 mit aktiver Stellung für Schwarz. Nur mit dem präzisen Manöver 16. Le3! Sg4 17. Sc5! kann Weiß in diesem Fall seinen Vorteil festhalten, zum Beispiel: 17. . . . Se3 18. fe Sc5: (18. . . . Lg4 19. Sd7: Ld7: 20. Kf2! mit der Drohung, nach 21. Dd1 den Läufer zu gewinnen) 19. dc Lg4 20. Sd4 Dc5: 21. Tf2 Da5 22. d6 oder 21. . . . La5 22. Tf4 mit Vorteil für Weiß.

16. Sec3

Nun hat der weiße Vorteil handfeste Formen angenommen: der Mehrbauer ist endgültig gesichert, und die schwarze Dame, die auf dem Damenflügel ziemlich unglücklich postiert ist, kann nicht ins Zentrum gelangen, da der Bb7 angegriffen ist.

16. . . . g5 17. Le3

Noch stärker war 17. Ld2! Da6 18. Tfe1 mit sehr starken Drohungen.

17. . . . Tac8

Besser war das passive 17. . . . Tab8.

18. Tfc1

Weiß hat es nicht eilig. Er will seinen Läufer nach f1 spielen und dann „in aller Ruhe" auf b7 schlagen. Schwarz kann niemals b7-b6 spielen, da Weiß dann seine Dame zurückzieht und b2-b4 folgen läßt.

18. . . . Sg4!

Die einzige Möglichkeit, den Kampf fortzusetzen. Auf 19. Ld2

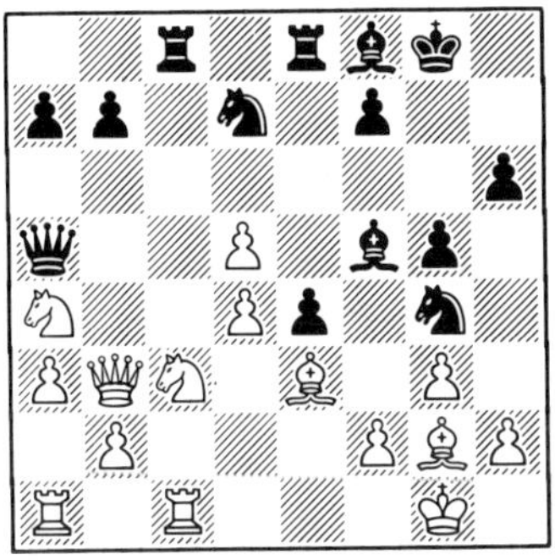

weicht Schwarz mit seiner Dame aus: 19. . . . Da6 20. Lf1 Df6 mit Drohungen auf dem Königsflügel. Und nach 19. Lf1 Se3: 20. fe Dc7 21. Se4: Dc1: 22. Tc1: Tc1: 23. Sf2 Sf6 stehen die schwarzen Figuren sehr aktiv, und der Kampf ist trotz des weißen Materialübergewichts noch lange nicht vorbei.

19. Db7:!

Die Zeit ist reif.

19. . . . Tcb8 20. Dc6 Tec8 21. b4! Tc6: 22. ba Ta6

Oder 22. . . . Tc4 23. Lf1 Tc7 24. Sb5 Tcb7 (24. . . . Tc1: 25. Tc1: a6 26. Sc7 La3: 27. Ta1, und der wichtige Ba6 geht verloren) 25. Tcb1 a6 26. Sbc3 mit deutlichem weißem Übergewicht.

23. Le4: Le4: 24. Se4: Ta5: 25. Sac5 Sc5: 26. dc

Weiß will gerne seine Bauern nebeneinander stehen haben und in der Folge mit zwei verbundenen Freibauern schnell gewinnen. Aber das weniger übereilte 26. Sc5: war besser.

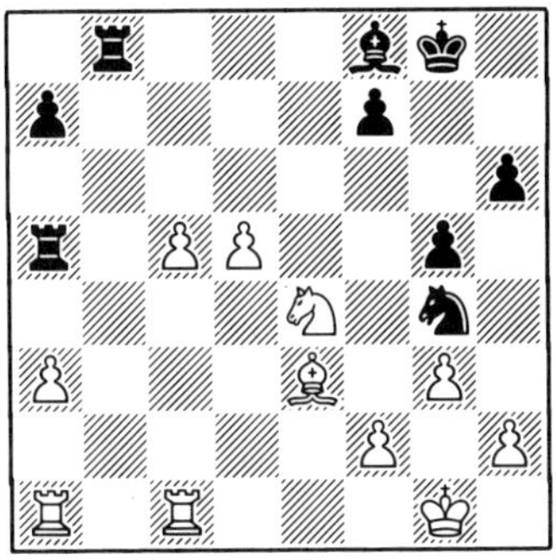

26. . . . f5!

Natürlich nicht 26. . . . Se3: 27. fe f5 wegen 28. Sf6† Kg7 29. Sd7 usw.

27. Ld2 Ta4

Nach 27. . . . Tab5 28. Sd6 Ld6: 29. cd Td5: 30. Lb4 a5 31. Tc5 ist der weiße Sieg wohl gesichert. Am stärksten schien mir 27. . . . Ta6!?. In der Tat kann Schwarz dann nach 28. Sd6 Ld6: 29. cd Td6: 30. Tc7 Td5: 31. Lc3 das materielle Gleichgewicht wiederherstellen. Aber wegen der aktiver Stellung der weißen Figuren bleibt seine Position dann doch schwierig.

28. Sd6 Td4 29. Lb4 Td5: 30. Tcd1 Sf6 31. c6 Ld6: 32. Ld6: Tc8 33. c7 Kf7 34. Td5: Sd5: 35. Te1 Kf6 36. f4?!

Dieser Zug, der auf einer richtigen Idee fußt, nämlich die Läuferdiagonale zu „verlängern", erweist sich als verfehlt. Natürlich steht Weiß so gut, daß er es sich erlauben kann, den Bauern zurückzugeben, aber genauer wäre 36. Kf1, um den folgenden Zug mit f2-f4 zu beantworten. Nach 36. . . . Sb6 37. Le7† Kf7 38. Ld8 Sd5 39. Te5 Sc7: 40. Tf5:† Kg8 41. Tc5 gewinnt Weiß das Endspiel.

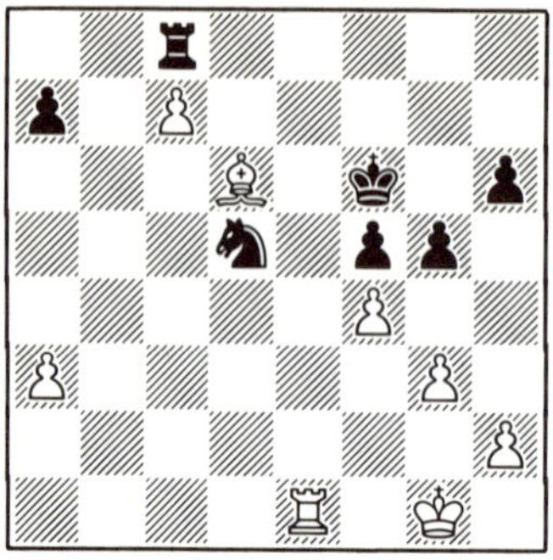

36. . . . gf 37. Te5

Nicht aber 37. gf Sc7: 38. Tc1 Tg8†, und Schwarz hat wieder gleiche Chancen.

37. . . . Sb6 38. Tc5 fg 39. Lg3: h5 40. Kf2 Ke6 41. Te5† Kf6 42. Ta5

Die Abbruchstellung ist, wie sich bei der Analyse zeigte, mühelos gewonnen für Weiß. Zum Beispiel folgt auf 42. . . . Ta8 nun 43. a4 a6 44. Tc5 Sc8 45. a5 Ta7 46. Tc6† Ke7 47. Tb6 Kd7 48. Tb8.

42. . . . Ke6 43. Ta7: Kd7 44. Ta5 Tf8 45. Lf4 Kc6 46. Te5 Kb7 47. Tb5 Kc6 48. a4 Ta8 49. Kf3 Tf8 50. Tb4 Te8 51. a5 Sc8 52. Td4 Kb7 53. a6†

Schwarz gibt auf.

LARSEN — KORTSCHNOI

Interzonenturnier Leningrad 1973

Englisch

In der Karriere des berühmten Turnierkämpfers Larsen stellt das Interzonenturnier von Leningrad 1973 bestimmt kein Spitzenereignis dar. Er begann gewaltig, konnte aber danach das hohe Tempo, das er selbst vorgelegt hatte, nicht mehr mithalten, während sich seine Konkurrenten dazu wohl imstande sahen. Als ein Mensch mit Sportsgeist hält Larsen nicht viel davon, nach subjektiven Ausreden zu suchen. Aber doch ist es so, daß er kurz vor dem Turnier auf Diät ging, an Körpergewicht zu verlieren begann und diese Diät leichtsinnigerweise auch während des Turniers einhielt. In der Mitte des Turniers stellten sich nach und nach Rückschläge ein. Es fing an mit dieser Partie.

1. c4 e5 2. g3

Die gebräuchliche Fortsetzung ist 2. Sc3. Mit dem Textzug verhindert Weiß das Manöver Lf8-b4 mit eventuellem Tausch des weißen Springers auf dem Damenflügel. Aber seinem Wesen nach bedeutet der Zug 2. g3 eine gewisse Verzögerung in der Schaffung eines Druckspieles im Zentrum, und von diesem Umstand kann Schwarz also profitieren, indem er seiner Stellung im Zentrum eine feste Basis gibt.

2. . . . c6 3. Sf3 e4 4. Sd4 d5 5. cd Dd5:!

Nach der Analyse von Keres muß Schwarz hier mit dem Bauern zurückschlagen, entweder direkt oder nach 5. . . . Sf6 6. Sc3 Db6 7. Sb3. Obgleich ich selbst mit Weiß zweimal gegen Keres in dieser Variante keinen Vorteil von Bedeutung hatte erringen können, gab ich doch dem Damenzug den Vorzug. Um so mehr, da ich zu Hause dieser Stellung viel Zeit gewidmet hatte.

6. Sb3

Oder 6. Sc2 Sf6 7. Lg2 Dh5 8. h3 Dg6 9. Sc3 Ld6 mit gutem Spiel für Schwarz, wie in der Partie Schamkowitsch — Baumbach, Moskau 1970.

6. . . . Sf6 7. Lg2 Dh5 8. h3

Auf 8. Sc3 wäre natürlich 8. . . . Lh3 gefolgt, wodurch der wichtige weiße Läufer vom Brett verschwindet. I. Saizew, der diese Partie kommentierte, schlägt hier den Zug 8. Dc2 vor und findet, daß Weiß dann in Vorteil kommt. Aber auch nach 8. Dc2 ist 8. . . . Lh3 möglich. Nach 9. Le4: Se4: 10. De4:† Le7 11. Sa3 Sd7 hat Schwarz Kompensation für den geopferten Bauern. Auch 8. . . . Lf5 9. Sd4 Lg6 10. Db3 b6 ist möglich, wonach Weiß nicht besonders viel erreicht hat.

8. . . . Dg6 9. Sc3 Sbd7

Auf Kosten einer gewissen Schwächung des Zentrumsbauern e4 hat Schwarz die Möglichkeit erhalten, seine Figuren frei zu entwickeln. Gleichzeitig hat er räumliches Übergewicht, aber nur zeitweise. Be4 muß er natürlich im Auge behalten. Während der Partie habe ich lange zwischen Sbd7 und Sa6 geschwankt. Das Ziel des Springerzuges nach a6 ist es, auf 10. Dc2 die Dame mit 10. . . . Sb4 zu bedrohen. Wie spätere Partien bewiesen haben, ist in dieser Stellung auch 9. . . . Lb4 gut, um so schnell wie möglich den Königsflügel zu entwickeln.

10. Dc2

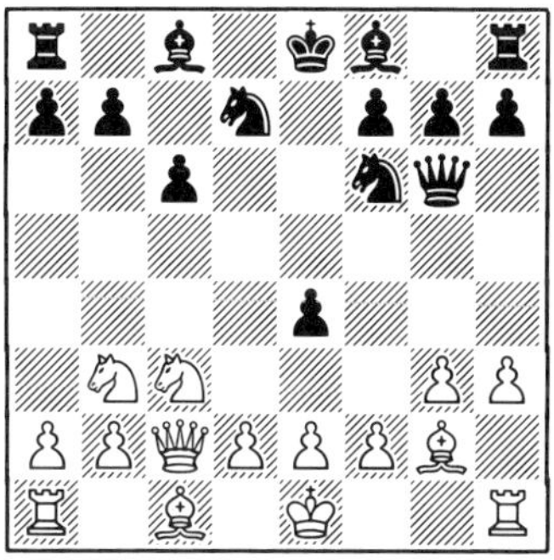

Dieser Zug führt zu einer ungefähr ausgeglichenen Stellung. Weiß hat andere Fortsetzungen zur Verfügung, die in erster Linie dahin zielen, den schwarzen Bauern zu unterminieren oder abzutauschen und statt dessen den eigenen weißen Bauern dahin zu setzen, worauf das Zentrum in die Hände von Weiß geriete. Natürlich zog ich am Brett diese Möglichkeiten in Betracht. Ich rechnete die folgenden Varianten durch: 10. 0-0 Ld6 11. d3 ed 12. e4 Se5 13. f4 Dg3: 14. fe Le5: und kam zu dem Schluß, daß Schwarz dann für seine Figur 3 Bauern hätte und Angriffschancen. Nach 15. Tf3 Dh2† 16. Kf1 Sh5 17. Dd3: Sg3† 18. Kf2 Sh1† muß die Partie wohl remis enden, während nach 17. Td3: Sg3† 18. Kf2 Lh3: 19. Dg1 das entstandene Endspiel etwas angenehmer für Weiß zu sein scheint, aber das ist auch alles. Wie wir sehen, wird Schwarz durch sein aktives Figurenspiel gerettet, obgleich ich anerkennen muß, daß seine Position an einem seidenen Faden hängt.

10. . . . e3 11. Dg6:

Weiß muß die Dame tauschen, sonst ist sein König, der nach f2 gerät, einem Angriff ausgesetzt.

11. . . . ef† 12. Kf2: hg 13. d4

Der erste Eindruck ist, daß Weiß, der im Begriff ist, das Zentrum zu besetzen, deutlich im Vorteil ist. Aber in Wirklichkeit ist das weiße Bauernzentrum nicht so stark und muß schon bald verteidigt werden. Darum verdiente hier das ruhige 13. d3 Aufmerksamkeit.

13. . . . Sb6 14. e4 Le6 15. Lf4 Lb4 16. Sc5

Sieht bedrohlich aus. Nach 16. . . . Lc5: 17. bc Sbd7 18. Ld6 steht Schwarz sehr eingezwängt.

16. . . . 0-0-0!

Es zeigt sich nämlich, daß in dieser Stellung das Läuferpaar nicht so wichtig ist, denn Schwarz kann längs der f-Linie Drohungen gegen den weißen König einleiten.

17. Se6: fe 18. a3 Le7 19. Tad1 Thf8

Mit 19. . . . Sc4 konnte Schwarz schon einen Bauern gewinnen, z. B. 20. Lc1 Td4:! 21. Td4: Lc5 22. Thd1 e5 oder 22. Le3 Se3: mit Vorteil für Schwarz. Wahrscheinlich hätte ich auch so spielen sollen, aber ich wollte nicht, daß die Kritiker mir später vorwerfen könnten, ich sei meiner alten Krankheit wieder zum Opfer gefallen, der Bauernfresserei! In Wirklichkeit hätte ich durch den Bauerngewinn die Initiative aus der Hand gegeben. Ich mache hier intuitiv einen Zug, der die Drohungen von Schwarz verstärkt.

20. Ke2

Im Falle von 20. Lf3 hätte die Variante 20. . . . Sc4 21. Lc1 Td4: oder 21. . . . e5 an Kraft gewonnen.

20. . . . Sc4 21. h4!

Auf 21. Lc1 ist 21. . . . Sh5 unangenehm, und nach 22. Td3 c5! 23. d5 Ld6 hat Schwarz Vorteil, wie I. Saizew gezeigt hat. Nun droht 22. Lh3 mit großen Unannehmlichkeiten für Schwarz.

21. . . . Sh5! 22. Lh3 Tf4:

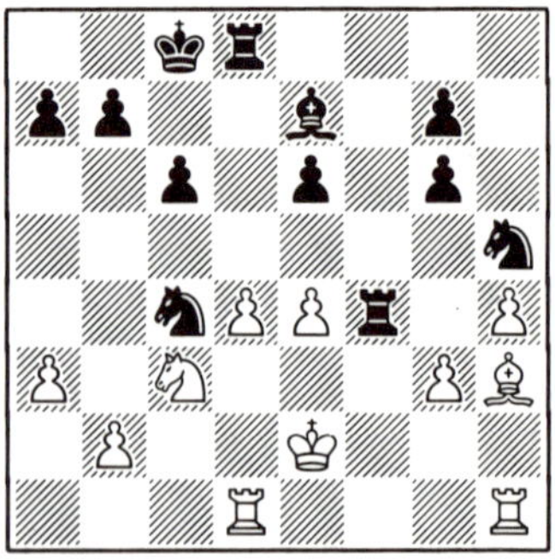

Dieses Qualitätsopfer ist erzwungen, aber zugleich außergewöhnlich unangenehm für Weiß, dessen König zum Angriffsobjekt wird.

23. Le6:†?

Trotz allem hätte Weiß das Opfer doch annehmen müssen. Nach 23. gf Sf4: 24. Kf3 Tf8 hat Schwarz wohl einen Haufen verlockender Angriffswendungen und Schachgebote, aber Entscheidendes hat er nicht. So gibt I. Saizew z. B. die Variante 25. Kg3 Se3 26. Td2 Sh3: 27. Te2! Lh4:†!? 28. Kh4: Sf4 29. Te3: Sg2† 30. Kg5 Se3: 31. Kg6: mit Remis an. Vielleicht muß Schwarz 25. ... Sb2: 26. Tdf1 Sbd3 ziehen; bei materiell ungefähr ausgeglichener Stellung hat er dann ein wenig Initiative.

23. ... Kc7 24. Lc4: Sg3:† 25. Ke3 Tdf8

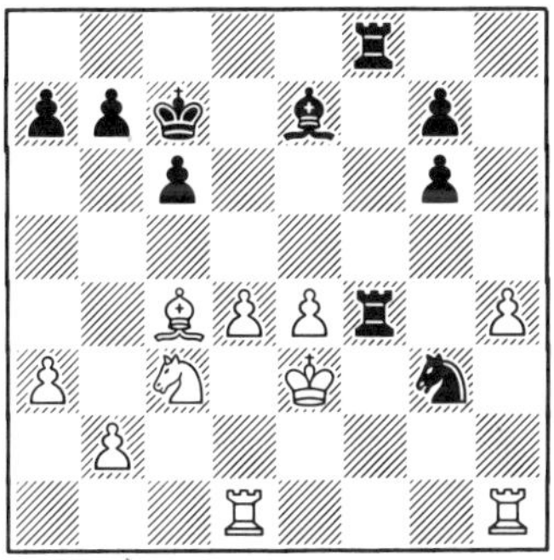

Schwarz will so viel Drohungen gegen den weißen König aufs Brett bringen wie nur möglich. Der Gewinn des Bh4 ist allein noch nicht ausreichend, um die Partie zu gewinnen.

26. Thg1 Lh4: 27. Kd3 Tf2 28. Td2 Lg5! 29. Tf2: Tf2: 30. Se2

Weiß muß das Matt abwehren und verliert nun seinen e-Bauern. Andere Fortsetzungen befreien ihn nicht von den Schwierigkeiten, z. B. 30. Lf7!? Td2† 31. Ke4 Lf4 32. b4 b5† mit Gewinn des d-Bauern.

30. ... Tf3† 31. Kc2 Se4: 32. Ld3 Te3 33. Sc3

Oder 33. Tg4 Td3: mit Gewinnstellung für Schwarz.

33. ... Sg3 34. d5 Lf6 35. Sd1 Tf3 36. dc Kc6: 37. Lg6: Kd6 38. Te1 Sf5 39. Te8 Sd4† 40. Kd2 Lg5† 41. Ke1 Lh4† 42. Kd2 Tg3

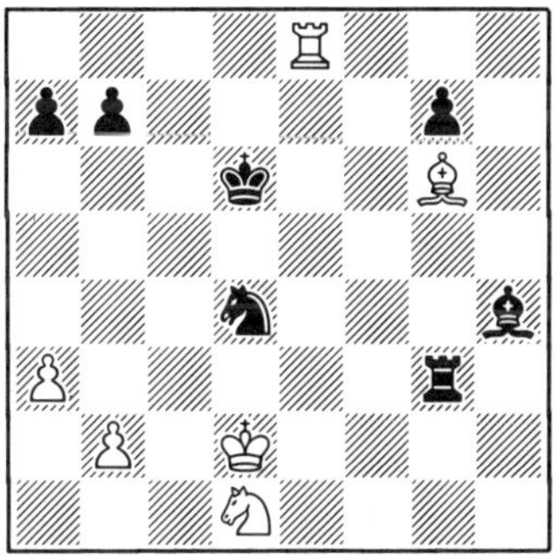

Obgleich er einen Mehrbauern und eine aktive Figurenstellung hat, hätte Schwarz noch schwere technische Probleme zu bewältigen gehabt, wenn Weiß hier 43. Ld3 gezogen hätte. Es folgte jedoch:

43. Le4? Lg5†

Und Weiß gab auf, denn er verliert eine Figur.

KORTSCHNOI — BYRNE

Interzonenturnier Leningrad 1973

Königsindisch

1. d4 Sf6 2. c4 g6 3. Sc3 Lg7

Königsindisch ist für Schwarz keine bequeme Eröffnung, aber

es gibt Großmeister, die dieser Eröffnung schon seit unzähligen Jahren die Treue halten. Einer der namhaftesten Anhänger der Königsindischen Verteidigung ist Robert Byrne. Nun ja, wenn man etwas älter wird, dann stellen sich immer mehr Schwierigkeiten dabei ein, die komplizierten Stellungen, die sich aus dieser Eröffnung ergeben können, richtig zu behandeln. Drei Jahre später in Biel beim Interzonenturnier 1976 begann auch Byrne, sich nach einer anderen Eröffnung umzuschauen.

4. e4

Lange Zeit spielte ich hier den Zug 4. g3. Diese Art von Königsindisch mit Fianchettierung des weißen Königsläufers habe ich bis in die letzten Feinheiten studiert, und ich habe in der Turnierpraxis viele Erfolge damit errungen. Aber nach 4. g3 kann Schwarz 4. . . . d5 ziehen und zu einer für ihn günstigen Variante der Grünfeld-Indischen Verteidigung überwechseln. Nachdem ich auf diese Weise ein paar Mißerfolge in der Eröffnung erlitten hatte, mußte ich darangehen, mein Eröffnungsarsenal zu modernisieren.

4. . . . d6 5. Sf3

Eine Reihe bedeutender Großmeister wie Botwinnik, Tal, Petrosjan, Spasski, Fischer und Karpow gibt hier 5. f3 den Vorzug. Aber da ich gegen Byrne in Hastings 1971/72 schon einmal die Sämisch-Variante gespielt und damals nicht gewonnen hatte, beschloß ich nun, sein Wissen und Können in einer anderen Variante auf die Probe zu stellen.

5. . . . 0-0 6. Le2 e5 7. 0-0 Sc6

Von allen Zügen, die in dieser Stellung vorkommen — 7. . . . Sbd7, 7. . . . c6, 7. . . . ed, 7. . . . Sc6 — ist der letzte der energischste. Schwarz zwingt seinen Gegner, das Zentrum zu schließen, und gewinnt an Bewegungsfreiheit auf dem Königsflügel.

8. d5

Auf 8. Le3 folgt bekanntlich 8. . . . Te8 9. d5 Sd4.

8. . . . Se7 9. Ld2

Andere Möglichkeiten sind 9. b4, 9. Sd2, 9. Se1. In meinem Wettkampf mit Geller 1971 spielte ich 9. Sd2. Der Zug mit dem Läufer nach d2 begegnete im Wettkampf Taimanow — Fischer 1971.

9. . . . c5!?

In der 3. Wettkampfpartie Taimanow — Fischer folgte 9. Se8 10. Tc1 f5 11. Db3 b6 12. ef gf 13. Sg5 Sf6 14. f4 h6 15. fe de 16. c5! mit starken Drohungen. Es ist nicht wahrscheinlich, daß Byrne vermutete, daß mir das scharfe Spiel Taimanows nicht so liegt und daß ich beabsichtigte, nach 9. . . . Se8 den Zug 10. Se1 zu spielen. Darum weicht Byrne als erster von den üblichen Pfaden ab. Mit dem Textzug will er noch einen Teil des Brettes mit seinen Bauern abriegeln und die Aktivität von Weiß auf dem Damenflügel erschweren.

10. dc

Laut Theorie hat Weiß nach 10. Se1 Sd7 11. Sd3 f5 12. f3 f4 13. a3, gefolgt von b2-b4, das bessere Spiel. Ich habe da meine Zweifel. Der Tausch auf c6, der das schwarze Bauernzentrum verstärkt, sieht gefährlich aus. Aber da seine Figuren besser entwikkelt stehen, muß Weiß nach Wegen suchen, die Stellung zu öffnen!

10. . . . bc

Nach 10. . . . Sc6: 11. Le3! hat Weiß einen dauerhaften Vorteil wegen der Schwäche des Bd6 und des Feldes d5.

11. Lg5!

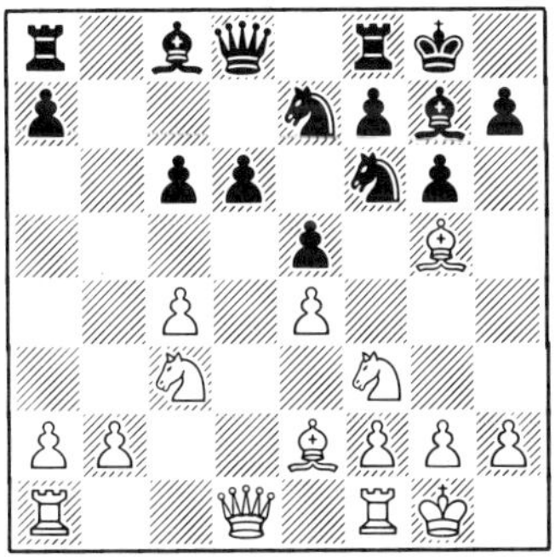

Während er die Aktivität seines schwarzfeldrigen Läufers so groß wie möglich gestaltet, macht Weiß gleichzeitig die d-Linie frei und droht mit Bauerngewinn auf d6. Schwarz steht hier vor dem nicht einfachen Problem, wie er seine Figuren und Bauern im weiteren aufstellen soll. So geht 11. . . . h6 nicht an wegen 12. Lf6: Lf6: 13. Dd2 Kg7 14. Tfd1 Db6 15. Sa4, und Weiß gewinnt. Schwach ist 11. . . . d5 wegen 12. ed cd 13. Se5:, und Schwarz hat ohne irgendwelche Kompensation einen Bauern eingebüßt. Auch 11. . . . c5 mit der Absicht, den Springer von e7 nach d4 zu spielen, ist nicht gut. Nach der Partie sagte Byrne, daß er von 11. . . . c5 abgesehen habe wegen 12. Lf6: Lf6: 13. Sb5, und Bd6 geht verloren. Aber wenn wir kurz die Variante weiterverfolgen, sehen wir, daß die Dinge nicht so einfach liegen: 13. . . . Tb8 14. b3 a6 15. Dd6: — das Schlagen mit dem Springer ist noch schlechter — 15. . . . Dd6: 16. Sd6: Le6 17. Tad1 Tfd8 18. Td2 Sc6 19. Tfd1 Sd4 20. Sd4: ed 21. e5 Le5:, und es ist mittlerweile Schwarz, der Vorteil hat. Auf 11. . . . c5 ist die richtige Antwort 12. Dd3 Sc6 13. Sb5 — auch 13. Sd5 verdient es, erwogen zu werden — 13. . . . Sd4 14. Sd4: ed — 14. . . . cd 15. Da3 — 15. Lf4 Se8 16. Dg3 Tb8 17. Tab1, und Weiß wird Material gewinnen.

11. . . . Le6?!

Nach langem Nachdenken macht Byrne einen unglücklichen Zug. Wie sich später herausstellte, verwarf er den Zug 11. . . . Lb7 aus allgemeinen Erwägungen. In der Tat steht der Läufer auf b7 auf den ersten Blick passiv, aber von dort aus unterstützt er doch den wichtigen Vorstoß d6-d5. Nach 11. . . . Lb7 12. Dd2 d5! steht Schwarz ausgezeichnet (13. Se5:? d4 14. Lf6: Lf6: 15. Sg4 Lg7 16. Sa4 h5, und Schwarz gewinnt). Nach 12. Dd3 Db8 setzt Schwarz d6-d5 im folgenden Zug durch oder nach dem vorbereitenden Zug Td8, und auch dann hat er keine Schwierigkeiten. Richtig ist 12. Db3!, wonach Weiß in einer komplizierten Stellung einiges Übergewicht behält.

12. c5!

Diese kräftige Attacke gegen die schwarze Bauernkette ist dadurch möglich geworden, daß der Bc6 unzureichend geschützt ist.

12. . . . Se8

Nach nicht einmal 10 Minuten Nachdenkens unterzeichnet Byrne hier ohne viel Umschweife die positionelle und, was schwerer wiegt, die psychologische Kapitulation. In der Tat scheint es auf den ersten Blick, als ob Weiß an allen Fronten in dieser Stellung die Nase vorn hat. Auf 12. . . . dc würde zum Beispiel 13. Se5: Db8 14. Sd3 c4 15. Sc5 Db2: 16. Se6: fe 17. Dc1 folgen, und Weiß gewinnt den Bauern mit großem positionellem Übergewicht zurück. Auf 12. . . . d5 kommt 13. Se5: d4? 14. Sa4 Se4: 15. Sc6:! — und siehe da der unverteidigte Bauer auf c6! —, und zugleich wird ersichtlich, warum mit dem schwarzen Läufer auf b7 der Zug c4-c5 nicht möglich gewesen wäre. Interessant ist hier 13. . . . de 14. Dd6 Db8.

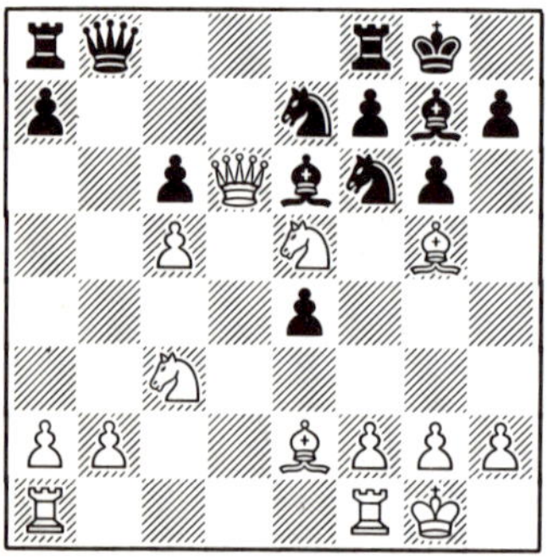

(Analysediagramm nach 13. . . . de 14. Dd6 Db8)

Mit seinen Drohungen 15. . . . Db2: und 15. . . . Td8 scheint Schwarz gleiche Chancen zu erhalten. Aber mit 15. Lf6:! Lf6: 16. Sd7 Ld7: 17. Df6: wird der weiße Vorteil in dieser Variante dann besiegelt. Oder 13. . . . Db8 14. ed Sfd5: — 14. . . . De5:?! 15. Lf6: Lf6: 16. de mit deutlichem Vorteil, während 14. . . . Sed5 15. Sc6: Db2: 16. Sa4 Db7 17. Lf6: Lf6: 18. Sd4 Tad8 19. Lf3 Weiß mit einem Mehrbauern Gewinnchancen gibt — 15. Sa6: (Andere Fortsetzungen wie 15. Sd5: Sd5: 16. Sc4 Sf4! 17. Lf4: Df4: 18. Tc1 Tad8 19. Da4 Ld5 oder 15. Le7: Se7: 16. Sd3 Lf5 17. Dc1 Td8 18. Td1 Sd5 geben Schwarz für den Bauern ausreichenden Ersatz) 15. . . . Sc6: 16. Sd5: Db2: 17. Tb1 Da2: 18. Lf3 oder 18. Sc7 mit einigem Vorteil für Weiß wegen seines starken freien c-Bauern und der besseren Zusammenarbeit seiner Figuren. Wie wir sehen, ist in dieser letzten Variante (13. . . . Db8) noch viel unklar, und Schwarz hätte sie denn auch spielen müssen.

13. cd Sd6: 14. Da4

Nach dem Bauerntausch im Zentrum hat die Stellung einen offenen Charakter angenommen. Die schwarzen Figuren stehen, wie wohl öfters in der Königsindischen Verteidigung, auf etwas zu engem Raum, und sie unterstützen sich in ihrem Zusammenwirken nicht sehr stark. Außerdem hat Schwarz auf dem Damenflügel schwache Bauern. „Die Partie ist strategisch entschieden", sagte Aljechin in solch einem Fall. Nun gilt es nur noch, diese richtige Feststellung zu beweisen gegenüber einem sich hartnäckig verteidigenden Widersacher.

14. . . . f6 15. Le3 Dc7 16. Tac1 Tfb8

Schwarz will so schnell wie möglich seinen Läufer auf g7, den die eigenen Bauern an der Bewegung hindern, ins Spiel bringen. Er versucht dabei, durch einen Angriff auf b2 ein Tempo zu gewinnen.

17. Tfd1 Lf8

Auf 17. . . . Tb2: geschieht 18. Da3 Te2: 19. Dd6: Dd6: 20. Td6: Te3: 21. fe mit materiellem Vorteil für Weiß. Aber nicht 21. Te6: Tc3: 22. Tc3: Td8! 23. Kf1 Kf7, und Schwarz gewinnt die Qualität zurück.

18. Td2

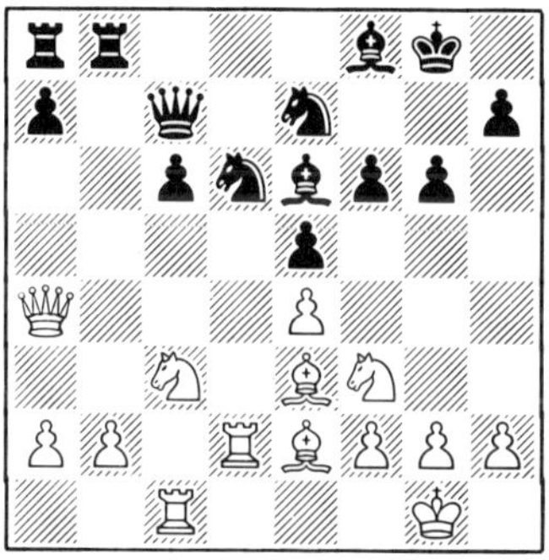

Weiß hat seine Figuren nun mobilisiert und beabsichtigt, Sc3-d5 zu spielen. Aber bringt der Springerausfall reelle Vorteile ein? Ja sicher: die schwarzen Figuren stehen derartig unbeholfen herum, daß der Erfolg für Weiß nicht mehr zu bezweifeln ist.

18. . . . Sec8 19. Sd5 Df7 20. Dc6: Se4: 21. Sf6:†

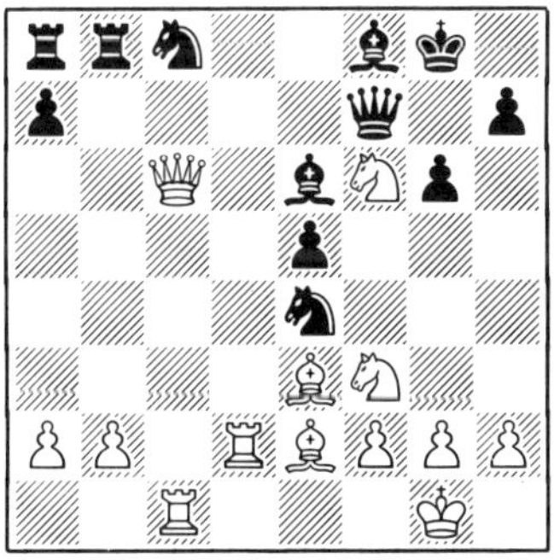

Dieser scharfe, pointierte Zug hatte schon lange zuvor in der Luft gelegen. Auch das primitive 21. Sc7 führt zum Gewinn, übrigens: 21. . . . Sd2: 22. Sd2: Ld7 23. Df3 e4 24. Se4:!, und die Drohungen 25. Lc4 und 25. Sa8: Ta8: 26. Sg5 sind entscheidend.

21. . . . Sf6:

Zäher ist 21. . . . Df6:. Die Annahme des Figurenopfers führt zu schnellem Verlust.

22. Sg5 Ld7

Oder 22. . . . Ld5 23. Td5: Se7 (23. . . . Dd5: 24. Lc4) 24. Da8: Ta8: 25. Sf7: usw.

23. Da6

Stark ist auch 23. Td7: Dd7: 24. Df6: Sd6 25. Td1, und es gibt keine Verteidigung gegen Lc4 und Lg4.

23. . . . De7

Auf 23. . . . Dg7 erfolgt 24. Lc4† Kh8 25. Sf7† Kg8 26. Se5: Kh8 27. Sf7† Kg8 28. Lh6 mit Damengewinn. Schwarz erhält dann zu wenig für seine Dame: 28. . . . Df7: 29. Lf7: Kf7: 30. Lf8: Tb6 31. Da3.

24. Lc5 Dg7 25. Dc4† Kh8 26. Sf7† Kg8 27. Se5:† Kh8 28. Lf8:

und die Variante 28. . . . Df8: 29. Sd7: Sd7: 30. Td7: Sb6 31. Dd4† vor Augen, gab Schwarz hier auf.

KORTSCHNOI — HÜBNER

Interzonenturnier Leningrad 1973

Englisch: Maróczy-Aufbau

Großmeister Bronstein, ein sehr origineller Mensch, sagte einmal:

„Man müßte eigentlich die letzte Runde eines Turnieres abschaffen." Er zielte damit zweifelsohne auf die sehr nervöse Atmosphäre eines solchen letzten Turniertages, die einen negativen Einfluß auf den Inhalt der gespielten Partien ausübt.

Diese Partie wurde in der Schlußrunde des Interzonenturnieres gespielt. Glücklicherweise war ich mir zu diesem Zeitpunkt schon eines Platzes im Kandidatenturnier sicher, so daß es für mich in dieser Partie „nur" um den Turniersieg in Leningrad ging.

1. c4 Sf6 2. Sc3 c5 3. Sf3 g6

Andere mögliche Fortsetzungen sind: 3. . . . Sc6, 3. . . . e6, 3. . . . b6 oder 3. . . . d5.

4. e4 Lg7 5. d4 cd 6. Sd4: Sc6 7. Sc2

Oder 7. Le3 Sg4 8. Dg4: Sd4: 9. Dd1. In meinem Wettkampf gegen Petrosjan 1974 spielte ich eine interessante Partie mit dieser Variante, die weiter unten folgt.

7. . . . d6 8. Le2 Sd7

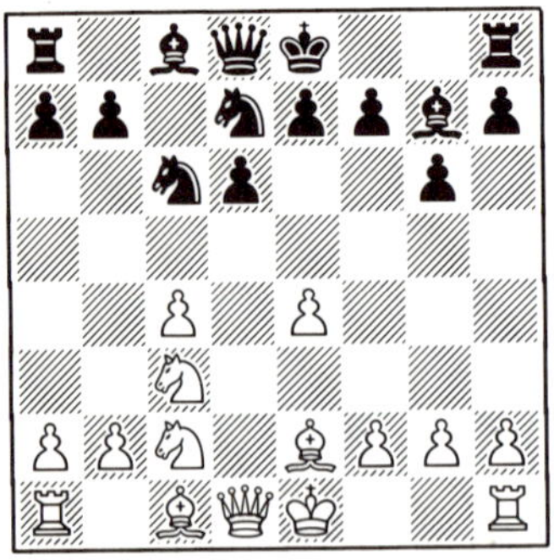

Lange Zeit dachte man, daß derjenige, der es zuläßt, daß der Gegner eine starke Bauernformation im Zentrum schafft, wie hier mit c4 und e4, zu einer schwierigen, aussichtslosen Verteidigung verurteilt ist. Eine Serie von Gewinnpartien Botwinniks aus den dreißger Jahren lag dieser Auffassung zugrunde. Aber vom Standpunkt der Schachlogik aus war das doch nicht so selbstverständlich: während nämlich die eine Partei ein starkes Bauernzentrum aufbaut, gewinnt die andere Partei Zeit, um ihre Figuren gut aufzustellen. Doch hielt sich die Auffassung nach Botwinniks Beispiel mehr als dreißig Jahre! Das hier praktizierte Manöver mit dem Königsspringer wurde Ende der sechziger Jahre gefunden und zwingt augenscheinlich zu einer Neubewertung dieser Eröffnung.

9. Ld2

Es drohte 9. . . . Lc3:, gefolgt von der Belagerung der schwachen c-Bauern durch die schwarzen Figuren. Den Textzug sieht man oft, doch ist sofort 9. Sd5 vielleicht stärker.

9. . . . Sc5

Eine Partie zwischen zwei Großmeistern ist noch nicht zu Ende, da beeilen sich schon die Journalisten, Geld aus ihr zu schlagen, und sind damit beschäftigt, ihre bizarren Kommentare zusammenzubasteln. Der Fall des Großmeisters Gufeld ist bekannt, der einmal so eilig dem jugoslawischen „Schachinformator" eine Partie übermittelte, daß er ihr Ende nicht abwartete, so daß er das Ergebnis verkehrt angab (man kann sich lebhaft vorstellen, wie sein Partiekommentar aussah!). In seinem Kommentar dieser Partie für den „Schachinformator" ist Großmeister Kotow, der der Hauptschiedsrichter des Turnieres war, als Kommentator nicht viel besser als Gufeld. Nach 9. . . . Sc5 sagt er, daß die Stellung ausgeglichen ist. Indessen ist der letzte Zug von Schwarz zweifelhaft, denn er überläßt dem Gegner sehr viel Raum und gibt ihm zugleich die Möglichkeit, sich von einer eventuellen Bedrohung des Be4 zu befreien. Genauer war darum 9. . . . 0-0 mit der Absicht, erst im folgenden Zug Sc5 zu spielen.

10. b4 Se6 11. Tc1 0-0 12. Sd5 Sed4

Nun und im vorigen Zug kam a5 in Frage, um die a-Linie zu öffnen. Schwarz führt konsequent seine Idee, nämlich die Beherrschung von d4, durch. Aber wie sich zeigt, liefert dies kein vollkommen gleiches Spiel.

13. Sd4: Sd4: 14. Lg5 Te8 15. 0-0 Le6

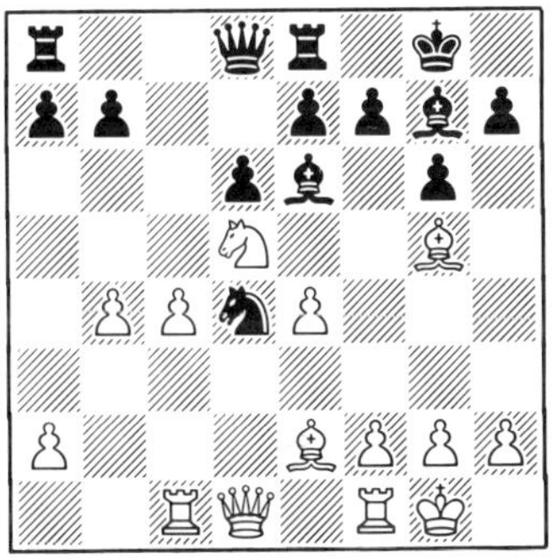

Auch hier konnte 15. . . . a5 geschehen. Sowohl nach 16. c5 Le6 17. cd Ld5: 18. de? Te7:! als nach 16. a3 ab 17. ab Ta2 wäre die Aktivität der schwarzen Figuren sehr gesteigert worden.

16. Tfe1 Se2:†

Weiß plante, seinen Läufer nach f1 zu spielen, und danach aktive Operationen im Zentrum einzuleiten, indem er mit Le3 den schwarzen Springer aus seiner Zentralstellung vertriebe.

17. Te2: Dd7 18. Td2

Weiß hat deutlichen Raumvorteil. Er droht nun c5, während Schwarz seine Dame nicht fortziehen kann wegen des Angriffs auf e7.

18. . . . Ld5:

In dem Buch „4×25", in dem eine Auswahl von Partien Fischers, Spasskis, Kortschnois und Larsens steht, ist Großmeister Keres, der diese Partie kommentiert, der Meinung, daß 18. . . . Tac8 genauer ist. Erst nach 19. c5 tauscht Schwarz dann auf d5: 19. . . . Ld5: 20. Td5: De6 21. cd Tc1: 22. Lc1: ed mit Gegenchancen, die zum Remis ausreichen.

19. Td5:!?

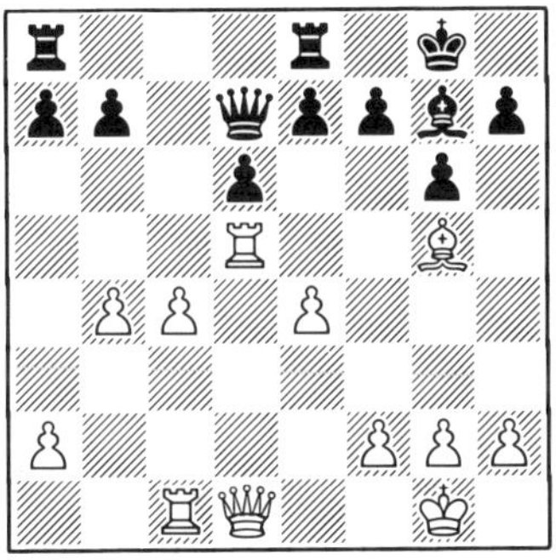

Eine unerwartete Entscheidung in einer Stellung, in der das Wiederschlagen mit einem der beiden Bauern augenscheinlich einen kleinen, aber dauerhaften Vorteil verspräche. Übrigens verwarf ich das Schlagen mit dem c-Bauern ziemlich schnell: nach 19.

cd h6 20. Le3 a5! würde Schwarz noch eine Linie für seine Türme öffnen und gleiche Chancen erhalten. Das schablonenhafte Schlagen mit dem e-Bauern hätte Weiß einen sicheren Raumvorteil und Druckspiel längs der e-Linie gebracht. Und das Schlagen mit dem Turm? Das sah auf jeden Fall nicht nach Schema F aus. Und in der Tat, da Schwarz keine Springer und keinen weißfeldrigen Läufer mehr hat, steht der Turm auf d5 unantastbar, und er verhindert von dort Bauernzüge wie a5, b5, f5 oder e6.

19. . . . De6 20. Dd6 Tac8 21. Le3 a6 22. h3 Tf8 23. g4

Es ist für Weiß nicht so einfach, seinen Raumvorteil zu behaupten. Mit dem Textzug pariert er die Drohung seines Gegners, sich mit f5 zu befreien. Aber solch ein Bauernzug wie g4 ist verpflichtend und fordert von Weiß aktives Spiel, denn sonst bedeutet der Zug eine nicht wiedergutzumachende Schwächung.

23. . . . Df6 24. Lg5 Db2

Auf 24. . . . De6 plante Weiß f2-f4-f5 mit weiterer Einschnürung des Gegners. Die Dame auf b2 erschwert allerdings die Koordinierung der weißen Figuren, aber dem steht gegenüber, daß die Dame etwas außer Spiel ist. Und das macht sich bald bemerkbar.

25. a3 Tc7 26. c5 Tfc8

Hier hätte Schwarz auf c5 schlagen können, und das wäre wahrscheinlich auch das beste gewesen. Weiß wollte auf 26. . . . dc 27. Tdc5 Tc5: 28. Tc5: (28. bc De5, und Schwarz hält stand) folgen lassen mit einigem Übergewicht, das wahrscheinlich jedoch wohl neutralisiert werden kann. Ehrlich gesagt, gewann ich während der Partie den Eindruck, daß Hübner auf Gewinn zu spielen begann, da er die Vorteile, die ihm der Einbruch auf der c-Linie einräumte, überschätzte.

27. Kg2 Lf8?!

Hartnäckiger war 27. . . . h6. Nach 28. cd ed 29. Tc7: Tc7: 30. Ld2 Le5 wäre die Stellung im Gleichgewicht. Richtig ist nach h6 die Fortsetzung 28. Lf4 Kh7 29. Td1 (ein interessanter Irrweg ist 29. cd? Tc1: 30. Lc1: Dc1: 31. d7 Td8 32. Tc5 Db2 33. Tc8 Ld4!, und Schwarz gewinnt) 29. . . . Tc6 30. cd oder 29. . . . e5 30. Le3, in beiden Fällen mit Vorteil für Weiß.

28. cd! ed

28. . . . Tc1: 29. Lc1: Dc1: 30. d7 Td8 31. Tc5 und Tc8.

29. Te7: Te7: 30. e5!

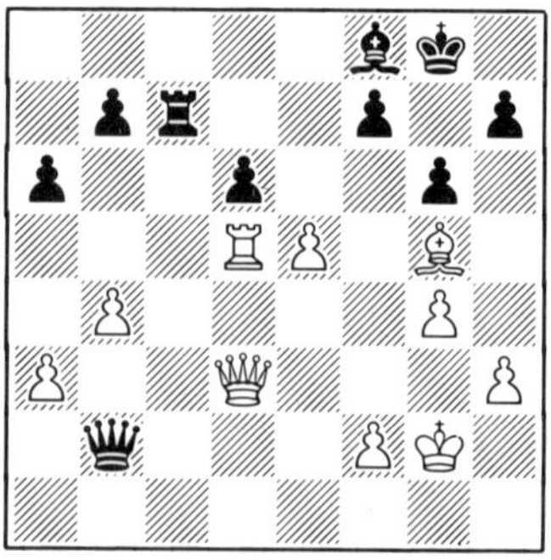

Ein sehr wichtiger Zug, der den Aktionen der zentralisierten weißen Figuren erst die rechte Wirkung verleiht. Ohne diesen Zug wäre der Ausgang dieser Partie noch ganz und gar nicht klar gewesen.

30. ... Tc2

Falls 30. ... Tc3, so 31. Dd4 de 32. De5: Tc2 33. Db2: Tb2:, und nun nicht 34. Td8 Kg7 35. Le3 Ta2 36. Ld4† f6 37. Td7† Kg8, und Weiß gewinnt wohl einen Bauern, aber nicht die Partie, doch 34. Lf6! Te2 35. Td8 Te6 36. g5, und der Einbruch auf die 8. Reihe ist tödlich für Schwarz. Nach 30. ... Tc3 31. Dd4 Lg7 32. Td6: hätte Schwarz seinen Gegner in die Mangel nehmen können und vielleicht sogar Weiß, der in heftiger Zeitnot war, zur Aufgabe mit 32. ... Tg3†!? zwingen können.

Aber glücklicherweise ist Schachspielen kein Damespielen; Schlagen ist keine Pflicht, und mit 33. Kh2 gewinnt Weiß die Partie.

31. Ld2!

Die ökonomischste Weise, die Verteidigung der 2. Reihe mit einem Angriff entlang der 8. Reihe zu kombinieren! Andere Züge sind weniger überzeugend.

31. ... de

Wenn Schwarz den Versuch unternimmt, mit 31. ... Lh6 die Initiative zu ergreifen, kann Weiß das entweder mit der verteidigenden Variante 32. Lh6: Tf2:† 33. Kg3 Tg2† 34. Kh4 Df2† 35. Kg5 oder mit der Angriffsvariante 32. Le1 de 33. Td8† Kg7 34. Dd6 mit unabwendbaren Drohungen parieren.

32. Td8 Kg7 33. De3! Le7

Oder 33. ... Kf6 34 Tf8: Td2: 35. Df3†.

34. Dh6† Kf6 35. Dh4†!

Natürlich nicht 35. Dg5† wegen 35. ... Ke6 36. Te8 f6, und Schwarz gewinnt.

35. ... Ke6 36. Te8 Td2:

Auf 36. ... Tc7 geschieht 37. Lg5 mit Figurengewinn. Oder 36. ... f6 37. Dh7: Tc7 38. Le3, und es gibt keine ausreichende Verteidigung gegen 39. Lc5.

37. De7:† Kd5 38. Td8†

Nun folgt auf 38. ... Kc4 39. Dc5† Kb3 40. De3†, und auf 38. ... Ke4 kommt 39. Db7: Kf4 40. Df3† Kg5 41. De3†. Darum spielte Schwarz ...

38. ... Kc6,

und gab, ohne 39. Dc5# abzuwarten, auf. Diese Partie wurde eine der besten des Jahres 1973 genannt.

BILEK — KORTSCHNOI

Mannschaftseuropameisterschaft, Bath 1973

Réti-Eröffnung

Ab und zu macht das Spiel des Großmeisters Bilek einen ziemlich schwachen Eindruck. Dann scheint es so, als sei er des Schachspielens überdrüssig und schiebe die Figuren ohne irgendwelches Interesse hin und her. Aber wenn er gegen mich spielt, ist er wie ausgewechselt. Mit welcher Farbe wir auch gegeneinander antraten, jedesmal waren unsere Partien voller Kreativität und Kampfgeist. Ich weiß nicht, woran das liegt. Vielleicht imponiert mein Stil Bilek, und er bekommt dadurch Lust zu spielen.

1. Sf3 Sf6 2. g3 d5 3. c4 d4

Dieses Eröffnungssystem hatte ich für meinen Wettkampf gegen Petrosjan 1971 vorbereitet. In dem Zweikampf mußte ich es sogar einmal mit einem Tempo weniger spielen (1. Sf3 Sf6 2. g3 d5 3. Lg2 e6 4. c4 d4?!), aber trotzdem hatte ich Erfolg damit. Petrosjan zieht es ja vor, derartige Stellungen mit der Farbe zu spielen, die über den meisten Raum verfügt! Aber gegen Bilek ist die Sache komplizierter. Solche Positionen bevorzugt er, wenn er Schwarz hat. Aber wenn er sie mit einem Extratempo bekommt, dann denkt er wahrscheinlich, daß er schon in der Eröffnung auf Gewinn steht.

4. Lg2 c5

In Skopje 1972 spielte ich hier gegen denselben Gegner 4. ... Sc6. Im Mittelspiel wurde mein Bauer auf d4 schwach; ich verlor ihn und mußte schließlich aufgeben. Diesmal beschloß ich, d4 hartnäckiger zu decken.

5. d3 Sc6 6. e4

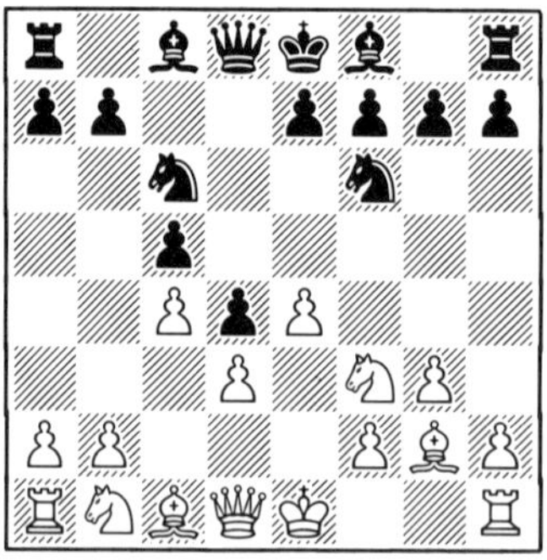

Der Übergang in eine Königsindische Stellung mit einem Mehrtempo scheint mir wenig begründet. Mehr Möglichkeiten bietet 6. e3, gefolgt durch den Tausch auf d4. Aber über Geschmack läßt sich nicht streiten.

6. ... e5 7. 0-0 Lg4

Mit vertauschten Farben ist diese Stellung sehr bekannt; sie wird als ziemlich aussichtslos für die Partie beurteilt, die am wenigsten Raum hat. Es ist unklar, wieweit das Extratempo dieses Urteil berührt.

8. h3 Lh5 9. g4 Lg6 10. Sh4 Sd7

Mit einem Tempo mehr, mit dem Läufer auf e2 oder e7, gefällt mir hier der Zug h5, womit eine Aktion gegen den weißen König entfesselt werden könnte. Aber in der vorliegenden Stellung scheint mir der Zug mit dem h-Bauern wenig Vorteil zu bieten.

11. Sf5 Dc7 12. Sa3?!

Die weiße Bauernstruktur schreibt notwendigerweise einen Angriff auf dem Königsflügel vor, wie oft im Königsindischen. Darum hätte Weiß f4 spielen müssen. Es hätte dann folgen können: 12. ... h5! 13. g5 Sd8! mit kompliziertem Spiel, obgleich ich glaube, daß die schwarze Stellung mehr verheißt. Oder 12. ... h5! 13. Sg3 ef 14. Lf4: Ld6 15. Ld6: Dd6: 16. Sh5: Lh5: 17. gh Sde5 mit Kompensation für den geopferten Bauern.

12. ... a6 13. Sc2 Sd8!

Schwarz droht nun Sd8-e6-f4, so daß Weiß, um Ärger zu vermeiden, selbst direkt f4 spielen muß.

14. f4 Se6 15. fe

Möglich war 15. Sg7: Lg7: 16. f5, aber nach 16. ... Sf4 scheint die schwarze Stellung mir angenehmer zu sein.

15. . . . Se5: 16. b4

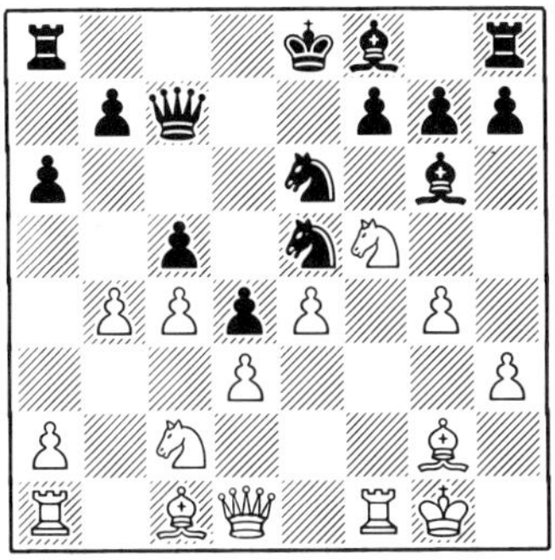

Weiß versucht, Schwarz daran zu hindern, einen sicheren Ort für seinen König zu finden. Aber, wie sich in einigen Zügen zeigt, erhält Weiß nur ungenügenden Ersatz für den geopferten Bauern. Besser hätte er daran getan, weniger übereilt, mit 16. a3 a5 17. Tb1 oder 17. b3 die Öffnung von Linien am Damenflügel Schritt für Schritt vorzubereiten.

16. . . . cb 17. Tb1 a5 18. a3 ba 19. Sa3: Lc5 20. Sb5 Dd7

Weiß hat seinen Plan ausgeführt: er hat einen Bauern geopfert und im Tausch dafür Linien auf dem Damenflügel geöffnet. Aber ernsthafte Drohungen gibt es nicht. Mit ein bißchen Sorgfalt kann Schwarz schon bald die Initiative übernehmen.

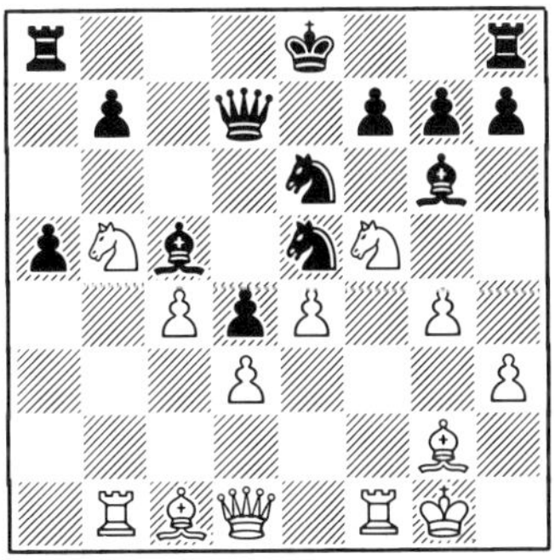

21. h4 h6

Nach 21. . . . h5 22. La3 La3: 23. Sa3: droht der Einschlag auf b7, während Weiß nach 23. . . . 0-0 auf h5 schlägt.

22. Lh3 Dd8

Schwarz entfernt seine Dame aus der gefährlichen Diagonale h3-c8 und droht nun selbst, bei Gelegenheit auf f5 und h4 zu nehmen.

23. Kh2 Ta6

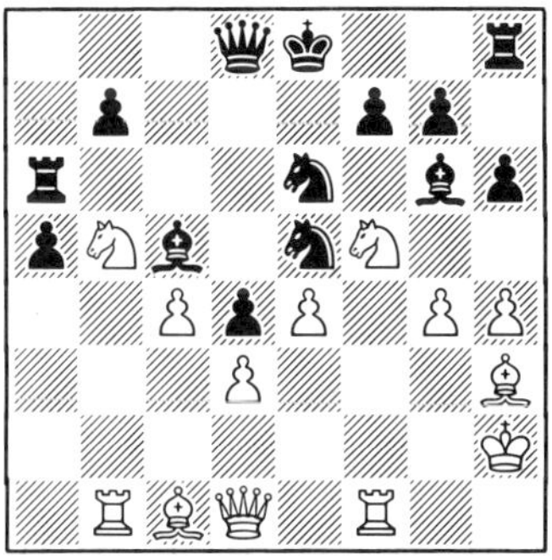

Sowohl mit Schwarz als auch mit Weiß habe ich eine besondere Schwäche für diesen Zug. In der vorliegenden Partie ist er zweifellos nützlich: der Turm wird in die Verteidigung des Bd6 eingeschaltet und kann zugleich zum Königsflügel gespielt werden, um dort an einem Angriff teilzunehmen.

24. Tg1 f6 25. Tg3

Weiß will langsam Angriffsstreitkräfte auf dem Königsflügel versammeln. Aber Schwarz steht dazu bereit, das Spiel zu öffnen, und er macht das denn auch unmittelbar.

25. . . . h5! 26. g5

Nach 26. gh Lh5: und 27. . . .g6 verliert Weiß seinen Springer.

26. . . . fg 27. Tg5:

Ein Versuch, mit einem Qualitätsopfer die Initiative an sich zu reißen. Nach 27. Lg5: Sg5: 28. Tg5: 0-0 hat Schwarz sowohl einen Bauern mehr als auch Angriff.

27. . . . Sg5: 28. Lg5: Db8

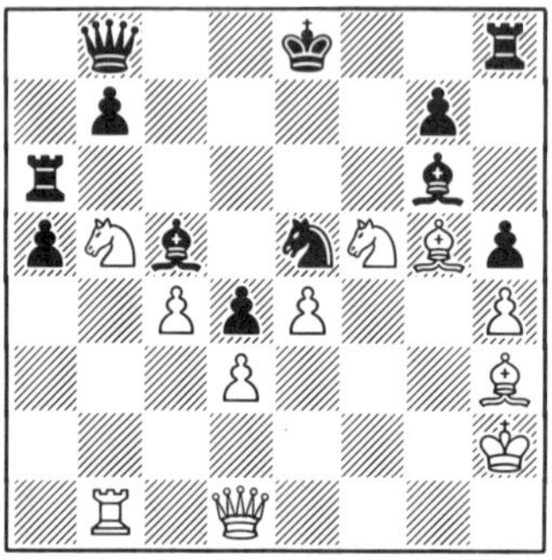

Der einzige Zug, aber er ist entscheidend. Weiß hat keine Zeit, auf g7 zu nehmen.

29. Lf4 0-0 30. Kh1

Mehr Widerstand versprach 30. Kg1, worauf ich 30. . . . Te8 plante.

30. . . . Sd3:

Eine Kombination, um die Mehrzahl der Figuren vom Brett verschwinden zu lassen.

31. Lb8: Sf2† 32. Kh2 Sd1: 33. Le5 Sf2 34. Ld4: Ld4: 35. Sbd4: Sh3: 36. Kh3: Tf7 37. c5 Lf5: 38. ef a4

Weiß gab auf.

KORTSCHNOI — PETROSJAN

5. Wettkampfpartie, Odessa 1974

Englisch: Maróczyaufbau

1. c4 c5 2. Sf3 Sf6 3. Sc3 g6 4. d4 cd 5. Sd4: Lg7 6. e4 Sc6 7. Le3 Sg4 8. Dg4: Sd4: 9. Dd1 Se6 10. Dd2

Petrosjan wählt nicht zum ersten Mal mit den schwarzen Steinen diesen Partieaufbau. Sein Sieg über Keres im Kandidatenturnier 1959 und seine Niederlage gegen Larsen in Santa Monica 1966 sind ein paar Beispiele, die mir einfallen. Wenngleich Petrosjans Eröffnungsrepertoire sehr vielseitig ist, wußte ich irgendwie, daß er gegen mich genau diese Eröffnung anwenden würde. Am Vorabend dieser Partie hatte ich ein paar Stunden über dieser Variante gebrütet.

10. . . . d6 11. Le2

Auch 11. Tb1 verdient es, beachtet zu werden, um b2-b4 durchzusetzen, wie es zum Beispiel in der Partie Sanguinetti — Hübner, Interzonenturnier Biel 1976, geschah.

11. . . . Da5 12. Tc1 Ld7 13. 0-0 Sc5 14. Lh6!

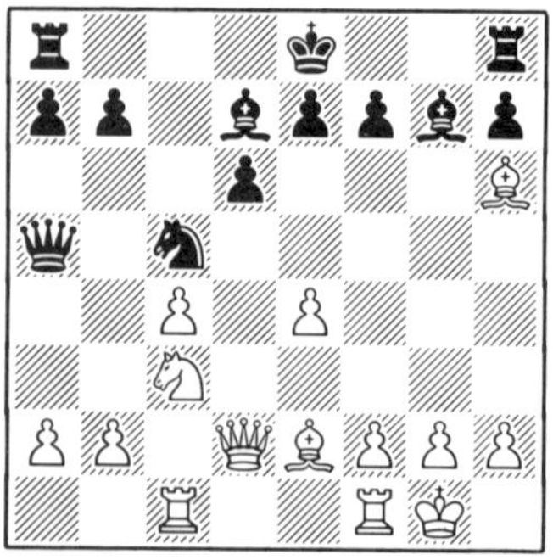

Das war die Stellung, die ich am Abend zuvor mit meinen Trainern Osnos und Zeitlin untersucht hatte! Schwarz ist nun gezwungen, die schwarzfeldrigen Läufer zu tauschen, und Weiß behält einen kleinen, aber dauerhaften

Vorteil, da er räumliches Übergewicht hat.

14. . . . 0-0

14. . . . Lc3: geht nicht. Nach 15. Tc3: Se4: 16. Dd4 De5 17. De5: de 18. Te3 Sf6 19. h3! gewinnt Weiß den Bauern zurück und hat dann mit seinem Läuferpaar ein vorteilhaftes Endspiel.

15. Lg7: Kg7: 16. b3!

An und für sich verdient dieser Zug eigentlich kein Ausrufezeichen. Aber es geht um etwas anderes. Petrosjan ist ein Anhänger von Nimzowitsch und bewertet daher die Prophylaxe sehr hoch. Im Grunde seines Herzens findet er, daß man so spielen muß. Aber selbst ordnet er die Prophylaxe unter den Nebenaspekten des schachlichen Kampfes ein; infolgedessen spielt er zaghaft gegen Spieler, die die Prophylaxe in der richtigen Weise zu handhaben wissen. Ich bringe hier in Erinnerung, daß ich in der 1. Partie unseres Wettkampfes 1974 das Eröffnungsduell auch gewann mit dem Zug 9. b3!.

16. . . . Lc6 17. Tfe1 Se6?!

Mehr im Sinne des schwarzen Aufbaues ist 17. . . . Tad8, um e7-e5 zu spielen und danach den schwarzen Springer nach d4 zu bringen. Aber Petrosjan überschätzt seine Stellung und will nun Schwächen in der weißen Position schaffen, ohne seine eigene Bauernstellung dabei zu schwächen. Vielleicht hatte Petrosjan nach 17. . . . Tad8 Angst vor der Antwort 18. Db2, wobei er aber vergaß, daß Schwarz nach 18. . . . e5 19. b4 den Zug Db6 zu seiner Verfügung hat mit gleichem Spiel.

18. Lg4 Tad8 19. Te3

Weiß verfügt über mehr Raum, aber das bedeutet noch nicht, daß Weiß ohne Plan operieren kann und dennoch Vorteil behält. Richtig war 19. Tcd1 mit der Absicht, Sd5 zu spielen, wodurch die schwarze Stellung längs der Zentrallinien unter Druck gesetzt wird.

19. . . . Sf4?!

Aber hier mußte Schwarz 19. . . . Dg5 spielen, zumal da die schwarze Dame auf dem Damenflügel nichts verloren hat. Im Fall von 20. Lf3 Sf4 würden die schwarzen Figuren besonders bedrohlich auf den weißen König schauen, und nach 20. Le6: fe 21. Dd4† Df6 22. Df6: ef entsteht ein gleichstehendes Endspiel.

20. g3 h5

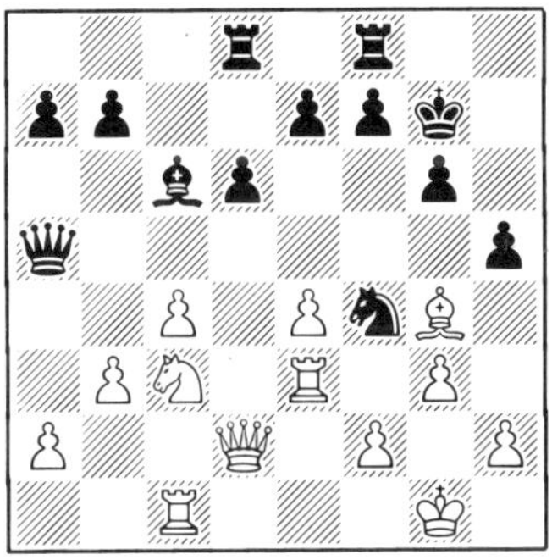

Nach 20. . . . Sh5 21. Lh5: Dh5: 22. Dd4† verliert Schwarz seinen Bauern auf a7. Die Rückkehr nach e6 ist nach 21. Db2 auch nicht ganz befriedigend. Es droht 22. Sd5. Schwarz kann dies zeitweise durch 22. . . . De5 verhindern, aber dann geschieht 23. f4 Dd4 24. Df2, gefolgt von Tcd1 und Sd5 mit bedeutendem Vorteil für Weiß.

21. Db2!

Ich gebe zu, daß ich diesen Zug nicht sofort fand. Erst schaute ich mir die Möglichkeiten 21. gf hg, gefolgt von Dh5, und 21. Lf3 Sh3† an. Aber ich erkannte, daß Schwarz dann jedesmal besser steht. Erst danach stieß ich auf den listigen Zwischenzug mit der Dame! Nach dem Textzug kann Schwarz seine Dame nicht mehr zum Königsflügel überführen, wo sich das Spiel des weiteren entwickeln wird. Demzufolge steht Schwarz nun bedeutend schlechter.

21. . . . hg

Falls 21. . . . Dg5, so 22. Sd5 e5 23. gf Dg4: 24. Tg3 De6 25. f5 mit deutlichem Vorteil für Weiß.

22. Sd5† e5 23. gf

Während der Partie schien mir das weitere Zurückdrängen der schwarzen Dame mit 23. b4 recht verführerisch. Leider geht der Zug nicht. Mit einem Damenopfer würde Schwarz nämlich die Initiative ergreifen: 23. . . . Sd5:! 24. ba Se3: 25. fe Le4:.

23. . . . Tde8

Oder 23. . . . Ld5: 24. ed f6 25. Tg3 ef 26. Tg4:, und Schwarz verliert einen Bauern.

24. Tg3 Ld7

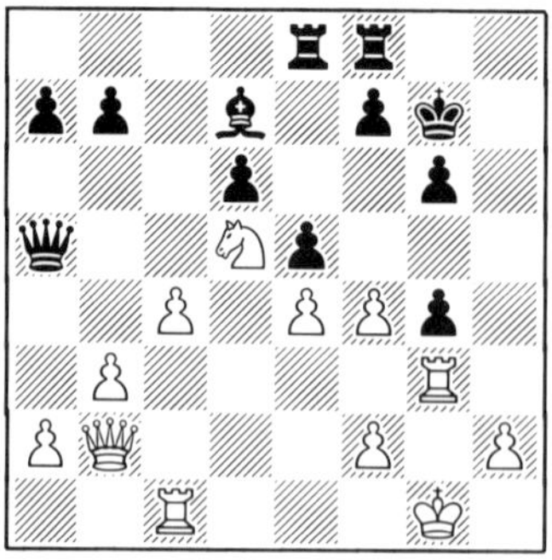

Ungefähr in diesem Augenblick, eine Stunde vor der Zeitkontrolle, begann das „Gespräch" zwischen Petrosjan und mir, ein Gespräch, das ganz und gar nicht den FIDE-Regeln und den Verhaltensgepflogenheiten hinter dem Brett entsprach. Aber darüber kann sich der Leser genauer im Textteil meiner Autobiographie informieren. Angesichts der verschlechterten Spielumstände und Verhältnisse hinter dem Brett wäre hier der Zug 24. . . . f5 gerade passend gewesen, wodurch am Brett eine außerordentlich komplizierte Situation entstanden wäre. Übrigens hätte Weiß auch in diesem Fall Vorteil behalten.

25. Td1?

Hier war 25. Se3 sehr stark, um Bg4 unter Beschuß zu nehmen. Auf 25. . . . f5 wäre 26. Td1 oder 26. c5 stark. Aber es ist schwierig zu spielen, wenn das Diskussionsfeuer hoch auflodert . . .

25. . . . f6 26. fe Te5:?!

Hier begeht Petrosjan einen Fehler. Nach 26. . . . fe 27. Se3 Tf4 28. b4 hätte Schwarz mehr Chancen auf Rettung gehabt.

27. Sc3

Nun verliert Schwarz ersatzlos einen Bauern.

27. . . . Dc5 28. Dd2 f5

Oder 28. . . . Te6 29. Tg4: f5 30. Tg5, und die schwarze Stellung ist trostlos.

29. Dd6: Dd6: 30. Td6: Lc6 31. f3!

In diesem Augenblick stand uns große Zeitnot in Aussicht. Doch fand ich hier einen starken Zug. Auf der Suche nach Rettung verbrauchte Petrosjan hier fast seine ganze Bedenkzeit, aber er entdeckte keine taugliche Verteidigung. Wahrscheinlich gibt es auch keine.

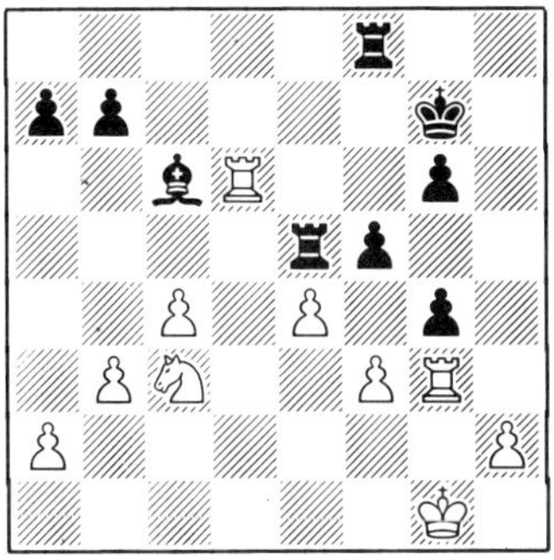

31. . . . Kh6

Nach 31. . . .fe 32. fe Le4: gewinnt Weiß das Endspiel leicht: 33. Te3 Tfe8 34. Se4: Te4: 35. Te4: Te4: 36. Td7†. Die Analytiker empfehlen 31. . . . Tf6 als besser. Dann folgt 32. Tf6: Kf6: 33. f4 Te8 34. e5† Kf7 35. Te3. In der Stellung, die nun erreicht worden ist, erhält Weiß ein Damenendspiel mit einem Mehrbauern, während er obendrein am Zuge ist nach 35. . . . Td8 36. Sd5! Ld5: 37. Td3 Ke6 38. ed† Td5: 39. Td5: Kd5: 40. Kf2 b5 41. Kg3 g5 42. fg Ke5: 43. Kh4 f4 44. Kg4: Ke4 45. g6 f3. Auch 35. . . . g5 hilft nicht: 36. fg f4 37. Te1 Kg6 38. e6 Kg5: 39. Sd5, und der weiße e-Bauer müßte den Gewinn verbürgen können. Und auf 31. . . . Kh7 würde Weiß 32. fg fe 33. Te3 Kh6 34. Kg2 Kg5 35. Kg3 spielen, und auch dann sollte er langsam, aber sicher gewinnen.

32. f4 Tee8 33. ef!

Weiß gewinnt noch einen Bauern, und wenn Zeitnot keine Rolle gespielt hätte, hätte Schwarz hier bereits aufgeben können. Aber in Zeitnot kann allerhand geschehen.

33. . . . Lf3 34. Tg6:† Kh7

Nach 34. . . . Kh5 würde 35. h3! Tf5: 36. hg mit Figurengewinn folgen. Oder 35. . . . Kh4 36. Kh2 Tf5: 37. Lg4 mit noch größerem Effekt.

35. Tg5 Te1†

Auf 35. . . . Te3 gewinnt wieder 36. h3!.

36. Kf2 Th1

Wieder einmal gewinnt 37. h3!, wenn Schwarz 36. . . . Tc1 zieht!

37. Th5† Kg7 38. Sd5?

Auch hier hätte Weiß 38. h3! spielen müssen: 38. . . . Th2† 39. Kf1 Th1† 40. Tg1, und Weiß gewinnt. Aber in Zeitnot war es ganz schön schwierig, so mir nichts dir nichts mit dem König auf die 1. Reihe zurückzukehren. Mit dem Textzug hingegen macht Weiß sich selbst das Leben schwer.

38. . . . Ta1

Weiß rechnete nur mit 38. . . . Te8; dann ginge nach 39. Se3 auch der g-Bauer verloren.

39. f6†?!

39. h3 war wieder einfacher und stärker.

39. . . . Kg6 40. Tg5† Kf7 41. Tg7† Ke6 42. Te7† Kf5?

Eine Seltenheit in Petrosjans Praxis. Akkurat wie kein anderer notiert er die Züge auf vorbildliche Weise und bricht, wann immer er den 40. Zug ausgeführt hat, immer direkt ab, da er mehr Vertrauen in seine Analysen hat als in sein Spiel am Brett. Aber in dieser Partie vergaß er zu notieren! Petrosjan folgte meinem

Beispiel und spielte ebenfalls im Blitzpartientempo die Züge herunter. Aber mittlerweile hätte Schwarz hier mit 42. . . . Kd6 43. Tb7: Ta2:† die Realisation des großen materiellen Übergewichtes für Weiß ernstlich erschweren können. Nun wurde noch ein Zug ausgeführt:

43. Te5†

Danach gab Petrosjan den auf der Hand liegenden Zug 43. . . . Kg6 in den Umschlag. Wie die Analyse zeigte, gewinnt Weiß nun leicht mit 44. h3. Darum erschien Petrosjan nicht zur Wiederaufnahme, was seine Art war, die Partie aufzugeben.

KORTSCHNOI — KARPOW

21. Wettkampfpartie, Moskau 1974

Damenindisch

1. d4 Sf6 2. Sf3 e6 3. g3 b6 4. Lg2 Lb7 5. c4 Le7 6. Sc3 0-0

In den meisten Wettkampfpartien mit Karpow, in denen ich die weißen Steine führte, spielten wir Damenindisch. Es ging in der Eröffnung um Feinheiten. Wenn Schwarz 6. . . . Se4 spielt, hat Weiß nach 7. Ld2 laut dem heutigen Stand der Dinge in der Theorie ein leichtes Übergewicht. Aber nach dem Textzug hat Schwarz im Falle von 7. 0-0 Se4 mehr Chancen auf Ausgleich. Hat Weiß denn einen besseren Zug als die Rochade? In einer Anzahl von Partien zog ich 7. Dd3, aber nach 7. . . . d5 erwies sich die Stellung der weißen Dame als nicht gut. Ich will hier hinzufügen, daß der Zug 6. . . . 0-0 vor dieser Partie ziemlich selten in der Meisterpraxis vorgekommen ist. Der Zug ist also eigentlich eine Frucht der Eröffnungsvorbereitungen Karpows auf unseren Wettkampf gewesen.

7. Dc2

Das hatte ich auch in der 5. Wettkampfpartie gespielt, aber da ich mit dem Ergebnis der Eröffnung nicht zufrieden gewesen war, hatte ich eine erneute Untersuchung des Zuges 7. Dc2 eine Zeitlang zurückgestellt.

7. . . . c5 8. d5 ed 9. Sg5 Sc6

In der 5. Partie spielte Karpow 9. . . . g6 und erhielt in der Folge ein ausgezeichnetes Eröffnungsspiel. Darum war dieser Springerzug für mich eine Überraschung. Ich hatte ein paar Tage lang die Fortsetzung 9. . . . g6 geprüft, wobei ich vor allem den Zug 10. h4, der große Komplikationen hervorruft, unter die Lupe nahm. Während dieses Wettkampfes hatte ich ein paar Helfer. Aber auf diese Partie hatte ich mich nur mit meinem Trainer vorbereitet. Niemand wußte, was ich zu spielen beabsichtigte. Das tat ich, sicher ist sicher, um zu vereiteln, daß doch etwas bekannt würde.

10. Sd5: g6 11. Dd2!

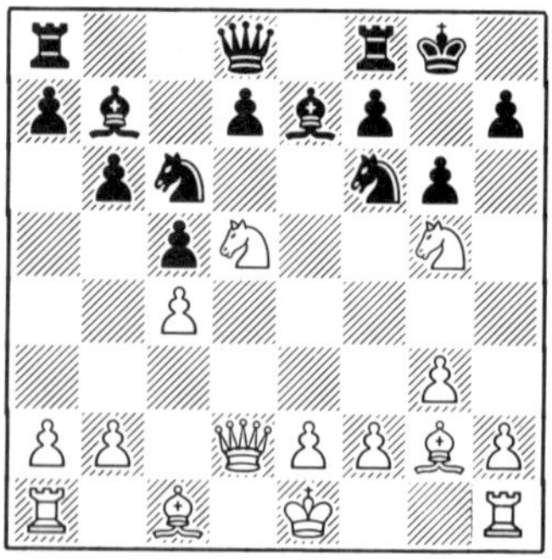

Über diesen Zug schreibt Botwinnik in seinem Buch „Die drei Wettkämpfe von A. Karpow“: „Diesen Zug hat Kortschnoi wahrscheinlich schon vor dem Zweikampf vorbereitet.“ Karpow sagte den Journalisten ungefähr dasselbe. Aber wie hätte ich vor dem Wettkampf wissen können, welche Zugfolge Karpow wählen und daß er schon im 6. Zug rochieren würde! Was hätte es für einen Sinn gehabt für mich, den Zug 9. . . . Sc6 zu begutachten und die Position, die sich aus ihm ergibt, wenn es nach meiner Meinung bessere Züge für Schwarz gab?! Ich habe sehr viel Respekt vor beiden Weltmeistern, aber dennoch kann ich mich nicht des Eindrucks erwehren, daß keiner von beiden am Brett diesen einfachen Zug hat finden können, der den Springer auf g5 deckt und die Dame auf die wichtige d-Linie bringt.

11. . . . Sd5:?

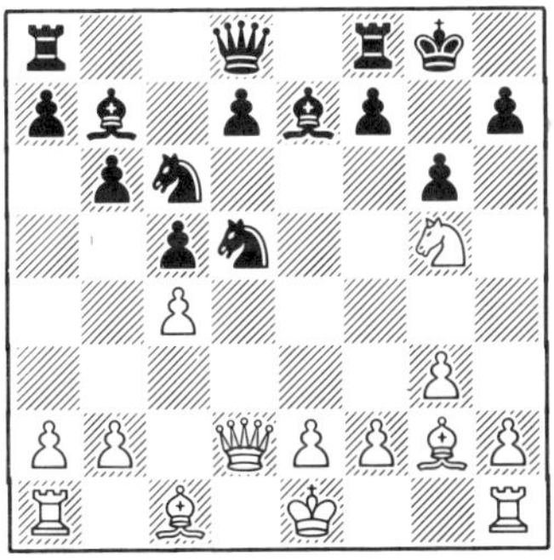

„Man braucht keine Varianten durchzurechnen, um begreifen zu können, daß der weiße Läufer, was die weißen Felder betrifft, von d5 aus eine sehr gefährliche Stellung einnimmt“, sagt Botwinnik. Das ist sicher so, aber Schwarz weiß vor allem nichts Rechtes mit seinem schwarzfeldrigen Läufer anzufangen, um so mehr, als er soeben g7-g6 gespielt hat. Über den Textzug dachte Karpow 8 Minuten nach. Danach sagte er im Vertrauen zu einem Journalisten, daß er diese Stellung in seinen Theorieunterlagen stehen hätte und daß er sich nun erinnert hätte, was dort weiter geschrieben stünde. Richtig war, wie namentlich Botwinnik angab, der Zug 11. . . . Te8. Hiernach gäbe der Tausch auf e7 Schwarz nach 12. . . . De7: großen Entwicklungsvorsprung. Wahrscheinlich hätte Weiß auf 11. . . . Te8 mit 12. Sf6:† Lf6: 13. Ld5 fortsetzen müssen mit einigem Übergewicht; oder vielleicht mit 12. b3.

12. Ld5: Tb8?

Diesen Zug, der verliert, führte Karpow nach 3 Minuten aus. Übrigens hat Schwarz, gelinde gesagt, eine schwierige Stellung. Relativ am besten war 12. . . . Lg5: 13. Dg5: Dg5: 14. Lg5: Kg7, worauf sich Schwarz in einem schlechter stehenden Endspiel um Ausgleich hätte bemühen müssen.

13. Sh7:!

In der offiziellen Sowjetpresse erklärte Karpow, wie es sich für ein junges Genie gehört, nach Ablauf des Wettkampfes, daß er diese Partie durch die Schuld seiner Trainer verloren hätte: sie hätten während der häuslichen Analyse „gepatzt“ und diesen Zug übersehen!

13. . . . Te8

Oder 13. . . . Kh7: 14. Dh6† Kg8 15. Dg6:† Kh8 16. Dh6† Kg8 17. Le4 f5 18. Ld5† Tf7 19. Dg6†.

14. Dh6 Se5 15. Sg5 Lg5:

Nach 15. . . . Lf6 16. Lf7:† setzt Weiß in 3 Zügen matt.

16. Lg5: Dg5: 17. Dg5: Ld5:

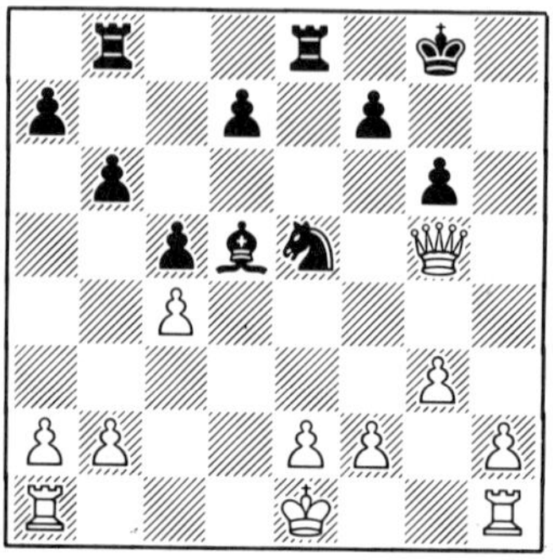

Bevor ich meinen folgenden Zug machte, ging ich zu den Schiedsrichtern und fragte, ob ich rochieren dürfe, auch wenn mein Turm angegriffen sei. Sie versicherten mir, daß ich dies dürfe. Später wurde dieser Vorfall zur Illustration der extremen Erschöpfung beider Spieler angeführt. Aber in allen 2500 Partien, die ich in meiner Schachpraxis gespielt habe, ist es mir tatsächlich niemals passiert, daß ich rochieren mußte, während mein Turm angegriffen war. Und in diesem Moment wußte ich ich nicht recht, ob ich mich richtig der Spielregeln erinnerte!

18. 0-0

Und was wäre geschehen, wenn ich nicht hätte rochieren dürfen? Dann hätte ich lang rochiert mit ungefähr demselben Effekt!

18. . . . Lc4: 19. f4

Schwarz gibt auf.

ROMANISCHIN — KORTSCHNOI

Mannschaftsmeisterschaft der UdSSR, Tiflis 1976

Grünfeld-Verteidigung

1. d4 Sf6 2. c4 g6 3. Sc3 d5 4. Sf3 Lg7 5. cd Sd5: 6. Db3!?

Romanischin, einer der begabtesten, jungen russischen Schachspieler, hat einen klar ausgeprägten Spielstil. Sein Eröffnungsrepertoire ist ungebräuchlich, aber in der Regel tief durchdacht.

6. . . . Sb6

Eine andere Fortsetzung, die mehr zum Charakter der Grünfeld-Indischen Verteidigung paßt, besteht im Tausch auf c3. Aber dann hat Weiß nach 6. . . . Sc3: 7. bc c5 8. e3 dank seines soliden Bauernzentrums einen kleinen, aber dauerhaften Vorteil.

7. e4

Das ganze System ist von Romanischin bis ins Detail ausgearbeitet worden, und es hat ihm schon eine ganze Menge Punkte eingebracht. Das Nehmen auf d4 ist nun schlecht für Schwarz: nach 8. Lh6 kommt Weiß zum Angriff gegen den im Zentrum festgenagelten schwarzen König. Und nach 7. . . . 0-0 8. Le2 Lg4 9. d5 c6 10. Le3 cd 11. ed darf Schwarz ebensowenig den Bauern nehmen, denn nach 12. . . . Lc3:† 13. bc Dd5:? 14. Lb6: verliert er eine Figur. So endete die Partie Romanischin — Waganjan bei der Schnellschachmeisterschaft der UdSSR 1975. Aber Schwarz hat Besseres als die Rochade.

7. . . . Lg4!?

Zwei Monate, bevor diese Partie gespielt wurde, hatten die Schachfreunde von Lwow eine Trainingszusammenkunft für ihre beiden jungen Großmeister Romanischin und Beljawski organisiert. Ich nahm daran teil. Zwei Wochen lang tauschte ich mit den beiden jungen Männern Erfahrungen aus. Zusammen besprachen wir moderne Eröffnungsprobleme und analysierten das Eröffnungsrepertoire, das sie verwandten. Die Eröffnung der vorliegenden Partie haben wir nicht genau unter die Lupe genommen. Romanischin sagte, daß er auf diese Weise schon so schrecklich viele Partien gewonnen hätte, daß er unvermeidlich über kurz oder lang eine Niederlage hinnehmen müßte. Ich habe damals beiläufig gesagt, daß seine Eröffnungsidee wahrscheinlich widerlegt werden könnte mit 7. ... Lg4. Romanischin glaubte mir seinerzeit offensichtlich nicht. Diese Partie bot mir also die Chance, das eine und andere auszuprobieren.

8. d5

Eine andere Möglichkeit, die Romanischin nach der Partie erwähnte, besteht in 8. Se5 Le6 9. d5 Ld5: 10. ed Le5: 11. Lh6 c6 12. Td1 Dc8 13. Le2 mit einiger Kompensation für das geopferte Material.

8. ... Lf3:!

Da er die feindliche Bauernstruktur auf dem Königsflügel angreifen wollte, hat Schwarz mit der Rochade gewartet.

9. gf c6 10. Le3

Eine wahrscheinlich günstigere Alternative für Weiß, der ja ein Druckspiel auf dem Damenflügel einleiten will, besteht in 10. a4 a5 11. Le3 S8d7 12. Td1 0-0 13. Lh3 Dc7 14. Tc1, und Weiß hat die Initiative.

Nun aber ist Schwarz außer Gefahr, und Weiß muß schon vorsichtig manövrieren, um nicht in eine schlechtere Stellung zu geraten.

10. ... 0-0 11. Td1 cd 12. Sd5: Sd5: 13. Td5:

Auf 13. Db7: ist 13. ... Da5† 14. Ld2 Db6 möglich. Nun ist 15. Da8: Sc7 stark für Schwarz, und nach 15. Dd5: Sc6 ist Schwarz gut entwickelt, und er besitzt Angriffschancen, z. B. 16. Le3 Db2: 17. Dc6: Tac8 gefolgt von 18. ... Lc3†.

13. ... Dc7

Wegen der Schwäche der weißen Königsflügelbauern kann die Stellung als ein bißchen besser für Schwarz angesehen werden.

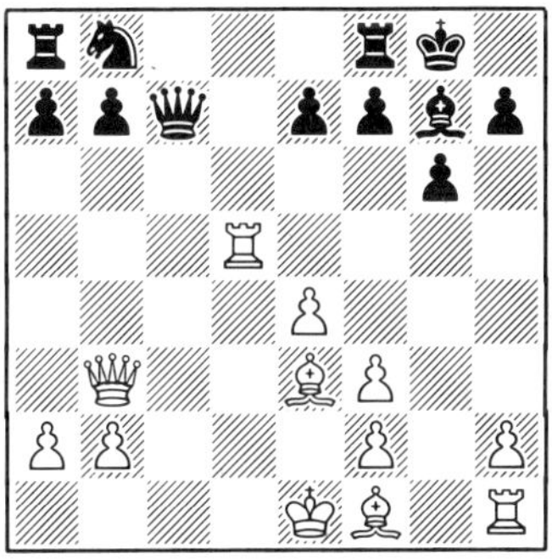

14. Le2

Innerhalb von ein paar Zügen wird es Schwarz nun gelingen, das Feld f4 mit seinen Figuren zu besetzen. Darum wäre 14. f4 erwägenswert, wodurch der Zug Lg7-e5 endgültig verhindert worden wäre, und zugleich hätte der weißfeldrige Läufer über die Diagonale h1-a8 entwickelt werden können.

14. . . . Sc6 15. 0-0 e6 16. Td3 Le5 17. h3 Lf4 18. Lc5

Wenn die schwarzfeldrigen Läufer getauscht werden würden, wäre die Stellung von Weiß nach 18. Lf4: Df4: 19. Db7: Se5 nicht so angenehm. Es droht dann ewiges Schach und unter Umständen auch ein starker Angriff, während das materielle Gleichgewicht kaum gestört ist. Darum geht Weiß vorläufig dem Läufertausch aus dem Wege.

18. . . . Tfc8

Da der verlockende Ausfall 18. . . . De5 nach 19. Lf8: Dg5† 20. Kh1 Dh4 21. Kg2 Dg5† nicht mehr als Remis verspricht, muß Schwarz versuchen, einen Umgruppierungsplan zu entwerfen; zum Beispiel, indem seine Dame und sein Läufer die Plätze tauschen. Die weißen Schwerfiguren können jedoch recht aktiv werden, womit Schwarz natürlich rechnen muß. Der natürliche Zug für Schwarz war 18. . . . Td8, aber das hätte den Tausch der Türme und höchstwahrscheinlich Remis zur Folge.

19. Tfd1 De5

Natürlich nicht 19. . . . Sa5 20. Dc3 Dc5: 21. Td8† mit Damengewinn. Ich sage „natürlich", aber während der Partie habe ich auf der Suche nach Gewinnmöglichkeiten viel Zeit darauf verwendet, die Stellung nach dem Damenverlust zu untersuchen, wobei es mir darum ging, ob die aktive Stellung des Läufers auf f4 genügend Kompensation für das Material darstelle. Ich denke, fürs Remis hätte es gereicht, aber nicht für mehr.

20. Ld6 Dg5† 21. Kh1 Se5

Nach 21. . . . Ld6: 22. Td6: Se5 würde Schwarz sowohl nach 23. Db7:?! Tcb8 24. Da6 Tb2: als nach 23. De3 Dh4 24. f4 Sc4 25. Lc4: Tc4: etwas besser stehen. Schwarz will jedoch versuchen, seine Pläne für einen Mattangriff, in die Tat umzusetzen.

22. Tc3 b6 23. Tc8:† Tc8: 24. Da3 Dh4 25. Kg2 a5?

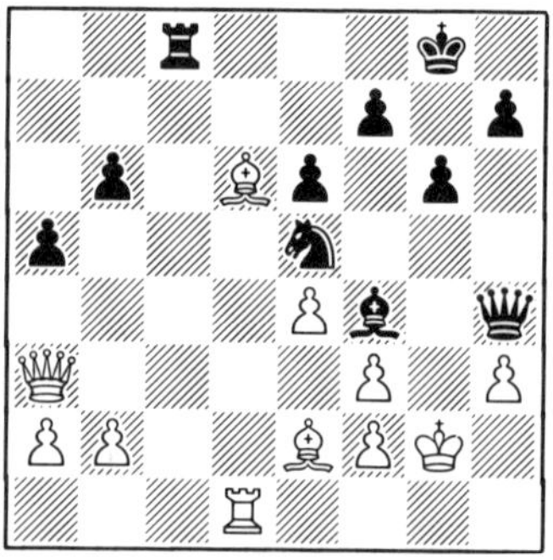

Kurz vor der Durchführung seines Planes und während er droht, den weißen König in ein Mattnetz zu verstricken, weicht Schwarz plötzlich vom rechten Pfade ab. Er hätte 25. . . . g5! ziehen müssen mit der Drohung 26. . . . Sg6. Am Brett dachte ich jedoch, daß der schwarze Turm nach 26. Da6 kein gutes Feld mehr hätte. Denn nach 26. . . . Te8 oder Td8 gewinnt Weiß mit 27. Le5:. Und nach 26. . . . Tc2 27. Da4 Te2: 28. De8† hat Weiß ewiges Schach. Aus allgemeinen Gründen beachtete ich den Zug 26. . . . Ta8 gar nicht. Aber danach wird es für Weiß gerade schwierig. Die folgende Variante vor allem gibt zu denken: 27. Db7 Te8 28. Lb5 g4! 29. fg Sg4: 30. Tf1 Se3† 31. Kf3 Dh3:† 32. Kf4: e5† 33. Le5: Sg2†, und Schwarz setzt matt. Anstelle von 28. Lb5 könnte Weiß jedoch z. B. 28. Le5: Le5: 29. Da7: Df4 30. Th1 spielen und standhalten. Nach dem Textzug hat Weiß durchaus keine Probleme mehr.

26. Le7 g5 27. Td8†

Weiß spielt ohne Schnörkel. Der Zug 27. Lf6 scheint gefährliche Mattdrohungen heraufzubeschwören, aber er ist in Wirklichkeit schwächer. Mit 27. . . . Sg6 28. Dd3 Le5 könnte Schwarz sich bequem verteidigen; danach geht 29. Dd8† Td8: 30. Td8:† Sf8 31. Le5 g4! nicht für Weiß, denn während er den weißen Turm angreift, geht Schwarz selbst zum entscheidenden Gegenangriff über.

27. . . . Td8: 28. Ld8: Sg6 29. Lb6: Le5

Man sollte nun erwarten, daß beide Parteien jetzt letzte Hand anlegen zur Durchführung ihrer Pläne. Weiß hat die Initiative auf dem Damenflügel und wird mit seinem nächsten Zug den letzten schwarzen Bauern dort nehmen, während Schwarz auf 30. Da5: mit 30. . . . Df4 antworten wird, womit er dann endlich die gewünschte Angriffsbatterie hat, die ihm ein leichtes Remis verbürgt. Aber Weiß fand die Angriffsbatterie offenbar zu gefährlich.

30. Le3?! Sf4† 31. Kf1?

Nach diesen zwei Ungenauigkeiten hintereinander ist die weiße Stellung schon fast nicht mehr zu retten: Richtig war natürlich 31. Lf4: Df4: 32. Kf1 Dh2 33. Ke1 Dg1† 34. Kd2 (nicht 34. Lf1 Ld4, und Weiß steht schlecht) 34. . . . Df2:. Wegen seiner luftigen Königsstellung steht Weiß dann zwar etwas schlechter, aber er kann sich wahrscheinlich doch ausreichend verteidigen.

31. . . . Dh3:† 32. Ke1 Dh1† 33. Lf1

Oder 33. Kd2 Db1, und der Angriff hält an.

33. . . . Df3: 34. Da5: De4: 35. Dd8† Kg7 36. Dg5:† Sg6 37. Dd8 Db1† 38. Dd1 Da2: 39. Dc1 h5 40. b4

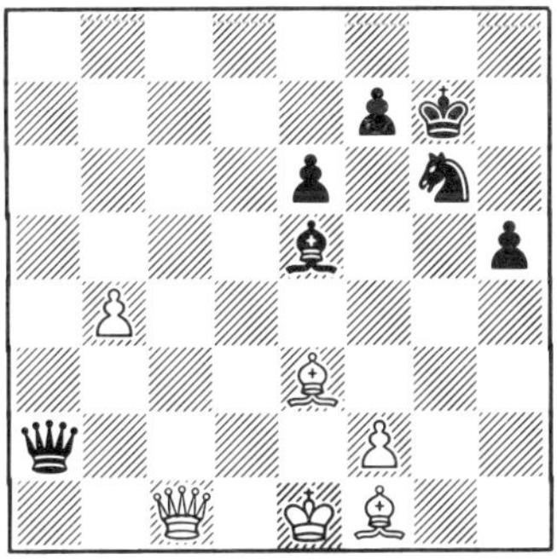

Die Situation hat sich geklärt. Weiß hat einen Bauern eingebüßt, aber er hat das Läuferpaar. Nach Damentausch sind seine Chancen auf Rettung sehr groß. Aber Weiß wird es nicht gelingen, ohne weitere materielle Einbußen die Damen vom Brett zu bekommen.

40. . . . Db3 41. Lh6† Kh7 42. Ld2 Ld4

Schwarz aktiviert seine Leichtfiguren; erst seinen Läufer und danach, wenn möglich, auch seinen Springer via Feld e5.

43. Dc4 Db1† 44. Ke2 Db2

Der Abgabezug. Es war noch eine andere angenehme Fortsetzung vorhanden: 44. . . . De4†

45. Le3 Dg4† 46. f3 Sf4† 47. Lf4: Df4:, und trotz oder eben dank der Läufer ungleicher Farbe hat Schwarz Angriff und gute Gewinnchancen.

45. . . . Dc1

Auf 45. . . . b5 hat Schwarz die Wahl zwischen zwei günstigen Fortsetzungen: 45. . . . Sf4† 46. Kd1 Sd5 oder einfach 45. . . . Lf2:.

45. . . . Db3 46. Lg2 Se5 47. Le4† f5

Wenn der weiße Läufer nun von e4 weicht, gewinnt Schwarz schnell mit 48. . . . Dd3†, gefolgt von Sc4 oder Sg4. Weiß versucht nun, mit einem Läuferopfer ewiges Schach zu forcieren.

48. Dc7†

Hartnäckiger war doch 48. Dc2! Dh3 49. Lb7.

48. . . . Kg6 49. Lf5:†

Das war der Plan von Weiß. Auf 49. . . . ef folgt 50. Dd6† mit Remis. Schwarz muß also mit dem König schlagen, aber wenn der König im Zentrum steht, sind immer überraschende Wendungen möglich. In dieser Position aber arbeitet der König gut mit seinen Leichtfiguren zusammen, und er kann schon rasch einen sicheren Hort finden.

49. . . . Kf5: 50. Dh7† Sg6 51. Dh5:† Kf6 52. Lg5† Kg7 53. Lh6† Kf7 54. Db5

Oder 54. Df3† Df3: 55. Kf3: Sh4† 56. Ke2 Sf5, und Schwarz gewinnt leicht.

54. . . . Dc2†

Nun folgt auf 55. Ld2 forciert 55. . . . Sf4† 56. Kf3 Dd2: 57. Dd7† Kf6 58. Dd8† Kf5 59. Df8† Lf6. Darum gab Weiß hier auf.

LANGEWEG — KORTSCHNOI

IBM-Turnier, Amsterdam 1976

Englisch

1. c4 Sf6 2. Sc3 e6 3. Sf3 Lb4

Verglichen mit 1. e4 und 1. d4 ist der Zug 1. c4 noch kaum untersucht worden und bietet der Phantasie daher Raum genug! Mit Schwarz hat in dieser Eröffnung jeder Großmeister so seine Vorliebe. Karpow hält es mit 3. . . . b6 4. e4 Lb7, während Ljubojević 3. . . . c5 4. g3 b6 den Vorzug gibt. Es finden sich auch welche, die 1. . . . e5 spielen. Aber ich hatte eine Variante im Auge, die an Nimzowitsch-Indisch erinnert. Natürlich ist es so, daß Schwarz Nimzowitsch-Indisch spielt und Weiß Englisch.

4. Dc2

Die gegenwärtige Theorie beurteilt diesen Zug als besser gegenüber 4. Db3, 4. a3 oder 4. g3, was früher gespielt wurde.

4. . . . 0-0

Hier wird auch 4. . . . c5 gezogen mit der Absicht, nach 5. a3 den schwarzfeldrigen Läufer auf dem Brett zu behalten. Aber in dieser Partie ist Schwarz gerne bereit, von seinem Läufer Abschied zu nehmen, wenn er als Ersatz für ihn bloß Entwicklungsvorsprung erhält.

5. a3

Verführerisch ist hier 5. e4. Im Falle von 5. . . . d5?! 6. e5 Se8 7. cd ed 8. d4 c5 9. Ld3 oder 9. a3 hat Weiß dann Vorteil. Auch nach 5. . . . c5 6. e5 Se8 7. Ld3 steht Weiß besser. Richtig ist jedoch 5. . . . Lc3:! 6. bc e5 mit gleichem Spiel.

5. . . . Lc3: 6. Dc3: b6 7. g3

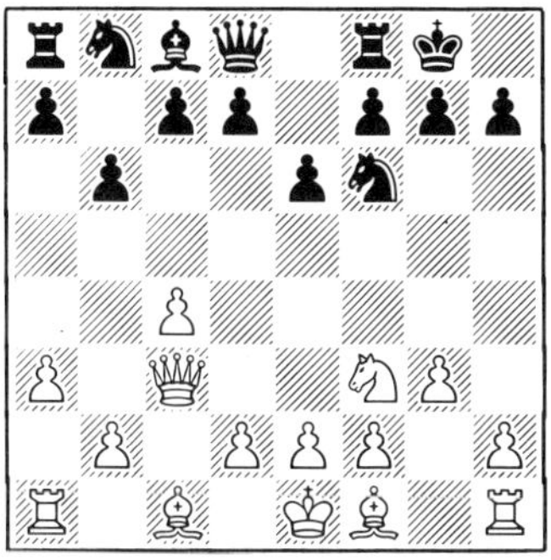

Ich halte 7. e3 für stärker, zum Beispiel: 7. . . . Lb7 8. b4 Se4 9. Dc2 f5 10. Le2 mit einigem Vorteil für Weiß, wie es in der Partie Ree — Kortschnoi in der 1. Runde desselben Turniers vorkam.

7. . . . Lb7 8. Lg2 d5 9. d4

Es drohte 9. . . . d4, und auf 9. 0-0 konnte dc erfolgen, wonach Weiß Schwierigkeiten hat, seinen Bauern zurückzugewinnen, da 10. Dc4: mit 10. . . . La6 11. Da4 Le2: beantwortet wird. In der Partie Uhlmann — Kortschnoi, Hastings 1975/76, geschah 9. cd Sd5: 10. Dc2 c5 mit gleichem Spiel.

9. . . . dc

Leider geht 9. . . . c5 nicht wegen 10. dc d4 11. Db3 e5 12. Lg5, und die Kompensation für den geopferten Bauern ist ungenügend.

10. Dc4: Ld5

Im Internationalen Turnier zu Moskau 1975 spielte ich gegen Waganjan anders: 10. . . . Le4 11. 0-0 Sc6!?, doch erhielt Weiß deutlichen Vorteil.

11. Dc3

11. Dc2 ist weniger stark. Nach 11. . . . Sc6 12. Le3 Tc8 droht Schwarz, den Bd4 zu nehmen, und bekommt aktives Spiel.

11. . . . Sbd7 12. b4

Nach 12. 0-0 würde Schwarz c7-c5 spielen, womit die beiderseitigen Chancen völlig ausgeglichen wären.

12. . . . a5

Oder 12. . . . c5 13. dc bc 14. 0-0 mit leichtem Vorteil für Weiß wegen dessen Läuferpaar.

13. b5?!

Ein zweifelhafter Zug, nach dem der weiße Entwicklungsrückstand spürbar wird. Auf 13. 0-0 ab 14. ab Se4 15. Db2 Ta1: 16. Da1: De7 17. Db1 Ta8 würde Schwarz auch eine sehr aktive Stellung erhalten. Anstelle von alledem kann 13. ba Ta5: 14. 0-0 c5 mit gleichem Spiel geschehen.

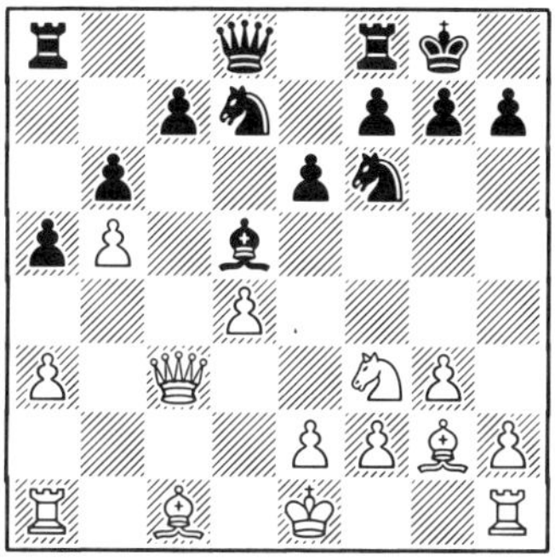

13. . . . c6 14. bc Tc8 15. 0-0 Tc6: 16. De3

Relativ das beste: nach 16. Db2 Dc8 hat Weiß ernsthafte Schwierigkeiten.

16. . . . Da8 17. Ld2 b5?!

Mit übertriebenem Optimismus beginnt Schwarz zu früh damit, seine Bauern auf dem Damenflügel zu aktivieren. Er hätte statt

dessen schablonenhaft spielen müssen! Nach 17. . . . Se4! kann Schwarz den schwarzfeldrigen weißen Läufer abtauschen; nun verbürgt gerade der Läufer, daß ein schwarzer Bauernaufmarsch auf dem Damenflügel für Weiß absolut ohne Gefahr ist!
Nach 17. . . . Se4 18. Tfc1 Sd2: 19. Dd2: Tfc8 20. Se1 Lg2: 21. Sg2: Sf6 steht Schwarz schon etwas bequemer.

18. Tfb1 Tb8 19. Se1?!

Nun fängt Weiß an, schablonenmäßig zu spielen, indem er versucht, den aktiven schwarzen Läufer abzutauschen. Aber „originelles" Spiel wäre jetzt angebrachter gewesen: 19. Tb2 mit der Absicht Le1 und Dd2. Das ist auch eine der reizvollen Seiten des Schachspiels: man weiß nie genau, wann man ruhigen Gewissens ausgetretenen Pfaden folgen kann und wann es Zeit wird, neue Wege zu entdecken.

19. . . . Lg2: 20. Sg2:

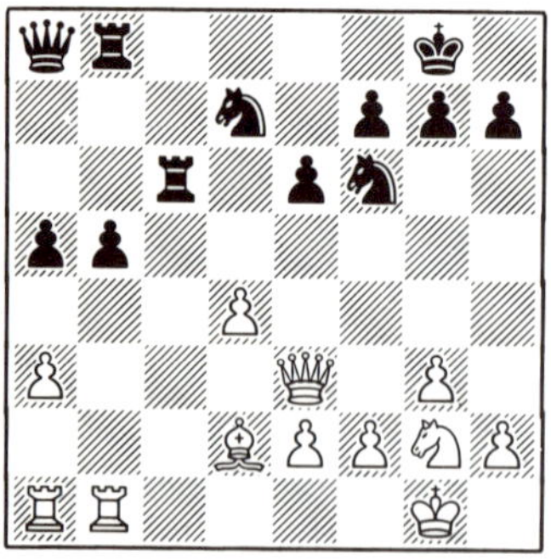

Die schwarze Stellung sieht nicht gewaltig aus. Seine Schwerfiguren stehen passiv, sie tun eigentlich nicht mehr, als die eigenen Bauern auf dem Damenflügel zu bewachen. Die schwarzen Springer könnten wohl Karriere machen, wenn sie zur Beherrschung von c4 kämen, aber wie kommt man dahin?

Ich erinnere mich, daß ich in diesem Stadium der Partie fühlte, daß Schwarz nicht mehr zurechtkäme, wenn es ihm nicht gelänge, den strategischen Gang der Dinge mit taktischen Mitteln an sich zu reißen. Glücklicherweise fand ich die taktische Ressource!

20. . . . Se4!

Endlich zumindest eine schwarze Figur, die zentralisiert werden kann.

21. Dd3

Natürlich nicht 21. De4: Tc1†, aber möglich war wohl 21. La5: Sf2: 22. Le1. Nach 22. . . . Sg4 23. Dd3 ist der Bb5 schwach, und Weiß steht besser. Aber nach 22 . . . Sh3† 23. Kh1 e5! — droht 24. . . . Tf6 — 24. de Se5: 25. De5: Tf6 hat Schwarz ausreichendes Gegenspiel. Der Textzug sieht auch ziemlich stark aus, da er Sd6 verhindert, worauf ja 22. Lf4 folgen würde.

21. . . . Td6!

Noch ein unerwarteter Zug. Er droht sowohl Sd2:, Dd2: e5 als auch Sd7-e5-c4.

22. Le3?!

Stärker war 22. Lf4! e5 23. Le3. Da 23. . . . Sdc5 24. Dc2 ed nicht angeht wegen 25. Lf4, und Bb5 steht zugleich ein, muß Schwarz 23. . . . Dd5 spielen, worauf 24. de Dd3: 25. ed Td3: 26. Lf4 oder 26. Td1 Weiß gleiche Chancen bietet.

22. . . . Se5 23. Dc2?!

Weiß beginnt, schlecht zu spielen, und läßt das eine und das andere Mal Sorgfalt vermissen. Besser war 23. Db3 Sc4 24. Td1 mit den Drohungen Lf4 und a3-a4. Nach dem Textzug hat Weiß es mittlerweile schon sehr, sehr schwer.

23. ... Tc8 24. Db3 Sc4 25. Tc1

Etwas besser 25. Dd3.

25. ... Tdc6 26. Db5:

Auf 26. f3 würde 26. ... Se3: 27. De3: Sc3 mit großem Vorteil folgen. Aber in dieser Stellung ist 26. Lf4 hartnäckiger.

26. ... Sa3: 27. Da4

Auf 27. De5, womit auch Ba5 unter Beschuß geriete, kommt Tc1: 28. Tc1: (28. Lc1: Sc4, gefolgt von Se3) 28. ... Sc3 mit vielen Drohungen.

27. ... Sc2 28. Tab1

Andere Möglichkeiten sind 28. Ta2 Sc3 29. Dc2: Sa2: oder 29. Dc6: Se2:† 30. Kf1 Dc6:.

28. ... Tc4

Nun folgt auf 29. Dd7 der Zug Se3: mit Figurengewinn, und auf 29. Db3 geschieht 29. ... a4 30. Dd3 a3 usw. Weiß gibt auf.

POLUGAJEWSKI — KORTSCHNOI

Zweite Partie des Wettkampfes, Evian 1977

Damenindisch

Mehr als zwei Jahrzehnte stand ich mit Lew Polugajewski in freundschaftlichen Beziehungen. Wegen der Änderung meines politischen Zustandes aber verlief der Wettkampf in Evian in einer feindlichen Atmosphäre — zwischen uns war kein Kontakt. Vor der Partie einen schwachen Händedruck, von Moskau sanktioniert. Nach der Partie, in der freien Zeit, kein Wort, kein Blick... Im übrigen hat die politische Spannung auf mein Spiel keinen negativen Einfluß gehabt. Es gelang mir, einige gute Partien zu gewinnen. Eine davon folgt.

1. d4 Sf6 2. c4 e6 3. Sf3

Dieser Zug zeigt Polugajewskis Absicht, äußerst solide zu spielen. Die erste Partie ging nach ziemlich schwachem Spiel für ihn verloren, also meinte er, die aktiveren Züge 3. Sc3 oder 3. g3 seien in dieser Phase des Wettkampfes zu riskant!

3. ... b6 4. g3 Lb7 5. Lg2 Le7 6. 0-0 0-0 7. Sc3 Se4 8. Dc2

In der Praxis der letzten Jahre wurde manchmal 8. Se4: Le4: 9. Se1 Lg2: 10. Sg2: gespielt. Diese vereinfachende Taktik zeigt nur, daß der Weißspieler absolut keine Lust zu kämpfen hat. Polugajewski aber versucht doch etwas Eröffnungsvorteil zu bekommen.

8. ... Sc3: 9. Dc3:

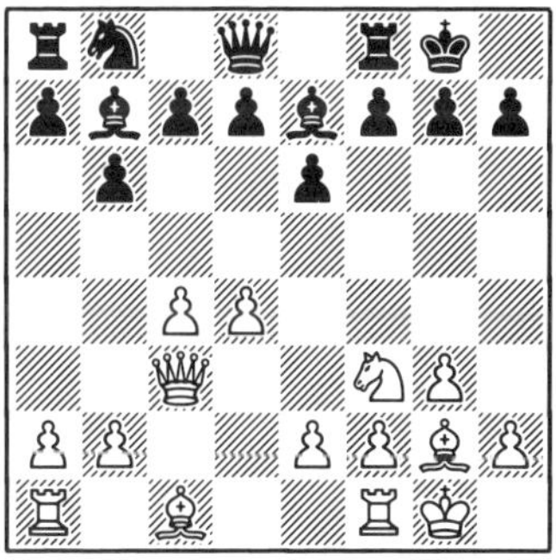

Die große Mehrheit der Schachspieler betrachtet diese Stellung als völlig ausgeglichen oder sogar fast als remis. Weiß hat aber beträchtlichen Entwicklungsvorsprung, mehr Raum, und seine Bauern beherrschen das Zentrum. Daher muß Schwarz sehr genau spielen, um auszugleichen.

9. . . . f5

Vor neun Jahren habe ich den Zug 9. . . . c5 in die Turnierpraxis eingeführt. Später wurde diese Idee von anderen Meistern (z. B. Karpow) übernommen. Die Stellung nach 9. . . . c5 wurde ausführlich analysiert und verlor (wenigstens für mich) jede Anziehungskraft. Mit dem viel „älteren" Zug 9. . . . f5 beabsichtigt Schwarz keinesfalls einen Angriff auf dem Königsflügel vorzubereiten (anders wäre es mit einem Springer auf g4!), sondern eine Zeitlang den Vorstoß e2-e4 zu verhindern.

10. b3

Eine andere Möglichkeit wäre 10. d5 ed 11. Se1 d4 12. Dd3 mit geringem weißem Vorteil.

10 . . . Lf6 11. Lb2 Sc6

Während der Vorbereitung für den Wettkampf habe ich diese Stellung analysiert. Ich bin zu der Schlußfolgerung gekommen, daß die beste Fortsetzung für Schwarz hier 11. . . . d6 ist. Aber der Springerzug nach c6, von Euwe in der 50er Jahren in die Praxis eingeführt, hat mir besser gefallen. Mir schien, daß er zu einem lebendigen Spiel führt, wie es auch tatsächlich geschah. Ich zweifle aber, ob ich den Mut habe, ihn wieder zu spielen: aus der Eröffnung bekam mein Gegner einen beträchtlichen Vorteil (präziser: hatte die Möglichkeit zu bekommen!).

12. Tad1

Verfrüht ist 12. Se5, weil nach 12. . . . Sd4: 13. Dd4: Lg2: 14. Kg2: d6 Schwarz ausgleicht.

12. . . . Se7 13. Se1 Lg2: 14. Sg2: g5

Noch ein nur scheinbar aggressiver Bauernzug. Sein Ziel ist keineswegs der Angriff, sondern richtet sich gegen das Manöver Sg2-f4-h5. Außerdem bekommt der schwarze Springer ein gutes Feld auf g6. Aber Bauern können nicht rückwärts ziehen! Der geschwächte schwarze Königsflügel kann ein leichtes Angriffsobjekt für weiße Figuren werden.

15. Dc2!

Die Eröffnungstheorie empfiehlt die Fortsetzung 15. f3 Sg6 16. e4 fe 17. fe De7, gefolgt von Lg7, mit ungefähr gleichen Chancen. Polugajewski findet eine viel stärkere Möglichkeit, Initiative zu entwickeln.

15. . . . Sg6 16. e4 f4

Natürlich, solange seine Entwicklung noch nicht beendet ist, muß Schwarz das Öffnen des Spieles vermeiden.

17. e5 Lg7 18. De4?!

Es ist klar, daß die weiße Dame auf e4 sehr stark steht, aber zuerst sollte Weiß 18. La3! ziehen, um die Kooperation zwischen den schwarzen Figuren zu stören und die ohnedies beengte schwarze Stellung noch stärker unter Druck zu setzen. Durch die Unterlassung dieser Möglichkeit büßt Weiß den größten Teil seines Vorteils ein.

18. . . . De7

Unverzüglich 18. . . . d5 hätte Weiß vorteilhaft mit 29. cd ed 20. Dc2 beantwortet. Schwarz bereitet den Bauernvorstoß unter besseren Umständen vor.

19. Td3?!

Noch ein unglücklicher Zug. Der aktivste Plan für Weiß in dieser Stellung bestand in einem Angriff gegen den Bf4 mit der Absicht, das Vorrücken oder den Abtausch fg zu erzwingen. In diesem Fall bekam Weiß Aussichten auf eine Offensive auf breiter Front einschließlich Königsflügel. Deshalb verdiente 19. Tfe1 Tad8 20. Lc1! Df7 (20. . . . d5 21. cd ed 22. Dc2 mit besserem Spiel für Weiß) 21. gf gf 22. La3 Tfe8 23. Td3 mit Vorteil für Weiß Beachtung.

19. . . . Tad8

Bereitet 19. . . . d7-d5 vor, z. B. 20. Db7 d5 21. cd Td5: mit gutem Spiel.

20. Te1

Endlich hat Weiß die Drohung bemerkt und versucht, den Befreiungszug zu verhindern. Aber es ist zu spät . . .

20. . . . d5! 21. ed

Oder 21. cd Td5: mit zweischneidigem Spiel, in dem die schwarzen Aussichten wegen der Schwäche der Bauern d4 und e5 keinesfalls schlechter sind.

21. . . . Dd6: 22. Ted1

Nach 22. De6:† De6: 23. Te6: kommt Schwarz in Vorteil, z. B. 23. . . . Se5 24. Td1 Kf7 25. d5 Sf3† oder 24. Tc3 Td4: 25. Tc1 Sf3† 26. Kh1 Td2.

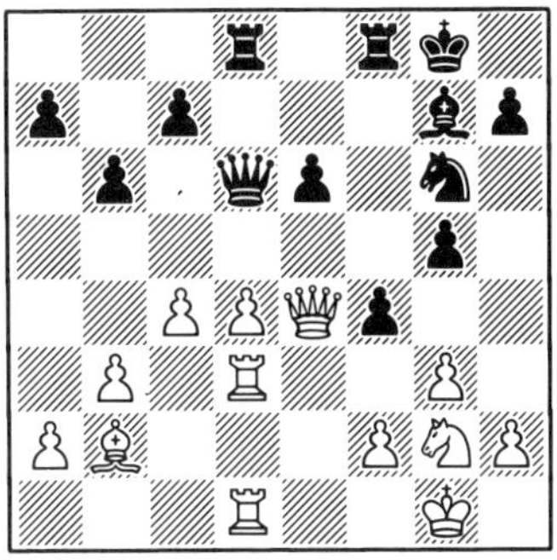

Die Stellung ist nun gleich. Es ist wahr, daß Be6 schwach ist, aber auch Bd4 braucht eine ständige Deckung. Die Dame auf e4 steht ganz gut, im Gegensatz zu dem Sg2, der schwer ins Spiel zurückkommen kann. Die folgenden Züge beider Seiten basieren auf diesen Betrachtungen.

22. . . . De7

Um die Wirkung der weißen Dame zu neutralisieren.

23. Se1 Df6! 24. T1d2

24. Sf3 ist wegen 24. . . . g4 25. Se5 fg nicht gut.

24. . . . Df5 25. Df5:?!

Über die unerwartete Änderung der Ereignisse verärgert, macht mein Partner einen neuen Fehler.

Nach 25. Te2 De4: 26. Te4: Kf7 27. Kf1 entstand ein ungefähr gleiches Endspiel. Während der Partie habe ich auch die Folgen von 25. Dc6 (oder b7) berechnet. Um ehrlich zu sein, wollte ich 25. . . . e5 26. Dc7:? e4 mit siegreichem Angriff oder 26. de fg 27. hg Td3: 28. Sd3: Td8 mit Figurengewinn spielen. In der letzten Variante fand ich bei der späteren Analyse ein „Loch", nämlich 29. Dc7: Td3: 30. e6!! Lb2: 31. Df7† Df7: 32. ef† Kf7: 33. Td3:, und es ist Weiß, der einen merklichen Vorteil im Endspiel hat! Es ist aber wahr, daß nach 25. Dc6 Tf7 Schwarz dank des Manövers Tfd7, gefolgt von e6-e5, das bessere Spiel hat. Falls Weiß nach 25. Db7 Tf7 mit 26. Da7: einen Bauern zu gewinnen versucht, folgt 26. ... De4 nebst 27. ... Ta8, und Weiß verliert viel Material.

25. ... ef!

Endlich hat sich Schwarz von der Schwäche e6 befreit. Nun sind seine Bauern auf dem Königsflügel beweglich und die Figuren besser postiert, was ihm gute Chancen gibt, die e-Linie zu besetzen.

26. Sg2

Es hat keinen Sinn, das früher beabsichtigte Manöver fortzusetzen. Nach 26. Sf3 g4 27. Se5 Tfe8 hat Weiß Schwierigkeiten.

26. ... g4 27. Sf4:?!

Wieder ein ungenauer Zug. Richtig war 27. f3!, um den weiteren Vormarsch der schwarzen Bauern zu verhindern und Linien für die Türme zu öffnen. Das hätte die Chancen völlig ausgeglichen.

27. ... Sf4: 28. gf Lh6 29. Te2

Während der Partie habe ich die Verteidigung 29. Td1 Lf4: 30. Lc1 als besser betrachtet. Schwarz muß die Läufer tauschen, weil Weiß nach 30. ... Ld6 31. c5 Le7 32. Lf4 gutes Gegenspiel bekommt. Auch nach 30. ... Lc1: 31. Tc1: Te8 32. Kf1 oder 32. c5 hätte Weiß gute Rettungsaussichten ...

29. ... Lf4: 30. Te6 Tfe8!

Auf diese Weise erreicht Schwarz den Tausch des aktiven weißen Turms.

31. Tf6 Te1† 32. Kg2 Tf8 33. Tf8:†

Oder 33. Tc6 Te2, und Weiß verliert einen Bauern.

33. ... Kf8: 34. d5

Die letzte Rettungschance bestand in dem ziemlich versteckten Zug 34. La3†!. Nach 34. ... Kf7 35. d5 Te2 36. d6 cd 37. Ld6: Ld6: 38. Td6: Ta2: könnte Weiß mit guten Aussichten um das Remis kämpfen. Mit dem nächsten Zug nimmt Schwarz dem Gegner die Möglichkeit, in ein Turmendspiel zu „flüchten".

34. ... Ld6! 35. Lc3

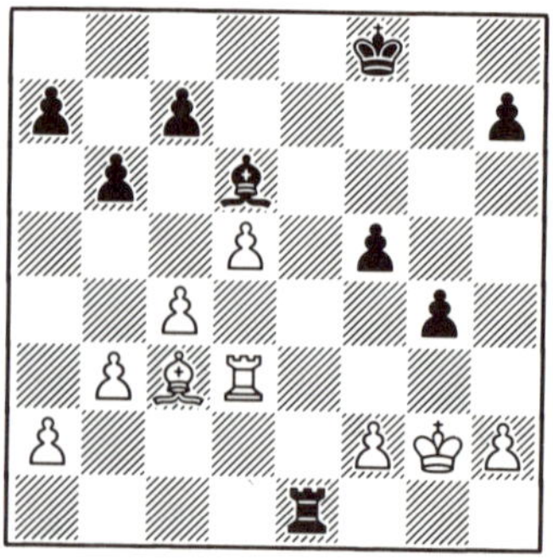

Die Kommentatoren haben hier als besten Zug 35. Te3 vorgeschlagen. Nach sorgfältiger häuslicher Analyse konnte ich keine Rettung für Weiß in dem Läuferendspiel finden. Nach 35. . . . Te3: 36. fe setzt Schwarz mit folgendem Plan fort: zuerst den König aktivieren, dann f5-f4 spielen und nach dem Tausch der f-Bauern mit dem König über e4 auf dem Damenflügel eindringen. Für die Leser, die diese Behauptung nicht ohne weiteres akzeptieren wollen, gebe ich zwei Varianten, in denen sich Weiß am besten verteidigt: 36. . . . Kf7 37. Lc3 a5 38. h4 Kg6 39. Lb2 h5 40. Lc1 f4 41. ef Kf5 42. Kg3 Ke4 43. a4 Lb4 44. Kf2 Lc3 45. Le3 Lf6 oder 40. Ld4 f4 41. e4 Le7 42. Le5 f3† 43. Kg1 Ld6 44. Ld4 g3 45. e5 Le7, und Schwarz gewinnt.

35. . . . Tc1! 36. Ld2 Tc2 37. a4 h5 38. h3 f4 39. hg hg 40. Kf1 f3

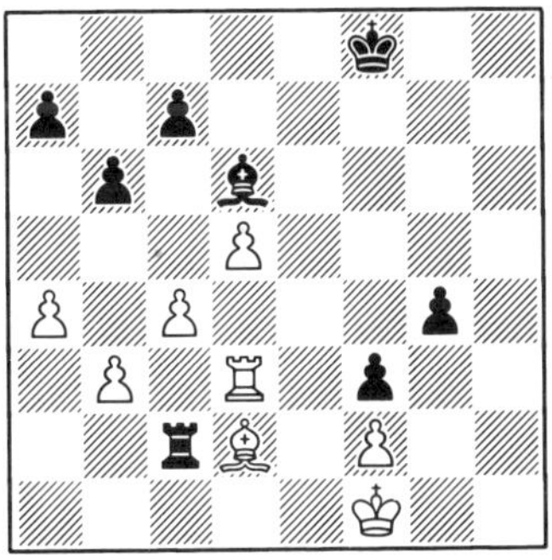

In dieser Stellung wurde die Partie abgebrochen. Nach 40. Minuten Überlegung notierte Polugajewski 41. Ke1 als Abgabezug, gab aber spater auf, ohne die Partie weiterzuspielen. Die weiße Position ist hoffnungslos: Der König befindet sich im Mattnetz, und die möglichen Endspiele — Turm-, Läufer- oder Bauernendspiel — sind verloren. In der Hauptvariante versucht Weiß den schwarzen Turm von der 2. Reihe zu vertreiben: 41. . . . Kf7 42. Kd1 Ta2 43. Kc1 Kg6 44. Kb1. Nun gewinnt 44. . . . Td2: 45. Td2: Lc5 leicht, und noch leichter 44. . . . g3!.

Tabellen der bedeutendsten Turniere 1952 — 1976

20. UdSSR-Meisterschaft, Moskau 1952

	1	2	3	4	5	6	7	8	9	0	1	2	3	4	5	6	7	8	9	0	Pkt.
1 Taimanow	x	1	0	0	½	1	1	½	½	½	0	1	1	1	1	1	1	½	1	1	13½
2 Botwinnik	0	x	1	½	½	½	1	1	½	1	1	½	½	½	1	1	½	1	½	1	13½
3 Geller	1	0	x	1	1	½	½	0	0	1	½	½	1	1	1	½	½	1	½	½	12
4 Boleslawski	1	½	0	x	0	½	½	½	1	½	1	0	0	1	½	½	1	1	1	1	11½
5 Tolusch	½	½	0	1	x	½	0	1	1	½	½	0	1	0	½	1	1	½	1	1	11½
6 Kortschnoi	0	½	½	½	½	x	0	½	1	0	0	1	1	½	1	0	1	1	1	1	11
7 Bronstein	0	0	½	½	1	1	x	1	½	½	½	1	1	½	½	½	½	½	0	½	10½
8 Moisejew	½	0	1	½	0	½	0	x	½	½	0	½	1	1	½	1	1	½	1	½	10½
9 Smyslow	½	½	1	0	0	0	½	½	x	1	1	½	0	1	1	½	½	½	½	1	10½
10 Keres	½	0	0	½	½	1	½	½	0	x	1	½	0	½	½	1	0	1	½	1	9½
11 Suetin	1	0	½	0	½	1	½	1	0	0	x	½	1	½	½	0	0	1	1	½	9½
12 Aronin	0	½	½	1	1	0	0	½	½	½	½	x	½	½	0	1	½	½	½	½	9
13 Bywsew	0	½	0	1	0	0	0	0	1	1	0	½	x	0	1	0	1	1	1	1	9
14 Simagin	0	½	0	0	1	½	½	0	0	½	½	½	1	x	0	1	½	½	½	1	8½
15 Iliwitzki	0	0	0	½	½	0	½	½	0	½	½	1	0	1	x	1	½	½	1	½	8½
16 Konstantinopolski	0	0	½	½	0	1	½	0	½	0	1	0	1	0	0	x	1	½	½	½	7½
17 Lipnitski	0	½	½	0	0	0	½	0	½	1	1	½	0	½	½	0	x	1	½	0	7
18 Kan	½	0	0	0	½	0	½	½	½	0	0	½	0	½	½	½	0	x	1	1	6½
19 Kasparjan	0	½	½	0	0	0	1	0	½	½	0	½	0	½	0	½	½	0	x	½	5½
20 Goldenow	0	0	½	0	0	0	½	½	0	0	½	½	0	0	½	½	1	0	½	x	5

21. UdSSR-Meisterschaft, Kiew 1954

	1	2	3	4	5	6	7	8	9	0	1	2	3	4	5	6	7	8	9	0	Pkt.
1 Awerbach	x	½	½	½	½	½	½	1	1	1	1	½	½	1	1	1	1	½	1	1	14½
2 Kortschnoi	½	x	½	0	½	½	1	0	½	1	1	1	1	0	1	1	½	1	1	1	13
3 Taimanow	½	½	x	½	½	½	½	1	½	1	1	½	½	1	½	½	1	½	1	1	13
4 Lisitsin	½	1	½	x	½	1	1	1	½	0	½	0	½	½	½	1	1	1	½	1	12½
5 Petrosjan	½	½	½	½	x	½	1	½	½	½	1	1	½	1	½	1	½	½	½	1	12½
6 Cholmow	½	½	½	0	½	x	1	½	0	1	1	1	½	½	½	½	0	½	1	½	10½
7 Neschmetdinow	½	0	½	0	0	0	x	½	0	½	1	1	1	0	1	1	½	1	1	½	10
8 Suetin	0	1	0	0	½	½	½	x	1	1	½	1	½	½	1	0	½	1	0	½	10
9 Furman	0	½	½	½	½	1	1	0	x	0	0	½	½	½	½	0	1	1	1	1	10
10 Bywsew	0	0	0	1	½	0	½	0	1	x	0	½	1	½	0	1	1	½	1	1	9½
11 Geller	0	0	0	½	0	0	0	½	1	1	x	0	1	1	1	1	1	0	1	½	9½
12 Borisenko	½	0	½	1	0	0	0	0	½	½	1	x	½	½	½	½	½	1	0	1	8½
13 Flohr	½	0	½	½	½	½	0	½	½	0	0	½	x	1	½	½	½	½	1	½	8½
14 Bannik	0	1	0	½	0	½	1	½	½	½	0	½	0	x	1	½	0	0	½	1	8
15 Iliwitski	0	0	½	½	½	½	0	0	½	1	0	½	½	0	x	½	½	1	½	1	8
16 Lilienthal	0	0	½	0	0	½	0	1	1	0	0	½	½	½	½	x	½	1	1	½	8
17 Ragosin	0	½	0	0	½	1	½	½	0	0	0	½	½	1	½	½	x	0	0	½	6½
18 Schamkowitsch	½	0	½	0	½	½	0	0	0	½	1	0	½	1	0	0	1	x	0	½	6½
19 Liwsin	0	0	0	½	½	0	0	1	0	0	0	1	0	½	½	0	1	1	x	0	6
20 Sokolski	0	0	0	0	0	½	½	½	0	0	½	0	½	0	0	½	½	½	1	x	5

Internationales Turnier Bukarest 1954

	1	2	3	4	5	6	7	8	9	0	1	2	3	4	5	6	7	8	Pkt.
1 **Kortschnoi**	x	½	½	1	0	½	1	½	1	½	½	1	1	1	1	1	1	1	13
2 Neschmetdinow	½	x	½	1	½	0	0	½	1	1	½	1	1	1	1	1	1	1	12½
3 Cholmow	½	½	x	1	½	½	½	½	½	1	1	½	1	0	1	1	1	1	11
4 Filip	0	0	0	x	½	1	½	½	½	1	1	1	1	1	1	½	½	1	11
5 Kluger	1	½	½	½	x	0	½	½	1	½	½	1	½	½	1	0	1	1	10½
6 Furman	½	1	½	0	1	x	1	½	½	1	½	½	½	½	0	0	1	1	10
7 Pachman	0	1	½	½	½	0	x	½	½	½	1	0	1	1	½	1	½	1	10
8 O'Kelly	½	½	½	½	½	½	½	x	½	1	1	½	0	1	0	½	1	½	9½
9 Stahlberg	0	0	½	½	0	½	½	½	x	½	½	1	0	½	1	1	1	1	9
10 Troianescu	½	0	0	0	½	0	½	0	½	x	1	½	1	½	1	1	1	½	8½
11 Sandor	½	½	0	0	½	½	0	0	½	0	x	½	1	1	½	1	½	1	8
12 Balanel	0	0	½	0	0	½	1	½	0	½	½	x	1	0	½	½	1	½	7
13 Sliwa	0	0	0	0	½	½	0	1	1	0	0	0	x	1	1	1	0	1	7
14 Szabo, St.	0	0	1	0	½	½	0	0	½	½	0	1	0	x	½	½	1	1	7
15 Wade	0	0	1	0	0	1	½	1	0	0	½	½	0	½	x	0	1	½	6½
16 Ciocaltea	0	0	0	½	1	1	0	½	0	0	0	½	0	½	1	x	½	½	6
17 Paoli	0	0	0	½	0	0	½	0	0	0	½	0	1	0	0	½	x	½	3½
18 Voiculescu	0	0	0	0	0	0	0	½	0	½	0	½	0	0	½	½	½	x	3

31. Schachkongreß Hastings 1955/56

	1	2	3	4	5	6	7	8	9	0	Pkt.
1 **Kortschnoi**	x	½	1	½	1	½	½	1	1	1	7
2 Olafsson	½	x	½	1	½	1	1	1	½	1	7
3 Ivkov	0	½	x	1	1	½	1	1	1	½	6½
4 Taimanow	½	0	0	x	1	1	1	1	1	½	6
5 Darga	0	½	0	0	x	½	1	½	1	1	4½
6 Fuller	½	0	½	0	½	x	½	0	½	1	3½
7 Persitz	½	0	0	0	0	½	x	1	1	½	3½
8 Diez del Corral	0	0	0	0	½	1	0	x	½	1	3
9 Penrose	0	½	0	0	0	½	0	½	x	1	2½
10 Golombek	0	0	½	½	0	0	½	0	0	x	1½

Krakau 1959

1. **Kortschnoi** **8½**, 2. Bertok 7, 3.-5. Kostro, Böök und Kozma je 6½, 6./7. Forintos und Sliwa je 6, 8. Witkowski 5, 9./10. Brzozka und Tarnowski je 4, 11. Orbaan 3½, 12. Gromek 2½.

27. UdSSR-Meisterschaft, Leningrad 1960

		1	2	3	4	5	6	7	8	9	0	1	2	3	4	5	6	7	8	9	0	Pkt.
1	**Kortschnoi**	x	1	½	0	1	½	1	½	1	1	0	½	0	1	1	1	1	1	1	1	14
2	Geller	0	x	½	½	½	½	½	1	0	½	1	1	1	1	1	1	1	1	½	1	13½
3	Petrosjan	½	½	x	½	0	0	½	1	1	1	½	1	½	1	½	1	1	1	1	1	13½
4	Bagirow	1	½	½	x	½	½	½	½	0	1	1	1	½	1	½	½	1	1	0	½	12
5	Polugajewski	0	½	1	½	x	0	½	0	½	½	1	1	1	½	1	½	½	1	1	½	11½
6	Awerbach	½	½	1	½	1	x	½	½	½	½	½	½	0	1	½	½	½	½	1	½	11
7	Smyslow	0	½	½	½	½	½	x	½	1	½	½	½	1	½	½	½	½	½	1	½	10½
8	Taimanow	½	0	0	½	1	½	½	x	½	½	1	½	½	0	½	1	0	1	1	1	10½
9	Krogius	0	1	0	1	½	½	0	½	x	½	1	½	1	0	½	½	½	½	1	½	10
10	Spasski	0	½	0	0	½	½	½	½	½	x	½	½	½	0	½	½	1	1	1	1	10
11	Simagin	1	0	½	0	0	½	½	0	0	½	x	½	0	½	1	1	½	1	1	1	9½
12	Bronstein	½	0	0	0	0	½	½	½	½	0	½	x	1	1	1	1	0	1	½	½	9
13	Lutikow	1	0	½	½	0	1	0	½	0	½	1	0	x	½	½	½	1	0	1	½	9
14	Gufeld	0	0	0	0	½	0	½	1	1	1	½	0	½	x	½	1	0	0	0	1	7½
15	Nei	0	0	½	½	0	½	½	½	½	½	0	0	½	½	x	0	1	1	0	1	7½
16	Liberson	0	0	0	½	½	½	½	0	½	½	0	0	½	0	1	x	1	0	1	0	6½
17	Schamkowitsch ...	0	0	0	0	½	½	½	1	½	0	½	1	0	1	1	0	x	0	0	1	6½
18	Gurgenidse	0	0	0	0	0	½	½	0	½	0	0	0	1	1	0	1	1	x	0	½	6
19	Sacharow	0	½	0	1	0	0	0	0	0	0	0	½	0	1	1	0	1	1	x	0	6
20	Suetin	0	0	0	½	½	½	½	0	½	0	0	½	½	0	0	1	0	½	1	x	6

Internationales Turnier Buenos Aires 1960

		1	2	3	4	5	6	7	8	9	0	1	2	3	4	5	6	7	8	9	0	Pkt.
1	**Kortschnoi**	x	½	½	½	1	0	½	1	½	1	1	½	½	1	1	1	½	1	1	0	13
2	Reshewsky	½	x	½	0	1	1	½	½	½	½	1	½	½	1	1	½	½	1	1	1	13
3	Szabo	½	½	x	1	0	1	1	½	0	½	½	½	½	½	1	½	½	1	1	1	12
4	Evans	½	1	0	x	0	1	½	½	½	1	½	1	½	½	0	½	½	1	1	½	11
5	Guimard	0	0	1	1	x	0	1	½	0	1	1	1	0	½	1	1	½	0	1	½	11
6	Rossetto	1	0	0	0	1	x	½	0	½	½	1	1	0	1	½	1	½	1	1	½	11
7	Taimanow	½	½	0	½	0	½	x	1	½	½	0	1	½	½	½	½	1	1	1	1	11
8	Olafsson	0	½	½	½	½	1	0	x	½	½	1	1	½	½	½	½	½	1	0	1	10½
9	Unzicker	½	½	½	½	1	½	½	½	x	½	½	½	1	0	0	½	½	1	½	1	10½
10	Gligorić	0	½	½	0	0	½	½	½	½	x	½	0	½	1	1	½	1	½	1	1	10
11	Benkö	0	0	½	½	0	0	1	0	½	½	x	1	1	0	½	½	1	1	1	0	9
12	Uhlmann	½	½	1	0	0	0	0	0	½	1	0	x	1	1	½	½	½	0	1	1	9
13	Fischer	½	½	½	½	1	1	½	½	0	½	0	0	x	½	0	½	0	½	½	1	8½
14	Pachman	0	0	½	½	½	0	½	½	1	0	1	0	½	x	1	½	½	0	½	1	8½
15	Wexler	0	0	0	1	0	½	½	½	1	0	½	½	1	0	x	0	1	½	½	1	8½
16	Ivkov	0	½	½	½	0	0	½	½	½	½	½	½	½	½	1	x	½	½	½	½	8½
17	Eliskases	½	½	½	½	½	½	0	½	½	0	0	½	1	½	0	½	x	1	0	½	8
18	Bazan	0	0	0	0	1	0	0	0	0	½	0	1	½	1	½	½	0	x	0	1	6
19	Foguelman	0	0	0	0	0	0	0	1	½	0	0	0	½	½	½	½	1	1	x	0	5½
20	Wade	1	0	0	½	½	½	0	0	0	0	1	0	0	0	0	½	½	0	1	x	5½

28. UdSSR-Meisterschaft, Moskau 1961

	1	2	3	4	5	6	7	8	9	0	1	2	3	4	5	6	7	8	9	0	Pkt.
1 Petrosjan	x	1	½	0	1	½	½	1	½	1	1	½	½	1	1	1	½	½	1	½	13½
2 Kortschnoi	0	x	½	½	0	1	½	1	½	1	1	½	1	1	½	½	½	1	1	1	13
3 Geller	½	½	x	0	1	½	½	1	1	1	0	½	0	1	1	½	1	½	½	1	12
4 Stein	1	½	1	x	½	1	½	0	0	½	0	½	1	½	1	1	1	½	½	1	12
5 Smyslow	0	1	0	½	x	½	½	½	1	1	½	½	½	½	½	1	½	1	½	½	11
6 Spasski	½	0	½	0	½	x	1	0	0	½	1	½	1	1	1	½	½	1	½	1	11
7 Awerbach	½	½	½	½	½	0	x	½	0	1	1	½	½	½	½	½	½	½	1	1	10½
8 Polugajewski	0	0	0	1	½	1	½	x	0	½	½	½	½	1	1	½	½	1	1	½	10½
9 Simagin	½	½	0	1	0	1	1	1	x	½	½	½	0	½	0	1	0	1	½	½	10
10 Taimanow	0	0	0	½	0	½	0	½	½	x	1	1	1	0	1	½	1	1	1	½	10
11 Furman	0	0	1	1	½	0	0	½	½	0	x	1	½	1	½	½	1	0	½	1	9½
12 Boleslawski	½	½	½	½	½	½	½	½	½	0	0	x	0	½	½	½	½	1	½	1	9
13 Bronstein	½	0	1	0	½	0	½	½	1	0	½	1	x	0	½	1	½	0	1	½	9
14 Gufeld	0	0	0	½	½	0	½	0	½	1	0	½	1	x	½	1	0	½	1	½	8
15 Lutikow	0	½	0	0	½	0	½	0	1	0	½	½	½	½	x	0	½	½	1	1	7½
16 Tscherepkow	0	½	½	0	0	½	½	½	0	½	½	½	0	0	1	x	1	1	0	½	7½
17 Tarasow	½	½	0	0	½	½	½	½	1	0	0	½	½	1	½	0	x	0	0	½	7
18 Borisenko	½	0	½	½	0	0	½	0	0	0	1	0	1	½	½	0	1	x	½	0	6½
19 Chasin	0	0	½	½	½	½	0	0	½	0	½	½	0	0	0	1	1	½	x	½	6½
20 Bannik	½	0	0	0	½	0	0	½	½	½	0	0	½	½	0	½	½	1	½	x	6

Internationales Turnier Budapest 1961

	1	2	3	4	5	6	7	8	9	0	1	2	3	4	5	6	Pkt.
1 Kortschnoi	x	½	½	0	½	1	1	1	½	1	1	1	1	½	1	1	11½
2 Filip	½	x	½	½	½	1	½	½	½	½	½	1	1	1	½	½	9½
3 Bronstein	½	½	x	½	½	½	½	½	½	½	1	1	1	½	½	1	9½
4 Dely	1	½	½	x	½	½	½	1	½	½	1	1	½	0	½	½	9
5 Taimanow	½	½	½	½	x	½	½	½	½	1	1	0	1	½	1	½	9
6 Portisch	0	0	½	½	½	x	1	½	½	½	1	1	½	½	1	1	9
7 Simagin	0	½	½	½	½	0	x	½	½	1	1	1	½	1	1	½	9
8 Uhlmann	0	½	½	0	½	½	½	x	1	½	1	½	1	1	½	½	8½
9 Barcza	½	½	½	½	½	½	½	0	x	½	0	½	1	1	½	1	8
10 Bilek	0	½	½	½	0	½	0	½	½	x	½	0	½	1	1	1	7
11 Donner	0	½	0	0	0	0	0	0	1	½	x	1	1	1	½	1	6½
12 Bisguier	0	0	0	0	1	0	0	½	½	1	0	x	½	1	1	½	6
13 Kluger	0	0	0	½	0	½	½	0	0	½	0	½	x	1	½	1	5
14 Haag	½	0	½	1	½	½	0	0	0	0	0	0	0	x	1	½	4½
15 Pogats	0	½	½	½	0	0	0	½	½	0	½	0	½	0	x	½	4
16 Drimer	0	½	0	½	½	0	½	½	0	0	0	½	0	½	½	x	4

Interzonenturnier Stockholm 1962

	1	2	3	4	5	6	7	8	9	0	1	2	3	4	5	6	7	8	9	0	1	2	3	Pkt.
1 Fischer	x	½	½	½	1	½	½	½	½	1	1	½	1	1	1	1	1	1	1	1	½	1	1	17½
2 Petrosjan ...	½	x	½	½	½	½	½	½	½	½	1	1	½	½	1	½	1	½	1	1	1	½	1	15
3 Geller	½	½	x	½	½	1	½	1	1	1	½	0	1	½	1	1	½	1	½	½	1	0	1	15
4 Filip	½	½	½	x	0	½	½	1	0	½	½	½	1	1	½	½	½	1	1	½	1	1	1	14
5 Kortschnoi ..	0	½	½	1	x	½	½	½	½	0	1	1	½	1	1	½	½	½	1	1	1	0	1	14
6 Benkö	½	½	0	½	½	x	½	½	1	½	0	½	½	½	1	1	1	0	1	1	½	1	1	13½
7 Gligorić	½	½	½	½	½	½	x	0	½	½	1	½	½	1	0	1	½	1	½	1	½	1	1	13½
8 Stein	½	½	0	0	½	½	1	x	0	1	0	½	1	½	½	1	½	1	½	1	1	1	1	13½
9 Uhlmann ...	½	½	0	1	½	0	½	1	x	0	1	1	½	0	1	1	1	0	1	1	0	1	0	12½
10 Portisch	0	½	0	½	1	½	½	0	1	x	½	½	½	½	½	1	1	1	0	1	1	1	0	12½
11 Olafsson	0	0	½	½	0	1	0	1	0	½	x	½	½	0	½	½	1	½	1	1	1	1	1	12
12 Pomar......	½	0	1	½	0	½	½	½	0	½	½	x	0	0	1	½	½	1	1	½	1	1	1	12
13 Bolbochan ..	0	½	0	0	½	½	½	0	½	½	½	1	x	½	½	½	½	1	1	½	½	1	1	11½
14 Barcza......	0	½	½	0	0	½	0	½	1	½	1	1	½	x	½	½	½	½	½	½	1	0	1	11
15 Bilek	0	0	0	½	0	0	1	½	0	½	½	0	½	½	x	½	½	1	1	1	1	1	1	11
16 Bisguier	0	½	0	½	½	0	0	0	0	0	½	½	½	½	½	x	½	½	1	½	1	1	1	9½
17 Bertok......	0	0	½	½	0	0	½	½	0	0	0	½	½	½	½	½	x	½	½	0	½	1	½	7½
18 Yanofsky ...	0	½	0	0	½	1	0	0	1	0	½	0	0	½	0	½	½	x	1	½	½	0	½	7½
19 German	0	0	½	0	½	0	½	½	0	1	0	0	0	½	0	0	½	0	x	½	½	1	1	7
20 Schweber ...	0	0	½	½	0	0	0	0	0	0	0	½	½	½	0	½	1	½	½	x	1	½	½	7
21 Teschner....	½	0	0	0	0	½	½	0	1	0	0	0	½	0	0	0	½	½	½	0	x	1	1	6½
22 Cuellar	0	½	1	0	1	0	0	0	0	0	0	0	0	1	0	0	0	1	0	½	0	x	½	5½
23 Aaron	0	0	0	0	0	0	0	0	1	1	0	0	0	0	0	0	½	½	0	½	0	½	x	4

Kandidatenturnier Curaçao 1962

	1	2	3	4	5	6	7	8	Pkt.
1 Petrosjan	xxxx	½½½½	½½½½	½1½½	½½11	½½1½	½11½	11½-	17½
2 Geller	½½½½	xxxx	½½½½	11½0	½½1½	½½½1	½11½	½11-	17
3 Keres............	½½½½	½½½½	xxxx	0½1½	½½1½	1110	½11½	1½1-	17
4 Fischer	½0½½	00½1	1½0½	xxxx	010½	01½1	1½1½	½1½-	14
5 Kortschnoi	½½00	½½0½	½½0½	101½	xxxx	½½½0	1111	10½-	13½
6 Benkö	½½0½	½½½0	0001	10½0	½½½1	xxxx	011½	10½-	12
7 Filip	½00½	½00½	½00½	0½0½	0000	100½	xxxx	01½-	7
8 Tal..............	00½-	½00-	0½0-	½0½-	01½-	01½-	10½-	xxxx	7

Havanna 1963

1. Kortschnoi 16½, 2.-4. Geller, Pachman und Tal je 16, 5./6. Barcza und Ivkov je 15½, 7. Darga 13, 8. Uhlmann 12½, 9. Trifunović 11½, 10.-12. Bobotsov, O'Kelly und Robatsch je 11, 13. Letelier 9, 14. Wade 8½, 15. Cobo 8, 16./17. Jimenez und F. Perez je 7½, 18./19. G. Garcia und Ortega je 6, 20. de Greiff 4½, 21. Broderman 4, 22. Calero 3½.

32. UdSSR-Meisterschaft, Kiew 1965

	1	2	3	4	5	6	7	8	9	0	1	2	3	4	5	6	7	8	9	0	Pkt.
1 **Kortschnoi**	x	1	1	½	1	1	1	½	1	1	½	½	½	1	½	1	1	1	½	½	15
2 Bronstein	0	x	1	0	0	½	½	½	1	1	1	1	1	1	½	½	½	1	1	1	13
3 Tal	0	0	x	½	½	1	½	1	0	1	1	½	1	1	½	½	1	½	1	1	12½
4 Stein	½	1	½	x	½	½	0	1	1	½	½	1	½	1	0	1	½	½	1	½	12
5 Cholmow	0	1	½	½	x	½	1	½	½	½	½	½	½	½	½	1	1	1	½	½	11½
6 Schamkowitsch ...	0	½	0	½	½	x	1	½	½	½	½	1	0	1	1	½	1	1	1	½	11½
7 Lein	0	½	½	1	0	0	x	½	½	½	½	½	1	1	1	½	½	½	1	1	11
8 Krogius	½	½	0	0	½	½	½	x	½	½	½	1	½	½	½	1	½	1	½	1	10½
9 Lutikow	0	0	1	0	½	½	½	½	x	½	1	1	½	½	½	½	½	1	½	1	10½
10 Awerbach	0	0	0	½	½	½	½	½	½	x	1	½	½	½	½	½	1	½	½	½	9
11 Osnos	½	0	0	½	½	½	½	½	0	0	x	½	½	1	½	½	½	½	1	1	9
12 Borisenko	½	0	½	0	½	0	½	0	0	½	½	x	1	0	½	1	1	1	½	½	8½
13 Suetin	½	0	0	½	½	1	0	½	½	½	½	0	x	½	½	0	½	½	½	1	8
14 Wasjukow	0	0	0	0	½	0	0	½	½	½	0	1	½	x	1	1	1	0	½	1	8
15 Bannik	½	½	½	1	½	0	0	½	½	½	½	½	½	0	x	½	0	½	0	½	7½
16 Peterson	0	½	½	0	0	½	½	0	½	½	½	0	1	0	½	x	½	½	1	½	7½
17 Sacharow	0	½	0	½	0	0	½	½	½	0	½	0	½	0	1	½	x	1	1	½	7½
18 Goldenow	0	0	½	½	0	0	½	0	0	½	½	0	½	1	½	½	0	x	½	1	6½
19 Lawdanski	½	0	0	0	½	0	0	½	½	½	0	½	½	½	1	0	0	½	x	0	5½
20 Bakulin	½	0	0	½	½	½	0	0	0	½	0	½	0	0	½	½	½	0	1	x	5½

Internationales Turnier Eriwan 1965

	1	2	3	4	5	6	7	8	9	0	1	2	3	4	Pkt.
1 **Kortschnoi**	x	½	½	½	½	½	1	1	1	½	½	1	1	1	9½
2 Petrosjan	½	x	½	½	½	1	½	1	½	½	½	1	1	½	8½
3 Stein	½	½	x	1	0	½	½	½	1	1	1	½	½	1	8½
4 Liberson	½	½	0	x	1	1	½	½	½	½	½	½	1	1	8
5 Portisch	½	½	1	0	x	½	½	½	1	0	½	1	0	1	7
6 Nei	½	0	½	0	½	x	1	½	½	½	½	½	½	1	6½
7 Awerbach	0	½	½	½	½	0	x	½	½	1	½	½	½	½	6
8 Filip	0	0	½	½	½	½	½	x	½	½	½	½	½	1	6
9 Fuchs	0	½	0	½	0	½	½	½	x	½	½	½	1	1	6
10 Matanović	½	½	0	½	1	½	0	½	½	x	½	½	½	½	6
11 Stahlberg	½	½	0	½	½	½	½	½	½	½	x	½	1	0	6
12 Schmidt	0	0	½	½	0	½	½	½	½	½	½	x	1	½	5½
13 Mnasakanjan	0	0	½	0	1	½	½	½	0	½	0	0	x	1	4½
14 Chasin	0	½	0	0	0	0	½	0	0	½	1	½	0	x	3

Internationales Turnier Gyula 1965

		1	2	3	4	5	6	7	8	9	0	1	2	3	4	5	6	Pkt.
1	**Kortschnoi**	x	1	½	1	1	1	1	1	1	1	1	1	1	1	1	1	14½
2	Honfi	0	x	0	½	½	½	½	1	0	½	1	1	1	½	1	1	9
3	Lengyel	½	1	x	1	½	1	½	½	½	0	1	1	0	½	½	½	9
4	Csom	0	½	0	x	1	1	½	½	1	½	1	½	½	½	0	1	8½
5	Haag	0	½	½	0	x	½	½	0	½	½	1	1	1	½	1	1	8½
6	Kolaroff	0	½	0	0	½	x	0	1	½	½	0	1	1	1	1	1	8
7	Flesch	0	½	½	½	½	1	x	½	½	1	½	½	½	½	½	½	8
8	Gastonyi	0	0	½	½	1	0	½	x	0	1	0	½	½	½	1	1	7
9	Kluger	0	1	½	0	½	½	½	1	x	½	1	0	0	½	½	½	7
10	Borisenko	0	½	1	½	½	½	0	0	½	x	½	½	½	½	½	1	7
11	Florian	0	0	0	0	0	1	½	1	0	½	x	0	1	1	½	1	6½
12	Günsberger	0	0	0	½	0	0	½	½	1	½	1	x	1	½	½	0	6
13	Sliwa	0	0	1	½	0	0	½	½	1	½	0	0	x	½	1	½	6
14	Pirc	0	½	½	½	½	0	½	½	½	½	0	½	½	x	½	½	6
15	Forintos	0	0	½	1	0	0	½	0	½	½	½	½	0	½	x	1	5½
16	Paoli	0	0	½	0	0	0	½	0	½	0	0	1	½	½	0	x	3½

Internationales Turnier Sotschi 1966

		1	2	3	4	5	6	7	8	9	0	1	2	3	4	5	6	Pkt.
1	**Kortschnoi**	x	0	½	½	½	1	1	1	1	1	0	1	1	1	1	1	11½
2	Polugajewski	1	x	½	1	0	½	½	½	1	½	1	1	1	½	1	1	11
3	Krogius	½	½	x	½	½	½	½	1	1	½	½	½	1	1	1	½	10
4	Matulović	½	0	½	x	½	½	1	½	½	1	½	½	1	1	1	1	10
5	Lein	½	1	½	½	x	0	1	½	½	0	1	½	1	1	½	1	9½
6	Spasski	0	½	½	½	1	x	½	½	0	½	1	1	1	1	½	1	9½
7	Antoschin	0	½	½	0	0	½	x	1	1	1	½	½	1	½	1	1	9
8	Wladimirow	0	½	0	½	½	½	0	x	1	1	½	1	0	1	1	1	8½
9	Sergijewski	0	0	0	½	½	1	0	0	x	1	½	½	1	1	1	1	8
10	Bobotsov	0	½	½	0	1	½	0	0	0	x	1	½	1	½	1	1	7½
11	Sacharow	1	0	½	½	0	0	½	½	½	0	x	½	0	½	1	1	6½
12	Fuchs	0	0	½	½	½	0	½	0	½	½	½	x	½	½	½	½	5½
13	Barcza	0	0	0	0	0	0	0	1	0	0	1	½	x	½	1	1	5
14	Bertok	0	½	0	0	0	0	½	0	0	½	½	½	½	x	½	½	4
15	Bradvarević	0	0	0	0	½	½	0	0	0	0	0	½	0	½	x	½	2½
16	Ortega	0	0	½	0	0	0	0	0	0	0	0	½	0	½	½	x	2

34. UdSSR-Meisterschaft, Tiflis 1966/67

	1	2	3	4	5	6	7	8	9	0	1	2	3	4	5	6	7	8	9	0	1	Pkt.
1 Stein	x	0	½	½	1	1	1	1	0	½	½	1	½	½	1	½	½	1	½	½	1	13
2 Geller	1	x	½	½	½	1	½	1	½	½	½	½	½	1	½	0	½	½	½	1	1	12½
3 Gipslis	½	½	x	½	1	½	½	½	½	1	½	0	1	½	1	1	½	½	½	1	0	12
4 Kortschnoi	½	½	½	x	½	½	½	½	½	½	½	½	½	½	½	1	1	½	1	½	1	12
5 Taimanow	0	½	0	½	x	½	0	½	½	1	1	1	1	½	1	½	½	1	½	½	1	12
6 Lein	0	0	½	½	½	x	½	½	1	1	1	½	1	½	0	1	1	½	1	0	½	11½
7 Krogius	0	½	½	½	1	½	x	1	½	½	½	½	½	0	½	0	1	½	½	1	1	11
8 Bronstein	0	0	½	½	½	½	0	x	1	½	½	½	1	½	1	0	½	½	1	1	½	10½
9 Polugajewski	1	½	½	½	½	0	½	0	x	½	½	½	0	1	½	0	0	1	1	1	1	10½
10 Sawon	½	½	0	½	0	0	½	½	½	x	0	½	½	1	½	1	½	½	1	1	½	10
11 Smyslow	½	½	½	½	0	0	½	½	½	1	x	1	1	0	½	½	½	0	½	½	1	10
12 Cholmow	0	½	1	½	0	½	½	½	½	½	0	x	½	½	½	½	½	1	½	½	1	10
13 Gufeld	½	½	0	½	0	0	½	0	1	½	0	½	x	1	½	½	1	½	½	½	1	9½
14 Wasjukow	½	0	½	½	½	½	1	½	0	0	1	½	0	x	1	½	0	1	½	0	½	9
15 Gurgenidse	0	½	0	½	0	1	½	0	½	½	½	½	½	0	x	1	½	½	0	1	1	9
16 Osnos	½	1	0	0	½	0	1	1	1	0	½	½	½	½	0	x	½	½	½	0	½	9
17 Suetin	½	½	½	0	½	0	0	½	1	½	½	½	0	1	½	½	x	0	½	½	½	8½
18 Liberson	0	½	½	½	0	½	½	½	0	½	1	0	½	0	½	½	1	x	½	0	½	8
19 Nei	½	½	½	0	½	0	½	0	0	0	½	½	½	½	1	½	½	½	x	1	0	8
20 Nikolajewski	½	0	0	½	½	1	0	0	0	0	½	½	½	1	0	1	½	1	0	x	0	7½
21 Doroschkewitsch	0	0	1	0	0	½	0	½	0	½	0	0	0	½	0	½	½	½	1	1	x	6½

Internationales Turnier Leningrad 1967

	1	2	3	4	5	6	7	8	9	0	1	2	3	4	5	6	7	Pkt.
1 Kortschnoi	x	½	½	½	½	½	1	1	1	1	½	1	1	1	1	1	1	13
2 Cholmow	½	x	½	1	½	½	½	½	1	½	½	1	1	1	1	1	1	12
3 Barcza	½	½	x	½	0	½	½	½	½	½	1	1	1	1	1	1	½	10½
4 Taimanow	½	0	½	x	½	½	1	½	½	1	1	½	1	½	½	1	1	10½
5 Gufeld	½	½	1	½	x	½	½	1	1	½	0	1	½	1	½	0	1	10
6 Osnos	½	½	½	½	½	x	0	½	0	1	½	½	½	1	½	1	1	9
7 Suetin	0	½	½	0	½	1	x	1	½	½	½	½	0	1	½	1	1	9
8 Schamkowitsch	0	½	½	½	0	½	0	x	1	0	1	½	½	1	1	1	1	9
9 Hort	0	0	½	½	0	1	½	0	x	1	1	½	½	½	½	1	1	8½
10 Wladimirow	0	½	½	0	½	0	½	1	0	x	½	½	1	0	1	1	1	8
11 Westerinen	½	½	0	0	1	½	½	0	0	½	x	½	1	½	0	½	1	7
12 Tringov	0	0	0	½	0	½	½	½	½	½	½	x	½	½	½	1	1	7
13 Szabo	0	0	0	0	½	½	1	½	½	0	0	½	x	0	1	½	½	5½
14 Udovcić	0	0	0	½	0	0	0	0	½	1	½	½	1	x	½	½	½	5½
15 Fuchs	0	0	0	½	½	½	½	0	½	0	1	½	0	½	x	½	½	5½
16 Jimenez	0	0	0	0	1	0	0	0	0	0	½	0	½	½	½	x	1	4
17 Doda	0	0	½	0	0	0	0	0	0	0	0	0	½	½	½	0	x	2

Interzonenturnier Sousse 1967

		1	2	3	4	5	6	7	8	9	0	1	2	3	4	5	6	7	8	9	0	1	2	Pkt.
1	Larsen	x	½	½	0	0	1	1	1	1	½	1	1	1	½	0	1	½	1	1	1	1	1	15½
2	Geller	½	x	½	½	½	1	0	½	1	½	½	1	½	½	1	½	½	1	½	1	1	1	14
3	Gligorić	½	½	x	½	½	½	½	1	½	½	½	½	½	1	1	½	½	½	1	1	1	1	14
4	**Kortschnoi**	1	½	½	x	1	½	½	½	0	½	0	0	½	1	1	1	1	1	1	1	1	½	14
5	Portisch	1	½	½	0	x	½	½	1	0	½	½	½	½	1	1	½	1	½	½	1	1	1	13½
6	Hort	0	0	½	½	½	x	½	1	½	½	1	½	½	½	½	½	½	1	1	1	1	1	13
7	Reshewsky	0	1	½	½	½	½	x	½	1	½	½	1	½	½	½	½	1	1	0	1	½	1	13
8	Stein	0	½	0	½	0	0	½	x	½	½	½	1	1	½	1	1	1	1	1	1	½	1	13
9	Matulović	0	0	½	1	1	½	0	½	x	0	1	1	½	1	0	½	½	1	1	½	1	1	12½
10	Matanović	½	½	½	½	½	½	½	½	1	x	½	1	½	½	½	½	1	½	0	1	½	½	12
11	Ivkov	0	½	½	1	½	0	½	½	0	½	x	0	½	½	1	½	1	½	1	0	1	1	11
12	Mecking	0	0	½	1	½	½	0	0	0	0	1	x	1	1	1	½	½	½	1	½	½	1	11
13	Gipslis	0	½	½	½	½	½	½	0	½	½	½	0	x	½	0	1	½	0	1	½	1	1	10
14	Kavalek	½	½	0	0	0	½	½	½	0	½	½	0	½	x	½	1	½	1	0	1	1	1	10
15	Suttles	1	0	0	0	0	½	½	0	1	½	0	0	1	½	x	½	1	1	½	1	0	½	9½
16	Bilek	0	½	½	0	½	½	½	0	½	½	½	½	0	0	½	x	½	½	1	0	1	1	9
17	Barczay	½	½	½	0	0	½	0	0	½	0	0	½	½	½	0	½	x	½	1	½	1	½	8
18	Byrne	0	0	½	0	½	0	0	0	0	½	½	½	1	0	0	½	½	x	1	½	0	1	6½
19	Cuellar	0	½	0	0	½	0	1	0	0	1	0	0	0	1	½	0	0	0	x	0	1	1	6½
20	Mjagmasuren	0	0	0	0	0	0	0	0	½	0	1	½	½	0	0	1	½	½	1	x	1	0	6½
21	Bouaziz	0	0	0	0	0	0	½	½	0	½	0	½	0	0	1	0	0	1	0	0	x	½	4½
22	Sarapu	0	0	0	½	0	0	0	0	0	½	0	0	0	0	½	0	½	½	0	1	½	x	4
23	Fischer																							

Hochofenturnier Wijk aan Zee 1968

		1	2	3	4	5	6	7	8	9	0	1	2	3	4	5	6	Pkt.
1	**Kortschnoi**	x	½	0	1	½	1	1	1	1	1	½	1	1	1	½	1	12
2	Hort	½	x	1	½	½	½	½	½	½	½	½	½	1	½	1	½	9
3	Portisch	1	0	x	½	½	1	½	0	1	½	0	1	1	½	1	½	9
4	Tal	0	½	½	x	½	0	½	½	½	1	1	½	½	1	1	1	9
5	Gheorghiu	½	½	½	½	x	½	½	½	½	½	1	½	½	½	½	1	8½
6	Cirić	0	½	0	1	½	x	½	½	0	1	1	½	½	½	½	1	8
7	Matanović	0	½	½	½	½	½	x	½	½	½	½	½	½	1	½	1	8
8	Ivkov	0	½	1	½	½	½	½	x	½	½	1	½	0	½	½	½	7½
9	Ree	0	½	0	½	½	1	½	½	x	½	½	0	1	0	1	1	7½
10	Bobotsov	0	½	½	0	½	0	½	½	½	x	½	½	½	½	1	1	7
11	Donner	½	½	1	0	0	0	½	0	½	½	x	½	½	1	½	1	7
12	Padevski	o	½	0	½	½	½	½	½	1	½	½	x	½	½	½	½	7
13	Karaklajić	0	0	0	½	½	½	½	1	0	½	½	½	x	1	½	½	6½
14	Rossolimo	0	½	½	0	½	½	0	½	1	½	0	½	0	x	½	1	6
15	Langeweg	½	0	0	0	½	½	½	½	0	0	½	½	½	½	x	½	5
16	van Geet	0	½	½	0	0	0	0	½	0	0	0	½	½	0	½	x	3

Internationales Turnier Palma de Mallorca 1968

	1	2	3	4	5	6	7	8	9	0	1	2	3	4	5	6	7	8	Pkt.
1 **Kortschnoi**	x	1	1	½	1	½	½	½	1	1	1	½	1	1	1	1	1	½	14
2 Larsen	0	x	½	0	½	½	1	1	1	1	½	1	1	1	1	1	1	1	13
3 Spasski	0	½	x	½	½	1	1	1	½	½	½	1	1	1	1	1	1	1	13
4 Petrosjan	½	1	½	x	1	0	½	½	1	½	½	1	1	½	1	½	1	½	11½
5 Gligorić	0	½	½	0	x	½	1	½	½	½	1	1	½	1	1	1	0	1	10½
6 Ivkov	½	½	0	1	½	x	½	½	½	½	½	½	½	1	1	½	1	½	10
7 Benkö	½	0	0	½	0	½	x	1	½	1	0	1	1	½	1	1	0	1	9½
8 Pomar	½	0	0	½	½	½	0	x	1	½	1	1	½	½	½	½	½	1	9
9 Gheorghiu	0	0	½	0	½	½	½	0	x	½	½	1	½	½	½	1	1	1	8½
10 Matanović	0	0	½	½	½	½	0	½	½	x	½	0	½	1	½	1	1	½	8
11 Lehmann	0	½	½	½	0	½	1	0	½	½	x	½	½	½	0	0	1	½	7
12 Medina	½	0	0	0	0	½	0	0	0	1	½	x	0	½	½	1	1	1	6½
13 Byrne, D.	0	0	0	0	½	½	0	½	½	½	½	1	x	1	½	½	0	0	6
14 Toran	0	0	0	½	0	0	½	½	½	0	½	½	0	x	½	½	1	1	6
15 Visier	0	0	0	0	0	0	0	½	½	½	1	½	½	½	x	0	1	½	5½
16 del Corral	0	0	0	½	0	½	0	½	0	0	1	0	½	½	1	x	½	½	5½
17 Westerinen	0	0	0	0	1	0	1	½	0	0	0	0	1	0	0	½	x	1	5
18 Calvo	½	0	0	½	0	½	0	0	0	½	½	0	1	0	½	½	0	x	4½

Internationales Turnier Sarajewo 1969

	1	2	3	4	5	6	7	8	9	0	1	2	3	4	5	6	Pkt.
1 **Kortschnoi**	x	½	½	½	1	½	½	1	1	1	1	1	½	1	1	1	12
2 Matulović	½	x	½	½	½	1	½	½	½	1	1	1	½	1	1	0	10
3 Uhlmann	½	½	x	½	1	½	½	½	½	½	1	½	½	1	1	½	9½
4 Gligorić	½	½	½	x	½	½	½	½	½	½	½	1	1	1	½	1	9½
5 Damjanović	0	½	0	½	x	½	½	1	½	1	1	0	1	1	½	1	9
6 Lutikow	½	0	½	½	½	x	½	½	½	1	½	1	½	1	0	1	8½
7 Parma	½	½	½	½	½	½	x	1	0	½	0	½	½	1	1	½	8
8 Barczay	0	½	½	½	0	½	0	x	1	½	1	½	1	½	½	1	8
9 Gliksman	0	½	½	½	½	½	1	0	x	½	1	½	½	0	½	½	7
10 Bogdanović	0	0	½	½	0	0	½	½	½	x	½	½	1	0	1	1	6½
11 Janosević	0	0	0	½	0	½	1	0	0	½	x	1	½	1	1	½	6½
12 Vukić	0	0	½	0	1	0	½	½	½	½	0	x	1	½	0	1	6
13 Hennings	½	½	½	0	0	½	½	0	½	0	½	0	x	½	½	1	5½
14 Bukal	0	0	0	0	0	0	0	½	1	1	0	½	½	x	1	1	5½
15 Kovacs	0	0	0	½	½	1	0	½	½	0	0	1	½	0	x	0	4½
16 Mestrović	0	1	½	0	0	0	½	0	½	0	½	0	0	0	1	x	4

Internationales Turnier Bad Luhacovice 1969

	1	2	3	4	5	6	7	8	9	0	1	2	3	4	5	6	Pkt.
1 **Kortschnoi**	x	½	½	½	½	1	1	½	1	1	1	½	1	1	½	1	11½
2 Keres	½	x	½	½	½	1	½	½	0	1	½	1	1	1	1	1	10½
3 Hort	½	½	x	½	½	½	½	1	½	½	½	½	1	1	1	1	10
4 Drimer	½	½	½	x	1	½	½	½	1	½	½	1	½	½	½	0	8½
5 Smejkal	½	½	½	0	x	1	1	½	½	½	0	½	1	½	½	1	8½
6 Jansa	0	0	½	½	0	x	1	0	0	½	1	½	1	1	1	1	8
7 Kupka	0	½	½	½	0	0	x	½	½	½	1	½	½	1	½	1	7½
8 Navarowsky	½	½	0	½	½	1	½	x	1	½	½	½	0	½	0	1	7½
9 Kozma	0	1	½	0	½	1	½	0	x	½	1	½	0	½	½	½	7
10 Lengyel	0	0	½	½	½	½	½	½	½	x	½	½	½	½	½	1	7
11 Mista	0	½	½	½	1	0	0	½	0	½	x	1	½	½	½	1	7
12 Plachetka	½	0	½	0	½	½	½	½	½	½	0	x	½	½	½	1	6½
13 Augustin	0	0	0	½	0	0	½	1	1	½	½	½	x	0	1	1	6½
14 Blatny	0	0	0	½	½	0	0	½	½	½	½	½	1	x	½	1	6
15 Kolarov	½	0	0	½	½	0	½	1	½	½	½	½	0	½	x	½	6
16 Beni	0	0	0	1	0	0	0	0	½	0	0	0	0	0	½	x	2

37. UdSSR-Meisterschaft, Riga 1970

	1	2	3	4	5	6	7	8	9	0	1	2	3	4	5	6	7	8	9	0	1	2	Pkt.
1 **Kortschnoi**	x	0	½	1	1	1	1	½	1	½	½	1	1	½	½	1	1	1	½	1	½	1	16
2 Tukmakow	1	x	½	½	½	½	½	½	0	½	½	1	1	1	½	1	½	1	½	1	1	1	14½
3 Stein	½	½	x	½	½	½	½	1	½	1	½	1	1	½	½	½	1	1	1	0	½	1	14
4 Balaschow	0	½	½	x	0	½	½	½	½	0	½	½	1	1	½	1	1	1	1	1	1	0	12½
5 Gipslis	0	½	½	1	x	½	½	½	½	½	½	½	1	½	½	1	½	½	0	1	½	1	12
6 Karpow	0	½	½	½	½	x	½	½	½	1	0	½	1	½	½	1	1	1	½	½	½	½	12
7 Sawon	0	½	½	½	½	½	x	½	½	½	1	½	½	0	½	½	½	1	1	1	1	½	12
8 Awerbach	½	½	0	½	½	½	½	x	½	½	0	½	1	0	½	½	1	½	½	1	1	½	11
9 Podgajets	0	1	½	½	½	½	½	½	x	½	½	0	1	1	½	½	½	½	½	½	0	1	11
10 Bagirow	½	½	0	1	½	0	½	½	½	x	1	½	0	1	½	1	0	0	0	1	1	½	10½
11 Dementjew	½	½	½	½	½	1	0	1	½	0	x	½	½	1	0	0	½	0	1	1	½	½	10½
12 Liberson	0	0	0	½	½	½	½	½	1	½	½	x	0	½	1	0	1	½	1	½	1	½	10½
13 Doroschkewitsch	0	0	0	0	0	0	½	0	0	1	½	1	x	½	1	1	½	0	1	1	1	1	10
14 Cholmow	½	0	½	0	½	½	1	1	0	0	0	½	½	x	½	½	½	½	½	½	1	1	10
15 Antoschin	½	½	½	½	½	½	½	½	½	½	1	0	0	½	x	0	0	½	1	½	½	½	9½
16 Saitzew, I.	0	0	½	0	0	0	½	½	½	0	1	1	0	½	1	x	½	0	1	1	½	1	9½
17 Waganjan	0	½	0	0	½	0	½	0	½	1	½	0	½	½	1	½	x	1	0	½	½	1	9
18 Mikenas	0	0	0	0	½	0	0	½	½	1	1	½	1	½	½	1	0	x	1	0	0	1	9
19 Karasew	½	½	0	0	1	½	0	½	½	1	0	0	0	½	0	0	1	0	x	½	1	1	8½
20 Platonow	0	0	1	0	0	½	0	0	½	0	0	½	0	½	½	0	½	1	½	x	1	1	7½
21 Zeitlin	½	0	½	0	½	½	0	0	1	0	½	0	0	0	½	½	½	1	0	0	x	0	6
22 Moisejew	0	0	0	1	0	½	½	½	0	½	½	½	0	0	½	0	0	0	0	0	1	x	5½

Hochofenturnier Wijk aan Zee 1971

	1	2	3	4	5	6	7	8	9	0	1	2	3	4	5	6	Pkt.
1 **Kortschnoi**	x	½	½	½	1	½	1	0	½	1	1	½	0	1	1	1	10
2 Ivkov	½	x	½	½	½	½	0	1	½	½	1	½	½	1	1	1	9½
3 Gligorić	½	½	x	½	1	1	½	½	½	½	½	½	1	½	½	1	9½
4 Petrosjan	½	½	½	x	½	1	½	½	1	½	½	½	1	½	½	1	9½
5 Olafsson	0	½	0	½	x	½	1	1	½	1	½	½	1	½	1	1	9½
6 Hort	½	½	0	0	½	x	½	1	0	1	½	½	1	½	1	1	8½
7 Hübner	0	1	½	½	0	½	x	½	0	1	½	½	½	1	1	1	8½
8 Andersson	1	0	½	½	0	0	½	x	½	½	1	½	½	½	1	1	8½
9 Mecking	½	½	½	0	½	1	1	0	x	½	1	½	1	½	0	1	8½
10 Langeweg	0	½	½	½	0	0	0	½	½	x	1	½	½	1	½	1	7
11 Donner	0	0	½	½	½	½	½	0	0	0	x	1	1	½	1	½	6½
12 Lengyel	½	½	½	½	½	½	½	½	½	½	0	x	½	½	0	½	6½
13 Ree	1	½	0	0	0	0	½	½	0	½	0	½	x	1	1	1	6½
14 Najdorf	0	0	½	½	½	½	0	½	½	0	½	½	0	x	½	½	5
15 Kuijpers	0	0	½	½	0	0	0	0	1	½	0	1	0	½	x	½	4½
16 v.d. Berg	0	0	0	0	0	0	0	0	0	0	½	½	0	½	½	x	2

47. Schachkongreß Hastings 1971/72

	1	2	3	4	5	6	7	8	9	0	1	2	3	4	5	6	Pkt.
1 **Kortschnoi**	x	1	½	½	½	½	0	1	1	1	½	1	1	½	1	1	11
2 Karpow	0	x	1	1	½	½	½	½	½	1	½	1	1	1	1	1	11
3 Mecking	½	0	x	½	½	1	½	½	1	½	½	1	½	1	1	½	9½
4 Byrne	½	0	½	x	½	1	1	½	½	½	1	0	½	1	1	1	9½
5 Gligorić	½	½	½	½	x	½	½	½	½	½	½	½	½	½	1	1	8½
6 Najdorf	½	½	0	0	½	x	1	½	½	1	½	½	1	½	½	1	8½
7 Andersson	1	½	½	0	½	0	x	½	½	1	½	½	½	½	½	1	8
8 Unzicker	0	½	½	½	½	½	½	x	½	½	1	1	½	½	½	½	8
9 Pfleger	0	½	0	½	½	½	½	½	x	½	½	½	½	½	1	1	7½
10 Kurajica	0	0	½	½	½	0	0	½	½	x	½	½	1	½	1	1	7
11 Ciocaltea	½	½	½	0	½	½	½	0	½	½	x	½	½	½	½	½	6½
12 Botterill	0	0	0	1	½	½	½	0	½	½	½	x	½	½	0	1	6
13 Hartston	0	0	½	½	½	0	½	½	½	0	½	½	x	½	1	½	6
14 Keene	½	0	0	0	½	½	½	½	½	½	½	½	½	x	½	0	5½
15 Markland	0	0	0	0	0	½	½	½	0	0	½	1	0	½	x	1	4½
16 Franklin	0	0	½	0	0	0	0	½	0	0	½	0	½	1	0	x	3

IBM-Turnier Amsterdam 1972

1. Polugajewski 12, **2. Kortschnoi 11,** 3. Uhlmann 9½, 4. Szabo 9, 5./6. Ljubojević und Langeweg je 8½, 7.-9. Ree, Donner und Timman je 8, 10./11. Ivkov und Malich je 7, 12. Robatsch 6, 13. Browne 5, 14. Padevski 4½, 15.-16. Enklaar und Hartoch je 4.

Palma de Mallorca 1972

1.-3. **Kortschnoi,** Panno und Smejkal je 10, 4. Andersson 9½, 5.-7. Awerbach, Gheorghiu und Polugajewski je 9, 8. Ljubojević 8½, 9. Ivkov 8, 10.-13. Calvo, Hug, Pomar und Bilek je 6, 14. Robatsch 5½, 15. Bellon 5, 16. Medina 2½.

Interzonenturnier Leningrad 1973

		1	2	3	4	5	6	7	8	9	0	1	2	3	4	5	6	7	8	Pkt.
1	**Kortschnoi**	x	½	1	½	1	1	½	½	1	1	1	1	½	1	0	1	1	1	13½
2	Karpow	½	x	½	1	½	½	1	1	½	½	1	½	1	1	1	1	1	1	13½
3	Byrne	0	½	x	½	1	½	½	½	½	1	1	1	½	1	1	1	1	1	12½
4	Smejkal	½	0	½	x	0	0	½	1	½	1	0	1	1	1	1	1	1	1	11
5	Larsen	0	½	0	1	x	1	1	0	0	½	1	1	1	½	1	½	1	1	10
6	Hübner	0	½	½	1	0	x	½	1	1	½	½	1	½	1	½	½	0	1	10
7	Kusmin	½	0	½	½	0	½	x	0	1	½	½	½	1	½	1	1	1	½	9½
8	Gligorić	½	0	½	0	1	0	1	x	0	½	½	½	½	1	½	0	1	1	8½
9	Tal	0	½	½	½	1	0	0	1	x	½	1	1	½	0	0	1	0	1	8½
10	Taimanow	0	½	0	0	½	½	½	½	½	x	½	1	½	½	1	½	1	½	8½
11	Quinteros	0	0	0	1	0	½	½	½	0	½	x	0	0	½	½	1	½	1	7½
12	Radulov	0	½	0	0	0	0	½	½	0	0	1	x	1	1	½	½	1	1	7½
13	Uhlmann	½	0	½	0	0	½	0	½	½	½	1	0	x	½	½	½	½	1	7
14	Torre	0	0	0	0	½	0	½	0	1	½	½	0	½	x	½	1	1	1	7
15	Rukavina	1	0	0	0	0	½	0	½	1	0	½	½	½	½	x	0	1	½	6½
16	Tukmakow	0	0	0	0	½	½	0	1	0	½	0	½	½	0	1	x	½	1	6
17	Estevez	0	0	0	0	0	1	0	0	1	0	½	0	½	0	0	½	x	1	4½
18	Cuellar	0	0	0	0	0	0	½	0	0	½	0	0	0	0	½	0	0	x	1½

40. UdSSR-Meisterschaft Moskau 1973

1. Spasski 11½, 2.-6. **Kortschnoi,** Karpow, Petrosjan, Kusmin und Polugajewski je 10½, 7./8. Geller und Grigorjan 8½, 9.-12. Tal, Sawon, Taimanow und Keres je 8, 13./14. Raschkowski und Tukmakow je 7½, 15./16. Smyslow und Awerkin je 7, 17. Sweschnikow 6½, 18. Beljawski 4½.

Aljechin-Gedenkturnier Moskau 1975

1. Geller 10½, 2. Spasski 10, 3.-5. **Kortschnoi,** Waganjan und Cholmow je 9½, 6./7. Hort und Petrosjan je 9, 8./9. Beljawski und Tal je 8½, 10. Forintos 7, 11. Byrne 6, 12./13. S. Garcia und Lengyel je 5½, 14. Planinc 5, 15. Stean 4, 16. Böhm 3.

IBM-Turnier Amsterdam 1976

	1	2	3	4	5	6	7	8	9	0	1	2	3	4	5	6	Pkt.
1 Kortschnoi	x	½	½	½	1	½	1	½	½	½	½	0	½	1	1	1	9½
2 Miles	½	x	0	½	1	½	½	½	1	½	½	½	1	1	1	½	9½
3 Sax	½	1	x	½	0	½	0	½	½	1	½	½	1	1	½	1	9
4 Farago	½	½	½	x	0	1	1	½	½	1	½	½	1	½	0	½	8½
5 Velimirović	0	0	1	1	x	0	1	½	½	½	½	1	1	½	1	0	8½
6 Szabo	½	½	½	0	1	x	1	½	½	1	½	½	½	0	0	1	8
7 Böhm	0	½	1	0	0	0	x	½	0	0	½	1	1	1	1	1	7½
8 Gipslis	½	½	½	½	½	½	½	x	½	½	½	½	½	½	½	½	7½
9 Kurajica	½	0	½	½	½	½	1	½	x	½	½	½	½	½	½	½	7½
10 Sigurjonsson	½	½	0	0	½	0	1	½	½	x	1	½	½	½	1	½	7½
11 Ivkov	½	½	½	½	½	½	½	½	½	0	x	½	½	½	½	½	7
12 Olafsson	1	½	½	½	0	½	0	½	½	½	½	x	½	0	½	1	7
13 Ree	½	0	0	0	0	½	0	½	½	½	½	½	x	1	1	1	6½
14 Langeweg	0	0	0	½	½	1	0	½	½	½	½	1	0	x	0	1	6
15 Ligterink	0	0	½	1	0	1	0	½	½	0	½	½	0	1	x	0	5½
16 Donner	0	½	0	½	1	0	0	½	½	½	½	0	0	0	1	x	5

1.) KORC. – TAIMANOV LENINGRAD 73 Englisch

2.) LARSEN – KORC. " Englisch

3.) KORC. – BYRNE " Königsindisch

4.) KORC. – HÜBNER " Englisch (Maróczy-Aufbau)

5.) BILEK – KORC. BATH 73 Reti

6.) KORC. – PETROSJAN ODESSA 74 Englisch (Maróczy-Aufbau)

7.) KORC. – KARPOW MOSKAU 74 Damenindisch

8.) ROMANISCHIN – KORC. TIFLIS 76 Grünfeld-Vert.

9.) POLUGAJEWSKI – KORC. EVIAN 77 Damenindisch